U0581086

中国农村居民消费行为及影响因素研究

肖 立 著

科学出版社

北京

内 容 简 介

改革开放以来，我国经济持续快速发展，经济增长模式已从供给约束型转换为需求约束型，但"高投资、低消费"的经济增长特征没有改变。当前，我国居民消费问题在很大程度上表现为农村居民消费问题。农村居民消费问题除了众所周知的城乡消费差异和区域消费差异外，由基尼系数引发的群体内部消费差异也日益凸显。本书以消费理论为逻辑起点，综合运用理论分析、问卷调查及统计分析等研究方法，在对我国农村居民收入、消费水平及消费结构进行分析的基础上，对不同收入组农村居民消费行为展开进一步分析，并对收入、不确定性与流动性约束、基本公共服务、营销因素、消费观念等对农村居民消费行为影响的作用机理进行探究，提出应采取"提低、扩中、调高"分层次启动农村居民消费的基本思路。

本书适合高等院校经管类专业教师、高年级本科生、研究生及政府宏观经济管理部门工作人员参考阅读。

图书在版编目（CIP）数据

中国农村居民消费行为及影响因素研究/肖立著. —北京：科学出版社，2019.7

　　ISBN 978-7-03-055888-6

　　Ⅰ. ①中… Ⅱ. ①肖… Ⅲ. ①农村–居民消费–消费者行为论–研究–中国　Ⅳ. ①F126.1

中国版本图书馆 CIP 数据核字（2017）第 305529 号

责任编辑：魏如萍／责任校对：王丹妮
责任印制：张　伟／封面设计：无极书装

科 学 出 版 社 出版
北京东黄城根北街 16 号
邮政编码：100717
http://www.sciencep.com

北京盛通商印快线网络科技有限公司 印刷
科学出版社发行　各地新华书店经销

*

2019 年 7 月第 一 版　开本：720×1000　B5
2019 年 7 月第一次印刷　印张：12 1/4
字数：250 000

定价：98.00 元
（如有印装质量问题，我社负责调换）

前　　言

改革开放以来，我国经济持续快速发展，经济增长模式已从供给约束型转换为需求约束型。根据世界银行发布的世界发展指标数据，1978~2015 年，我国实际人均 GDP（gross domestic product，国内生产总值）年均增长率高达 8.6%，而世界平均水平仅为 1.6%。按照世界银行的划分标准，我国已经由低收入国家跃升至中上等收入国家。但是，我国"高投资、低消费"的经济增长特征没有改变，经济增长结构性矛盾突出。2015 年，我国投资率为 44.9%，而居民消费率仅为 38%。据世界银行统计，目前，世界各国投资率在 20%左右，而居民消费率则在 60%左右。

投资、出口和消费是拉动经济前行的"三驾马车"。其中，投资具有双重性，投资初期会产生大量需求，刺激经济高速增长，一旦投资完成，投资就将转变为新增生产能力，进一步扩大社会供给。长期依赖投资拉动经济增长，势必形成大量的供给能力，如果没有最终消费需求支撑，就会出现生产过剩的风险，投资也将成为无效投资。因此，投资是由消费需求决定的，是一种引致需求，不能成为经济增长的持久动力。而出口本质上属于国外消费需求，受制于国际贸易形势的变化。只有消费才是真正的最终需求，是引导我国经济持续发展的原动力。扩大国内消费需求，尤其是增强居民需求，促进经济增长由主要依靠投资拉动向依靠消费、投资、出口协调拉动的转变，是我国目前及今后一段时期提高经济发展质量效益和转变经济发展方式的重点。只有让消费真正启动和强劲起来，才能实现我国经济可持续发展。

虽然我国从 1998 年就开始实施扩大内需的战略，但时至今日，我国的居民消费率仍处于较低水平。城镇居民消费率由 1978 年的 18.5%上升至 2015 年的 29.6%；农村居民消费率则显现出逐年下降的态势，由 1978 年的 30.3%降至 2015 年的 8.5%。农村居民基尼系数由 1980 年的 0.24 一路攀升至 2011 年的 0.39。2015 年，我国居民基尼系数高达 0.462，超过了国际警戒线。

第四次全国人口普查数据显示，2010 年，我国乡村人口数占总人口数的 50.3%。随着我国经济持续快速发展和国家对农村支持力度的加大，特别是在近几年国家支农、惠农政策的有利促进下,农村居民收入持续稳定增长。自 2010 年以来,我国农村居民收入增速已连续五年超过城镇居民,农村居民生活已迈向相对富裕阶段。农村市场是一个巨大且极具潜力的消费市场。刺激、促进农村居民消费,需要针对不同收入组农村居民的消费特征分层启动消费,只有这样才能达到预期效果。

本书共六章:第一章,消费理论。主要对西方经济学、马克思主义经济学、西方社会学和管理学中的主要消费理论展开阐述。第二章,农村居民收入及构成变动。主要对农村居民收入变动、农村居民收入构成变动、不同收入组农村居民收入变动、不同收入组农村居民收入来源变动及不同收入组农村居民收入结构变动展开分析。第三章,农村居民消费水平及消费结构变动。运用生活消费支出、平均消费倾向、恩格尔系数(Engels's coefficient,EC)、劳务消费比重、生活质量等主要指标对农村居民消费水平、消费结构变动度及消费层次进行分析,运用 ELES(extend linear expenditure system,扩展线性支出系统)模型对农村居民消费结构展开实证分析。第四章,不同收入组农村居民消费行为和消费结构分析。主要对低收入组农村居民、中等收入组农村居民、高收入组农村居民的消费外部环境、消费行为及消费函数展开对比分析,运用面板数据(panel data)模型对不同收入组农村居民消费结构展开实证分析。第五章,农村居民消费影响因素分析。结合统计数据及调研数据,对影响农村居民消费的收入、不确定性、流动性约束、基本公共服务、营销因素及消费观念等因素展开阐述和分析。第六章,促进农村居民消费的基本思路与对策。主要从多渠道促进农民增收,增加有效需求;优化农村收入分配结构,夯实消费基础;健全农村社会保障机制,缓解消费不确定性;建立现代农村金融制度,化解消费流动性约束;改善农村商品供给结构,培育消费热点;加强农村消费渠道构建,挖掘消费潜力;加强消费教育,优化农村消费环境;推动城乡一体化进程,扩大消费需求八个方面展开详细阐述。

本书写作中参考和借鉴了大量国内外相关研究资料,引用了一些专家学者的观点,在此表示衷心感谢!

由于研究水平和能力所限,书中难免存在不足之处,恳请同行专家和广大读者批评指正。

肖　立

2019 年 5 月

目　　录

第一章　消费理论

消费是社会经济活动的首要目的，是人类赖以生存和发展的基本功能，也是人类不断进步的基本动力。随着消费在社会经济中所起的作用以及人们对消费认识的不断发展，众多学者对消费问题展开研究和验证，消费理论研究也随着消费地位的提升而备受关注。居民消费心理和行为现象极为复杂、变化多端，其影响因素更是多种多样。如果仅从单一角度运用单一学科的知识进行研究，很难完整准确地把握其全部特点和规律。因此，有关学者和专家不断尝试从多维角度，运用多门学科的理论和方法对居民消费行为进行综合性研究。下面对经济学、社会学及管理学中的主要消费理论做必要阐述。

第一节　西方经济学的消费理论

一、斯密的消费理论

亚当·斯密（Adam Smith）是古典消费理论的创立人，他在著作《国富论》中专门论述了消费问题。

（一）消费与生产的关系

重商主义者赞扬消费，鼓吹挥霍，把生产看作消费的目的。斯密批评了这一观点，指出一切生产的唯一目的就是消费。他认为，消费水平取决于生产水平。生产多少就能消费多少，即使可能出现一些生产过剩，但不会出现生产的普遍过剩，更不会发生经济危机。当生产量大于消费量时，有利于增加积累和消费，有利于社会资本再生产。斯密还指出闲暇不是妨碍生产的消极因素，而是有利于生产的积极因素。闲暇产生于生理和心理的需要，是天性要求。资本家只有让工人适度劳动，有一定休息时间，工人才能工作得更好，生产得更多。斯密认为，在生产者与消费者之间存在着一双"看不见的手"，通过价格的涨跌，引导生产与消费在数量与品种等方面实现均衡。

（二）消费资料的结构及其不同的效用

斯密将消费品分为生活必需品和奢侈品。一个人对消费资料的占有量代表一个人的贫富程度。如果一个人占有较多的消费资料，那么他除了用以满足自己必需的消费外，还可以用一部分来满足其享受需要，或者用一部分来购买生产劳动以创造更多的可供他支配的价值，或者用来购买非生产劳动以满足其奢侈性消费。但是，生活必需品的生产必须优先发展。

斯密认为，必需品与奢侈品的消费具有不同的经济效果。必需品是人们生产生活必不可少的，而奢侈品消费属于炫耀消费，是一种浪费行为。因此，对这两种不同的消费品课税，也会产生不同的效果。对必需品征税，必定提升其价格，从而使劳动工资按必需品价格上涨的比例提高；对奢侈品征税，虽然也使其价格提高，但并不一定会引起劳动工资的增高。而且，除这些奢侈品本身的价格外，其他任何商品的价格不会因此而提高。

（三）提倡能够促进社会财富积累的消费方式

生产性消费有利于增加社会财富。斯密认为，对全社会而言，如果用于生活消费的部分较多，来年社会再生产的规模就不会扩大，甚至会缩减；如果用于生产性消费的部分较多，来年社会再生产的规模就会扩大，从而不断地增加国民财富。

资本家的消费不利于社会财富的增长。斯密认为，大部分劳动者通过为资本家提供服务性劳动获取收入，从而维持自己及家庭的基本生活，这一类劳动并不直接创造物质产品，而只是消费物质产品或提供劳动服务。资本家等少数人的非生产性消费的不断扩大，会导致社会再生产规模的缩减，从而无法确保大多数劳动者的生活稳定性。耐用消费品的消费有利于社会财富的积累。斯密指出，个人的收入，有的用来购买即时享用的物品，有的用来购买比较耐久的可以蓄积起来的物品以减少将来的消费费用。

（四）提倡节俭消费，反对奢侈和妄为

斯密论述了节俭、奢侈和妄为等特殊的消费行为及其不同的经济效果。节俭是增加资本的直接原因，个人的节俭习惯有利于社会资本的增进，可以补偿政府的浪费，有利于国富的增长。

（五）影响消费增长的因素

斯密指出影响消费增长的主要因素包括个人赚取收入的难易程度、消费习俗及税收。他认为，不同历史时期的风俗习惯对消费都会产生影响。"古代希腊人和罗马人虽然没有穿麻衬衫，但他们生活得非常舒适。而现在，欧洲大部分地区，哪怕一个雇工，没穿上麻衬衫，亦是羞于走到人面前去的。"（斯密，1988）斯密反对过高地对商品征税，他指出：对商品征较高的税，将直接导致商品价格的大幅度上涨，使商品变得昂贵，从而减少人们（尤其是下等阶级的人）对商品的消费，这会在很大程度上阻碍消费。只要税征得不够高，就不会产生阻碍消费的作用。

二、马歇尔的消费理论

阿尔弗雷德·马歇尔（Alfred Marshall）是英国经济学家，他创建的新古典经济学是消费经济学理论的开端。马歇尔消费理论主要内容有以下几点。

（一）效用价值论

人类生产和消费的都是效用。商品的效用是由商品的内在品质产生的，效用的大小由消费量来决定。马歇尔指出，边际效用的大小决定需求价格的高低；随着欲望满足程度的增加，边际效用渐减，边际需求也下降。

（二）一切生产都是为了消费

马歇尔虽然没有明确提出生产、分配、交换和消费这四个环节，但他使用生产和消费来构建理论体系结构。他认为，从长期看来，一切需要的最终调节者是消费者的需要。一切生产都是为了消费，一切生产都伴随着它所要满足的消费。

（三）消费受到多种因素影响

效用最大化是马歇尔对消费者行为目的的一种假设，即消费者在既定的预算约束下会追求最大效用。或在效用既定的约束下，消费者追求最小预算。消费需求受到心理和社会等诸多因素影响。马歇尔认为，假定其他条件不变，消费者所购买的商品数量与商品的价格成反比。但是消费者的需求很难测定，它本身就包含了许多心理的、社会的影响因素，因此，很难将需求概念的分析集中在一两个变量上。马歇尔认为，随着市场经济的发展，进入市场的商品种类会变得更加丰富多彩，社会的消费水平会随着生产技术的进步而提高；他还提出了闲暇消费、消费信贷制度观点，认为货币和信用制度的发展将会创造新的消费方式，人们会越来越重视信用制度发展所提供的消费便利；社会成员的闲暇时间会越来越多，并会越来越重视消费。

（四）消费者剩余理论

消费者剩余是指消费者愿意支付的商品价格超过他实际支付的商品价格的差额，这个差额使消费者获得了额外的满足。马歇尔从消费者剩余概念推导出政策结论：政府对收益递减的商品征税，得到的税额将大于失去的消费者剩余，用其中部分税额补贴收益递增的商品，得到的消费者剩余将大于所支付的补贴。

三、凯恩斯的绝对收入假说

约翰·梅纳德·凯恩斯（John Maynard Keynes）被称为宏观经济学之父。他从宏观经济的角度，把消费的地位提到了前所未有的高度，提出了绝对收入假说和消费倾向的概念，并提出资本主义经济危机的根源在于有效需求不足，缓解方法是通过刺激需求促进经济增长。

（一）消费倾向的分类及影响因素

凯恩斯认为，消费倾向是一个相当稳定的函数。消费倾向分为平均消费倾向（average propensity to consume，APC）和边际消费倾向（marginal propensity to consume，MPC）。影响消费倾向的因素可以分为主观因素和客观因素两类。主观因素包括人的心理因素、社会习惯和社会制度。直接影响消费者的主观因素包括享受、短见、慷慨、失算、炫耀与奢侈等，这些因素取决于制度、传统、资本技术设备等变化，而制度、传统和资本技术设备在短期内不易发生变化，对消费的影响不明显。客观因素包括货币工资的改变、收入和净收入的改变、资本价值的意外收益的改变、利率的改变、财政政策（包括所得税、资本利得税、遗产税、社会保障）的改变、个人对未来收入的预期等。其中，收入因素对消费的影响最为显著。

（二）绝对收入假说

凯恩斯认为，在短期内，收入与消费是相关的，即消费取决于收入，消费与收入之间的关系也就是消费倾向。随着收入的增加消费也将增加，但消费的增长低于收入的增长，消费增量在收入增量中所占的比重是递减的，也就是边际消费倾向递减，这种理论被称为绝对收入假说。

总消费是总收入的函数，其函数形式为

$$C_t = \alpha + \beta Y_t + \varepsilon \tag{1-1}$$

其中，C_t 表示第 t 期总消费；α 表示自发性消费，即必须要有的基本生活消费；β 表示边际消费倾向；Y_t 表示第 t 期收入；βY_t 表示引致消费。

凯恩斯指出消费是收入的较稳定的函数，消费的改变主要取决于收入的多少，而不取决于在既定收入下的消费倾向的改变。

（三）凯恩斯三大基本规律

凯恩斯通过"边际消费倾向递减规律"、"资本边际效率递减规律"及"灵活偏好规律"这三大基本规律来说明有效需求不足。他指出，总需求是消费需求与投资需求之总和，总需求或有效需求不足是消费需求与投资需求不足的结果。心理上的消费倾向使消费的增长赶不上收入的增长，因而引起消费需求不足。心理上的灵活偏好及对资本未来收益的预期使预期的利润率有偏低的趋势，从而与利息率不相适应，这就导致了投资需求的不足。流动性偏好会导致货币需求旺盛，在货币供给为外生变量的前提下，会导致利率偏高，从而导致私人投资者的融资成本提高，进一步抑制了投资，私人投资者的投资积极性降低。凯恩斯还认为，心理上对资本未来收益的预期即资本边际效率的作用在三个基本心理因素中尤为重要，危机的主要原因就在于资本的边际效率突然崩溃。所以，应该采取积极的财政政策和货币政策，依靠政府投资来拉动经济，改善私人投资者的悲观预期，调动私人投资者投资的积极性。由于存在流动性陷阱，货币政策存在失效的可能区域，因此更加主张积极的财政政策。

凯恩斯指出，政府要施加宏观干预，增加消费，引起投资，提高资本的边际效率，降低利息率，以克服经济衰退，实现充分就业。刺激投资比刺激消费更重要。

四、杜森贝里的相对收入假说

詹姆斯·杜森贝里（James Stemble Duesenberry）是美国经济学家，他提出了相对收入假说，并在此基础上建立起消费和储蓄理论。

（一）相对收入假说的主要观点

杜森贝里否定了绝对收入假说的"关于每个人的消费独立于其他人的消费""关于消费者的行为在时间上的可逆性"这两个假定。他认为，消费函数随经济周期的变化而变化，他把消费函数的这一特性归因于相对收入效应，提出了"相对收入假说"。

相对收入假说的基本思想：①在稳定的收入增长时期，总储蓄率并不取决于收入；储蓄率要受到利率、收入预期、收入分配、收入增长率、人口年龄分布等多种因素变动的影响。②在经济周期的短周期阶段中，储蓄率取决于现期收入与高峰收入的比率，从而边际消费倾向也取决于这一比率，这也就是短期中消费会有波动的原因，但由于消费的棘轮作用，收入的减少对消费减少的作用并不大，而收入增加对消费的增加作用较大。③短期与长期的影响结合在一起，当期收入和过去的消费支出水平决定当期消费。该假说间接地说明了消费对于经济周期稳定的作用。

（二）"棘轮效应"与"示范效应"

相对收入假说的核心内容：消费的棘轮效应和示范效应影响着人们的消费水平。

消费的棘轮效应指消费者在短期内的消费是不可逆的，其习惯效应较大，易于随收入提高而增加消费，但不易于随收入降低而减少消费。杜森贝里将消费行为的短期分析和长期分析结合起来，认为消费支出不仅受目前收入的影响，而且受过去收入和消费水平的影响，特别受过去高峰时期的收入和消费水平的影响。对保持高水平收入的人来说，消费水平会随着自己收入的增加而增加，增加消费是容易的；当收入减少时，因较高的消费水平所形成的消费习惯使消费具有惯性，降低消费水平就有一定的难度，不太容易把消费水平降下来，消费者几乎会继续在原有的消费水平上进行消费。这就是说，消费容易随着收入的增加而增加，但难以随收入的减少而减少。仅就短期而言，在经济波动的过程中，低收入者收入水平提高时，其消费会增加至高收入者的消费水平，但收入减少时，消费的减少则相当有限。

消费的示范效应指某些消费者个人或家庭的消费支出和收入的高低变化对其他消费者和家庭消费支出的影响作用，即消费者在进行消费时在空间上进行相互比较，试图在消费水平上超过别人或至少不低于同一阶层的其他人，"与隔壁的邻居并驾齐驱"。杜森贝里认为，消费者的行为相互影响。消费者的消费受到周围人们消费水平的影响，特别是低收入者因攀比心理、提高社会相对地位的愿望等而使自身的消费处于和收入不相称的较高水平，在社会收入增多的情况下自然就提高了短期消费水平。消费的示范效应是由于消费的外部性，即偏好和效用在人与人之间不是独立的，而是相互依赖而产生的。

（三）相对收入假说的消费函数

相对收入假说的消费函数可近似地表达为

$$C_t = b\overline{Y} + c\left(Y_t - \overline{Y}\right) \tag{1-2}$$

其中，C_t 表示第 t 期的消费；Y_t 表示第 t 期的收入；$\overline{Y}$ 表示第 t 期之前的最高收入。

以上是根据相对收入假说，从微观角度来讨论单个消费者的行为。这种情况下相对收入的含义比较容易理解，即它是指某个消费者相对于邻居的收入水平。如果我们从宏观角度来讨论整个社会的总体消费行为，相对收入则可以理解为某一时期相对于历史上一个特定时期的收入水平。这个特定时期通常是曾经达到过的最高收入时期，相对收入就是相对于这个曾经达到的最高收入而言的。

（四）收入均等化不利于消费增长

与传统的凯恩斯理论相反，杜森贝里认为，收入的均等化将会导致储蓄率的提高。收入均等化使高收入组人群的收入减少，削减了高收入人群的消费，将不再对低收入人群起示范作用。而低收入组人群在收入均等化后，由于没有高收入组人群消费的示范，他们不再对自己的生活状况感到不满，因此，其储蓄会有所增加。而原先的高收入人群，虽然在收入下降的初期会减少其储蓄来维持原消费水平，但经过一段时间后，他们将保持同其他收入相等的人群一样的消费水平，并保持与之一样的储蓄水平。

五、弗里德曼的持久收入假说

米尔顿·弗里德曼（Milton Friedman）是美国经济学家，他凭借在消费理论分析及货币史和货币理论领域的成就获得了诺贝尔经济学奖。

（一）持久收入假说理论的主要观点

弗里德曼认为消费不仅仅由当前收入确定，只有对持久收入和持久消费进行分析，才能得到真正有意义的消费行为理论。

要正确分析人们的消费行为对社会经济生活的影响，就必须严格区分暂时性收入和持久性收入。居民消费不取决于现期收入的绝对水平，也不取决于现期收入和以前最高收入的关系，而是取决于居民的持久收入（包括收入和财产）。也就是说，理性的消费者为了实现效应最大化，不是根据现期的暂时性收入，而是根据长期中能保持的收入水平即持久收入水平来做出消费决策。暂时收入对消费支出的影响也是通过对持久收入的影响而产生的。消费者对不同类型的收入变动会做出不同的反应。暂时消费与暂时收入之间没有固定的比例关系；暂时收入和持久性收入之间，暂时消费与持久性收入之间也没有固定的比例关系。但持久性消费和持久性收入之间却存在固定的比例关系。该比例关系依赖于利息率、财产收入与持久性收入总量的比例和其他影响货币效用的非收入性变量，如消费的年龄、家庭结构、偏好等因素。

（二）持久收入假说的消费函数

假设 1 人们的收入分为暂时性收入和持久性收入，并认为消费是持久收入的稳定函数，用公式表示为

$$Y_i(t) = Y_i^p(t) + Y_i^t(t) \tag{1-3}$$

其中，$Y_i(t)$ 表示消费者 i 在 t 年的实际收入；$Y_i^p(t)$ 表示消费者 i 在 t 年的持久收入，是随机变量；$Y_i^t(t)$ 表示消费者 i 在 t 年的暂时收入，是随机变量。

假设 2 消费者某一时期的实际消费等于持久消费与暂时消费之和，用公式表示为

$$C_i(t) = C_i^p(t) + C_i^t(t) \tag{1-4}$$

其中，$C_i(t)$ 表示消费者 i 在 t 年的实际消费；$C_i^p(t)$ 表示消费者 i 在 t 年的持久消费；$C_i^t(t)$ 表示消费者 i 在 t 年的暂时消费。

假设 3 对全社会而言，暂时收入和暂时消费的均值为零：

$$Y^t(t) = \sum_{i=1}^{n} Y_i^t(t), EY^t(t) = 0 \tag{1-5}$$

$$C^t(t) = \sum_{i=1}^{n} C_i^t(t), EC^t(t) = 0 \tag{1-6}$$

其中，$Y^t(t)$ 表示全社会的暂时收入；$C^t(t)$ 表示全社会的暂时消费；n 表示全社会的人口数或家庭数。

根据以上假设可以推出：

$$\sum_{i=1}^{n} Y_i(t) = \sum_{i=1}^{n} Y_i^p(t) + \sum_{i=1}^{n} Y_i^t(t), Y(t) = Y^p(t) + Y^t(t) \tag{1-7}$$

$$\sum_{i=1}^{n} C_i(t) = \sum_{i=1}^{n} C_i^p(t) + \sum_{i=1}^{n} C_i^t(t), C(t) = C^p(t) + C^t(t) \tag{1-8}$$

$$EY(t) = EP^p(t) \tag{1-9}$$

$$EC(t) = EC^p(t) \tag{1-10}$$

其中，$Y(t)$ 表示全社会的实际收入；$C(t)$ 表示全社会的消费。

式（1-9）和式（1-10）表明，就全社会而言，持久收入的均值等于实际收入的均值，持久消费的均值等于实际消费的均值。

假设 4 持久收入和持久消费之间存在固定的比率。

根据持久收入的估算公式，可以认为实际消费与持久收入之间存在理想的线性关系，持久收入假说的消费函数可写为

$$C(t) = \alpha_0 + \alpha_1 Y^p(t) + \alpha_2 Y^t(t) + \mu(t) \tag{1-11}$$

式（1-11）的消费函数表明，现实的消费不受意外的收入或损失的影响，家庭的恒常消费取决于持久消费；意外的收入全部用于储蓄，即现实的消费是稳定的。

用通俗的话来解释持久收入假说就是，人们会仔细考虑某个长期当中的整个消费安排，在一个长时期中"拉平"他的消费。从这一理论可以推断，凯恩斯的当前收入与当前消费之间并不存在稳定的关系。这是因为，如果当前收入的提高只是因为获得了一笔意外收入，依据持久收入假说并不能增加多少消费。消费者会考虑把这笔钱分摊到整个长时期的消费中去。从这个意义上说，当前收入中暂时收入的边际消费倾向等于零或者近似于零。

六、莫迪利安尼的生命周期假说

弗兰科·莫迪利安尼（Franco Modigliani）是意大利籍美国经济学家，他提出了"生命周期假说"，于 1985 年获诺贝尔经济学奖。

（一）生命周期假说的主要观点

生命周期假说由弗兰科·莫迪利安尼、R. 布伦贝格（R. Brumberg）和艾伯特·安东（Alberto Ando）共同提出。

生命周期假说强调当前消费支出与家庭整个一生的全部预期收入的相互联系。莫迪利安尼等人指出，消费者总是想把他一生的全部收入在消费上做最佳的分配，使他在一生的消费中所获得的总效用最大，从而得到一生的最大满足。该理论认为，每个家庭都是根据一生的全部预期收入来安排自己的消费支出，即每个家庭在每一时点上的消费和储蓄决策都反映了该家庭希望在其生命周期各个阶段达到消费的理想分布，以实现一生消费效应最大化的目标。因此，各个家庭的消费取决于他们在生命期内所获得的总收入和财产。这样，消费就取决于家庭所处的生命周期阶段。莫迪利安尼认为，理性的消费者要根据一生的收入来安排自己的消费与储蓄，使一生的收入与消费相等。生命周期假说的前提是：消费者是理性的，能以合理的方式使用自己的收入，进行消费；消费者行为的唯一目标是实现效用最大化。这样，理性的消费者将根据效用最大化的原则使用一生的收入，安排一生的消费与储蓄，使一生中的收入等于消费。

（二）生命周期假说的函数模型

家庭收入包括劳动收入和财产收入，家庭消费函数公式如下：

$$C = \alpha \cdot Y_c + \beta \cdot Y_1 \qquad (1\text{-}12)$$

其中，C 表示消费支出；Y_c 表示财产收入；Y_1 表示劳动收入；α 表示财产收入的边际消费倾向；β 表示劳动收入的边际消费倾向。

生命周期假说将人的一生分为年轻时期、中年时期和老年时期三个阶段。一般来说，在年轻时期，家庭收入低，但因为未来收入会增加，因此，在这一阶段，往往会把家庭收入的绝大部分用于消费，有时甚至举债消费，导致消费大于收入。进入中年阶段后，家庭收入会增加，但消费在收入中所占的比例会降低，收入大于消费，因为一方面要偿还青年阶段的负债，另一方面还要把一部分收入储蓄起来用于养老。退休以后，收入下降，消费又会超过收入。因此，在人的生命周期的不同阶段，收入和消费的关系不同，消费在收入中所占的比例不是不变的。根据上述生命周期假说，莫迪利安尼建立了总消费函数：

$$C_t = \beta_1 \cdot Y_t + \beta_2 \cdot Y^* + \beta_3 \cdot A_t \qquad (1\text{-}13)$$

其中，C_t 表示现期消费；Y_t 表示现期收入；Y^* 表示未来收入；A_t 表示现期财产；β_1 表示现期收入边际消费倾向；β_2 表示未来收入边际消费倾向；β_3 表示现期财产边际消费倾向。

莫迪利安尼认为，可以把未来收入作为现期收入的一个倍数，即

$$Y^* = b \cdot Y_t \qquad (1\text{-}14)$$

总消费函数可以变为

$$C_t = (\beta_1 + \beta_2 \cdot b) \cdot Y_t + \beta_3 \cdot A_t \qquad (1\text{-}15)$$

（三）消费与收入、财产的关系

生命周期假说理论认为，由于组成社会的各个家庭处在不同的生命周期阶段，所以，在人口构成没有发生重大变化的情况下，从长期来看边际消费倾向是稳定的，消费支出与可支配收入和实际国民生产总值之间存在一种稳定的关系。但是，如果一个社会的人口构成比例发生变化，则边际消费倾向也会变化，如果社会上年轻人和老年人的比例增大，则消费倾向会提高，如果中年人的比例增大，则消费倾向会降低。生命周期假说把消费与一生收入和财产联系起来：说明了长期消费函数的稳定性及短期中消费波动的原因。具体的，在长期中，财产与可支配收入的比率大致是不变的，可支配收入中劳动收入的比率也是大致不变的，因此，长期平均消费倾向是稳定的，边际消费倾向与平均消费倾向大致相等。但在短期中，财产与可支配收入的比率是变动的，其原因主要是资本市场的

价格变动。莫迪利安尼认为积极的财政政策不会改变短期的消费倾向。他指出，消费并不会对由投资和政府支出的变化所引起的收入的每一个变化做出反应，即当前收入变化边际消费倾向小于凯恩斯理论所认为的边际消费倾向，也就是说投资乘数较小。

七、霍尔的随机游走假说

罗伯特·E. 霍尔（Robert E. Hall）是美国经济学家，他将理性预期引入消费函数，提出了消费者行为的随机游走假说。

（一）随机游走假说的主要观点

霍尔指出，之前的消费研究认为滞后收入能够很好地预测现时消费，但是这种假设与构成生命周期假说基础的"理智的、前瞻性的"的消费者行为不一致。如果之前的消费量能够包含当时消费者的全部信息，那么一旦滞后消费已经包含在模型中，滞后收入就没有额外的解释价值，即如果财富或永久性收入的估计和今后的消费都以理性预期为基础，那么，由消费或收入过去的变化反映出来的过时信息对现期的消费变化不应有任何影响。根据理性预期，按照持久收入假说寻求效用最大化的消费者的消费轨迹是一个随机游走过程，即除了本期消费，任何变量都无助于预测下期消费。

（二）随机游走假说的函数模型

随机游走假说改变了以往构造消费和收入之间关系的模式，引入了理性预期，消费者会利用一切可利用的信息形成自己对未来的预期，将消费理论从确定性条件推进到不确定性条件。

假设第 t 期的消费预期值是收入的函数，即

$$C_t^e = \alpha + \beta Y_t \tag{1-16}$$

其中，C_t^e 表示预期消费；Y_t 表示现期实际收入；α 表示自发消费；β 表示边际消费倾向。

式（1-17）表示消费者按收入决定自己的消费预期。而由于种种原因，实际消费值 C_t 与消费预期值 C_t^e 之间存在如下关系：

$$C_t - C_{t-1} = \lambda\left(C_t^e - C_{t-1}\right) \tag{1-17}$$

式（1-17）中，λ 为调整系数，则消费函数模型的计量形态为

$$C_t = \lambda\alpha + (1-\lambda)C_{t-1} + \lambda\beta Y_t + \mu_t, \quad t = 1, 2, \cdots, T \tag{1-18}$$

霍尔的模型很好地拟合了美国非耐用消费品和服务的消费总量季度数

据。消费水平的确依赖其滞后值，而且加进滞后多期的消费变量或者滞后一期或多期的收入变量并不能显著地增强模型的解释力。霍尔通过引入理性预期，将消费理论从确定性条件推进到不确定性条件，使消费行为理论具有了现代形式。

八、流动性约束理论

生命周期假说和持久收入假说有如下假定：只要个人能够用未来收入做担保就可以在相同利率水平上借钱消费，遗憾的是，现实中人们并不能在任何时候满足融资需要。流动性约束理论认为，持久收入假说和生命周期假说关于个人能够在同样的利率水平上借入和储蓄的假定与现实不符，现实经济生活中存在着流动性约束。

（一）流动性约束理论的主要观点

流动性约束理论认为完美资本市场的假定是不成立的，居民的借款利率一般高于储蓄利率，并且多数消费者并不能获得意愿中的借贷数量。流动性约束对居民消费的影响体现在两个方面：一方面，如果当前消费者面临流动性约束，会使其消费比他想要的少。当消费者收入水平较低时，即使预期将来收入较高，但因为流动性约束借不到钱，只能保持较低的消费水平。消费者只能通过累积财富或等待收入增加来提高消费水平；另一方面，即使当前消费者没有面临流动性约束，但是预期未来可能发生流动性约束，也会减少其当期消费以增加储蓄作为未来收入水平下降的保险。因此，只要消费者受到流动性约束，其当前消费都会减少，其消费路径不再是平滑的。

根据流动性约束理论，低收入与流动性约束的结合会使消费者产生短视行为。对低收入者而言，收入越低，目标支出越大，积累的时间就越长，或者在比较短的时间内，现期的储蓄就必须更多。在"触发点"时刻，消费支出与其已经积累的财富具有密切的关系，而当期收入对消费者支出的影响相对减弱。也就是说，当存在流动性约束时，消费减少，储蓄增加。国际比较研究表明，流动性约束对各国的总储蓄是重要的，从而也说明了流动性约束对消费也具有重要影响。

产生流动性约束的原因主要包括：①消费者没有财富，所以不能将现有的财富变现或者将现有财富作抵押获得贷款；②信贷市场的信息不对称导致信贷市场存在道德风险和逆向选择，使均衡的信贷利率高于信息对称情况下的均衡利率；③信贷市场本身不发达，消费信贷的规模和种类不够多；④各国对破产和取消贷款抵押回赎权的规定不同。破产程序越严，取消贷款抵押回赎权的期限越长，放贷者会越谨慎、严格地审查借款人的资格。

（二）流动性约束理论的函数模型

最早的流动性约束理论模型是用来估算受到流动性约束制约的消费者收入占总收入的比例。Hall 和 Mishkin（1982）将消费者分成两类：一类消费者的消费行为符合随机游走假说，认为消费是个随机游走过程，不受流动约束的影响；另一类消费者完全受流动性约束影响。两类消费者的消费方程分别表示为

$$C_{1t} = C_{1t-1} + \varepsilon \qquad (1\text{-}19)$$
$$C_{2t} = \phi Y_t \qquad (1\text{-}20)$$

其中，C_{1t} 表示不受流动约束的消费者的消费；C_{2t} 表示受流动约束的消费者的消费；Y_t 表示总可支配收入；ϕ 表示受流动约束的消费者的收入占总收入的比例，又称过度敏感系数。

合并式（1-19）、式（1-20），则两类消费者的总消费可以表示为

$$C_t = C_{1t-1} + \phi Y_t + \varepsilon \qquad (1\text{-}21)$$

Campbell 和 Mankiw（1989）用相同的分类方法，建立了对数型的流动性约束测度模型：

$$\ln C_t = \alpha + \lambda \Delta \ln Y_t + \varepsilon_t \qquad (1\text{-}22)$$

其中，λ 为过度敏感系数，表示受流动约束的消费者的收入占总收入的比例。

式（1-22）是当前国际上广泛用于研究流动性约束理论的经济计量模型。研究表明，λ 值与金融市场发展程度相关，信贷市场发达的国家或地区的 λ 值较低。

20 世纪 90 年代末期，流动性约束的实证分析更加贴近现实，Ludvigson（1999）将利率因素添加到 Hall 模型中，建立了新的消费函数，经实证分析发现，利率的变动在一定程度上也能影响消费。Madsen 和 McAleer（2000）将不确定性因素考虑进来，得出经济环境中不确定性的增加，会提高消费对收入的敏感程度，不确定性能带来更强的谨慎行为。他们进一步指出，不确定性会影响预期，之前的消费信息和滞后期的消费都会影响当期消费选择，他们由此建立了以下消费函数：

$$\Delta C_t = \mu + \lambda E_{t-1} \Delta Y_t + \beta \Delta C_{t-1} + \varepsilon_t \qquad (1\text{-}23)$$

其中，ΔC_{t-1} 为不确定性因素的代理变量。

现在最为常见的分析模型便是将消费环境中影响消费的其他因素考虑进来，构成新的消费函数模型。

$$\Delta C_t = \mu + \lambda E_{t-1} \Delta Y_t + \beta \text{UN}_t + \varepsilon_t \qquad (1\text{-}24)$$

其中，UN_t 表示影响消费的不确定性变量，可以是虚拟变量也可以是其他的时间序列值。

九、预防性储蓄理论

预防性储蓄理论最早可追溯到 Fisher 和 Friedman 的研究，20 世纪 80 年代末 90 年代初，预防性储蓄理论获得极大发展。

生命周期假设认为，人们储蓄的主要目的是维持退休后的生活。但一些调查表明，储蓄还有其他动机，如为子女提供遗产。很多证据表明，储蓄的一个重要动机是预防未来可能出现的收入下降，即有远见的消费者总是未雨绸缪，在光景好时增加储蓄，以便在光景坏时维持消费。

预防性储蓄理论认为，当消费者面临的收入的不确定性越大时，他越不可能按照随机游走来消费，这时他更多的是依据当期收入来进行消费。同时，未来的风险越大，他越会进行更多的预防性储蓄。在不确定性情况下，预期未来消费的边际效用要大于确定性情况下的消费的边际效用。未来风险越大，预期未来消费的边际效用就越大，因此就越能吸引消费者进行预防性储蓄，把更多的财富转移到未来进行消费。所以，在不确定性情况下，当收入下降时，预防性储蓄增加，从而使消费支出降低；相反，当收入增加时，预防性储蓄减少，从而消费支出增加。当期消费和当期收入存在一个正的相关关系，且这种相关关系随不确定性的增加而增加。因此，按照预防性储蓄理论，消费具有敏感性。这一结论与凯恩斯绝对收入假设相吻合。

1. 泽尔德兹的预防性储蓄模型

斯蒂芬·保罗·泽尔德兹（Stephen P. Zeldes）研究了收入随机波动情况下不确定性对消费最优化行为的影响，肯定了其对消费决策的影响能力。泽尔德兹假定一个消费者将固定生活多期，其未来劳动收入是外生不确定的，而且这种不确定不可通过交易而加以分散。消费者在每一期选择 C_t 追求剩余一生时间的预期效用最大化（Zeldes，1989）。

$$\max E_t \sum_{j=0}^{T-t} \left(\frac{1}{1+\delta} \right)^j U\left(C_{t+j} \right)$$

$$W_{t-1} = \left(W_t - C_t \right)\left(1 + r_t \right) + Y_{t-1}, \ C_t \geqslant 0, W_t - C_t \geqslant 0 \tag{1-25}$$

其中，W_t 表示消费者 t 期得到劳动收入而尚未消费之前所拥有的财富值；Y_t 代表 t 期的劳动收入；C_t 表示 t 期的消费水平；E_t 表示 t 期可用信息条件下对未来的预期；r_t 表示 t 期的利率；$U\left(C_{t+j} \right)$ 表示消费者的效用函数。

由于消费者收入不确定，泽尔德兹假定消费者的持久收入遵循几何随机漫步过程，每一期都可能受到持久冲击与暂时冲击。持久冲击包括晋升、工作转换、健康状况变化等；暂时冲击则包括获得一次性的捐赠、失业或其他暂时因素。为了使所持金融财富获得相应回报，消费者可以以无风险利率自由借贷，但是在生命周期结束前，必须偿还所有债务，即面临端点约束。则总的劳动收入为

$$Y_t = YL_t \cdot ES_t \qquad YL_t = YL_{t-1} \cdot EL_t \qquad (1\text{-}26)$$

其中，YL_t 表示持久收入；EL_t 表示持久冲击；ES_t 表示暂时冲击。

泽尔德兹的研究结果解释了实际经济生活中的三个困惑：消费对暂时收入的过度敏感、消费的高增长率和老年人的过低支出。

2. 利兰德的预防性储蓄假说

海恩·利兰德（Hayne Leland）发现，未来收入不确定程度的上升会提高未来消费的预期边际效用，从而吸引居民进行更多的储蓄（Leland，1968），利兰德的发现被人们称为预防性储蓄假说。

在运用实际数据分析时，前瞻性的消费者预期形成所面临的主要困难是与未来的不确定性因素有关的一些因素，包括对无法观测到的不确定性的一些度量；在宏观层面及微观层面上，当前收入与消费的一致性问题及流动性约束的作用等。

利兰德指出消费者的谨慎动机主要由其效用函数的三阶导数来刻画，当效用函数的三阶导数大于零，相对于确定性情况而言，在不确定性条件下，经济主体会采取更为谨慎的消费行为；而当经济主体在低收入时期无法通过提取金融资产或借贷来保持正常的消费水平时，这类行为主体就面临着流动性约束。

在这样的假定下，消费者进行储蓄的动机主要指平滑跨期消费的动机，以及为预防未来不确定性的谨慎动机。然而，在效用函数中加入谨慎动机，使模型的计算变得非常复杂，一般难以得到消费的显式解，只有通过设置特殊的效用函数形式才能加以计算，或者直接对跨期最优决策的欧拉方程进行泰勒展开，以看出谨慎动机对消费动态路径的影响，但这种办法也仍然得不到模型的显式解。此外，谨慎动机如何在经验上进行计量也是个很复杂的问题，这使许多经济学家质疑设置三阶导数为正的效用函数究竟有多少意义。

同往常一样，消费者在时期 t 选择最优的消费和储蓄计划。

$$\max E_{cj,t+jt} \left[\sum_{j=0}^{T-t} (1+\delta) - jU\left(C_{i,t+j}\right) \right]$$

$$A_{i,t+j+1} = (1+r_i) A_{i,t+j} + A_{i,t+j} - C_{i,t+j} A_{i,t} \text{ 是给定的}, A_{i,T+1} = 0 \qquad (1\text{-}27)$$

其中，E_t 表示 t 期信息条件下的期望；T 表示死亡时间；$C_{i,t}$ 表示消费；$A_{i,t}$ 表示时期 t 的非人力财富；δ 表示时间偏好率，它被假定在时间上和不同家庭之间都是恒定的；r_i 表示税后真实利率，它随家庭而变动。

对上述最优化问题处理的结果表明，较大的不确定性与较高的储蓄相联系。当效用的三阶导数为正时，不确定性的上升会提高预期的消费变动，它意味着 t

期的消费将下降而储蓄将上升。

利兰德的检验结果表明,有较大风险的家庭储蓄较多,这正是预防性储蓄理论所预言的;但是暗含的相对谨慎系数非常小,标准误差也非常小,因此无法拒绝相对谨慎是零的假设,估计的结果低于许多研究强调的预防性储蓄的潜在显著性。这样,预防性储蓄动机在消费者行为中表现为一个不太重要的部分,在一个有合理参数的 CRRA(coefficient of relative risk aversion,常相对风险规避效用函数)效用方程范围内可以拒绝相对谨慎的假说。

十、卡罗尔的缓冲存货假说

缓冲存货假说是卡罗尔(Carroll)于 1992 年在流动性约束消费理论的基础上提出的,同时也是以预防性储蓄动机理论为基础的一种预防性储蓄模型,是众多预防性储蓄研究中理论基础最完善的一个。

(一)缓冲存货假说的主要观点

卡罗尔从消费者行为出发,认为同时具备不耐心和谨慎性两种特性的消费者倾向于维持一个固定的储蓄财富比,储蓄充当着应对未来收入冲击的缓冲器,以便在境况艰难时维持消费,在境况如意时增加消费。当收入出现正的变动时,储蓄财富比下降,则消费者将增加储蓄以维持原有的比例,即边际消费倾向小于1,且即使不存在流动性约束,消费者也不倾向于借贷。根据该理论,消费者一般需要确定一个财富与持久收入的目标比例,在消费者有预防性储蓄动机的假设下,如果比例低于目标值,则预防性储蓄动机将起主导作用,从而使消费者决定增加储蓄;反之,如果比例高于目标,则消费动机起主导作用,从而使消费者选择大于当前收入水平能够支持的消费支出。缓冲存货假说暗含了消费者具有较高时间偏好的前提假设。

(二)缓冲库存储蓄动机

卡罗尔认为产生缓冲库存储蓄的原因是高贴现率、预防性储蓄动机和居民不愿意承担沉重负债等。卡罗尔指出,零负债是由于当消费支出足够小的情况下,边际消费效用将趋近无穷大。如果消费者承担负债,未来收入将会变低,因此,消费者往往回避出现很低消费的风险。高贴现率与无能力或不愿意负债使居民的资产接近于零,从而导致消费支出与收入联系密切,但在相对高的贴现率下,效用函数如果存在正三阶导数,也会使消费者认为消费支出突然增高或降低的风险并非是系统性的,因此,消费者会保持一小部分储蓄用来防备收入大幅度下滑。

第二节　马克思主义经济学的消费理论

卡尔·海因希·马克思（Karl Heinrich Marx）虽然没有一套完整的消费著作，但其消费理论非常丰富，对消费的性质及分类、消费与生产和交换的关系、消费的影响因素、消费观等问题做了深入的阐述。

一、消费的性质和分类

消费的性质，或者说消费关系的性质，是马克思关注的消费问题的重点。马克思认为，没有生产就没有消费，没有消费就没有生产。消费使产品成为现实的产品，使生产得以最终实现，并为生产创造出新的需要，创造出新的动机。但是，在生产和消费的相互作用中，消费的性质是由生产的性质决定的。在不同的生产方式下，特定的生产关系决定了消费关系的特殊性质。

马克思指出消费有两种：一种是生产消费；另一种是个人消费（图 1-1）。生产消费就是生产过程中的与生产合一的消费，包括生产资料消费与劳动力消费。马克思指出，资本主义的生产消费是资本的增值过程。工人消费基本生活资料就是个人消费。马克思把个人消费分为资本家消费和工人消费。作为两大对抗阶级的个人消费无论是消费水平还是消费方式和范围都是截然不同的，但有一点是绝对相同的，即都得服从资本追求剩余价值的目的。

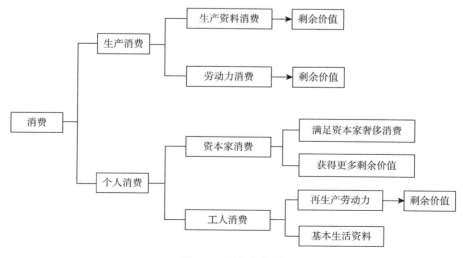

图 1-1　消费的分类

二、生产与消费

生产与消费的关系主要表现在以下三个方面。

一是生产决定消费。生产首先决定消费，生产为消费提供对象；生产力水平决定消费水平，生产的发展速度决定着消费的提高速度；生产决定着消费的方式和结构；生产创造着人们对物质产品的需求，对消费对象的需要。生产力水平越高，消费需要的满足程度也就越高，工资的增加是以生产资本的增加为前提的。

二是消费生产着生产。一方面，在社会再生产四个环节的序列运动中，生产是消费的基本条件，决定消费；但另一方面，生产归根到底要以消费为转移，要以消费为最终归宿。消费生产着生产表现为：一方面，通过消费过程把产品消灭，使生产出来的产品得以最后完成，使生产过程得以最终实现；另一方面，消费为生产创造动力，创造新的生产需要，因而创造出生产的观念及新的内在动机。只有当产品进入消费过程，生产的产品才得以最后完成。没有消费就没有生产的最后完成，从这个意义上讲，消费对生产也起着决定性作用。从一个生产过程来看，生产是起点，消费是终点，但从社会再生产的不断循环过程来看，作为终点的消费又是下个过程的起点。

三是生产与消费的同一性。马克思指出，消费和生产之间的同一性表现在三个方面。第一，直接的同一性。生产是消费，消费是生产。前者表现为现实生产，后者表现为生产的消费。第二，每一方表现为对方的手段，以对方为媒介。生产为消费创造作为外在对象的材料，消费为生产创造作为内在对象和目的的需要。这是一个相互依存的运动，它们通过这个运动彼此发生关系，表现为互不可缺，但又各自处于对方之外。第三，每一方都为对方提供对象，生产为消费提供外在的对象，消费为生产提供想象的对象。生产不仅直接是消费，消费也不仅直接是生产；生产不仅仅是消费的手段，消费也不仅仅是生产的目的。

三、交换与消费

马克思认为，交换只是生产和由生产决定的分配同消费之间的媒介要素。交换的目的在于消费，消费要以交换为条件，如果没有交换，消费也就无从谈起。在商品经济条件下，消费的满足要通过商品交换，商品流通是实现消费的必要条件。同时，消费需求又决定着商品流通，没有消费需求，商品流通就会停滞。消费需求的大小决定着商品流通的规模；消费的快慢决定着商品流通的速度；消费量决定着市场量，只有消费量不断增加才能使商品市场不断扩展。

四、影响消费的因素

马克思以揭示资本主义制度不合理性为目的，在对消费问题的讨论中，更多地强调了影响消费的制度因素。

（一）分配制度

生产决定消费，但它同时又需经过分配及交换这个中间环节而对消费起作用，消费通过分配也反作用于生产从而拉动经济增长。在商品经济条件下，消费者不能直接消费社会产品，必须通过分配取得收入之后才能进入消费。资本主义不合理的分配制度导致收入分配差距过大：即少数人占有绝大多数收入，而绝大多数人只占有较少的收入，因而，必然造成消费结构的失衡和社会消费能力的严重不足，严重时将导致生产过剩。

（二）生产结构

已有的生产结构决定消费结构，生产不仅创造出消费的对象和数量，还创造了产品的消费方式和消费者。一方面，生产为消费主体提供消费的材料和对象。如果消费没有对象，消费就不成为消费。另一方面，生产也创造了消费方式。也就是说，生产的内容决定消费的内容，已经形成的生产结构，在很大程度上决定消费结构。如果产品结构不合理，需要的商品供应不足，就会出现供不应求的现象；反之，生产了大量不需要的产品，就会使产品大量积压，导致供过于求，不仅人们的现实需求无法满足，还造成了巨大的社会资源浪费。

（三）收入水平

现期收入水平对消费的影响更大。收入水平和消费水平正相关，不仅决定着消费者的购买能力，还影响着消费者的消费预期，这直接影响了现期消费的增长。占社会人口多数的工人阶级的消费能力受到收入水平低下的制约，这导致资本主义生产过程出现危机。

（四）价格

消费品价格的变化对消费的影响是直接而显著的。马克思认为，消费对收入或价格的变动具有一定的弹性，收入上升会带来消费量的上升，而价格的涨跌可能导致消费量的下降或上升。不同的消费品价格的需求弹性是不一样的，需求弹性大的商品，价格变化对市场需求影响大。反之，需求弹性小的商品，价格变化对市场需求影响小。

（五）储蓄

一般来说，在收入一定的条件下，储蓄与消费是此增彼减的关系。如果当前的收入过多地用于积累，则会限制当前的社会消费能力；而现实的积累又促使生产扩张，从而加剧生产与消费之间的失衡，导致消费能力相对于生产增长的进一步削弱。

（六）其他因素

消费还受到一个国家的独特的自然条件、历史文化因素的影响。马克思指出，"生活资料的总和应当足以使劳动者个体能够在正常生活状况下维持自己。由于一个国家的气候和其他自然特点不同，食物、衣服、取暖、居住等等自然需要也就不同。另一方面，所谓必不可少的需要的范围，和满足这些需要的方式一样，本身是历史的产物，因此多半取决于一个国家的文化水平，其中主要取决于自由工人阶级是在什么条件下形成的，从而它有哪些习惯和生活要求。因此，和其他商品不同，劳动力的价值规定包含着一个历史的和道德的因素"[①]。

五、需要的分类

根据产生的根源，需要划分为物质需要、精神需要和社会需要。按层次划分，需要分为生存需要、享受需要和发展需要。马克思将人的衣食住等称为人的"第一需要"。马克思指出，食物、住房、衣服等最直接的需要，应该在第一时间得到满足。最高层次的需要是发展需要。根据性质划分，需要分为消费的需要和占有的需要。消费的需要是满足人自身生存和发展的内在欲望，占有的需要是资本主义制度给予人们利己的需要。

六、消费的适度性

马克思主义消费观是体现人与自然和谐统一的适度消费观。马克思主张适度消费，既反对抑制消费的禁欲主张，也反对奢侈浪费的过度消费。马克思批判传统的积累财富的观点，认为靠积累、靠节俭不能真正促进经济增长。只有生产和

---

① 马克思. 资本论[M]. 第一卷. 北京：人民出版社，1975.

消费才能促进经济增长，消费是人类永恒的享受条件和生存条件。随着生产力的发展，必然要求增加新的消费种类，扩大消费量与消费面，并且创造出新的消费需要，同时要求不断提升消费水平。

七、信用消费

信用制度可以减少货币流通数量，加速再生产过程，有利于实现生产和消费之间的良性循环。消费信贷包括赊销、分期付款、消费贷款三种形式。工人根据预期收入的多少决定信用消费的规模。工人阶级的个人消费主要是生活必需品的消费。如果工人的工资提高，对必要的生活资料的需求就会增加，他们就可能在极小的程度上增加对奢侈品的需求，获得原先不属于他们消费范围的物品；并且随着社会文化的发展，以前表现为奢侈的东西，现在成为必需品。信用制度可能导致过度消费与资本消费。而过度的消费信贷会导致虚假的消费和社会生产的盲目扩大。

第三节　西方社会学的消费理论

西方社会学消费理论众多，限于篇幅本节选取了一部分进行介绍。

一、韦伯的消费理论

马克斯·韦伯（Max Weber）是德国社会学家、社会哲学家，他首次将消费和阶层社会明确联系起来。韦伯的消费理论的主要内容如下。

（一）强制禁欲促进财富增长

韦伯认为，一旦限制消费与谋利行为结合起来，不可避免的实际结果显然是：强迫节省的禁欲导致了资本的积累。在财富消费方面的限制，自然能够通过生产性资本投资使财富增加。

（二）消费决定阶级归属

消费是地位群体的区分标志。韦伯认为，在商品和劳务市场的条件下，存在一个通过对某种货物的占有来获得相同生存机会的共同体。在一个共同体中，社会分化表现在经济、声望、权力三个维度上，与经济标准相联系产生的是阶级，以声望和生活方式为标志产生的是地位群体，与权力相联系的则是政治领域的政党。社会上实实在在存在的群体是地位群体，而不是阶级。生活方式是与消费方式相联系的，不同的生活方式有不同的消费模式和消费偏好。因此，韦伯认为，地位分层是多种影响因素综合作用的结果，但地位群体的主要区别是消费方式和生活方式。阶级不是实体，消费方式使潜在的阶级差别显性化，形成了地位不同、生活方式不同的地位群体，消费在一定程度上决定了个人的阶层归属。对上层社会的人来说，特定的消费是上层社会保持和区别身份的手段。

二、西美尔的消费理论

格奥尔格·西美尔（Georg Simmel）是德国社会学家、哲学家。

（一）货币是消费的品格标签

货币的存在仅仅是满足个性化的消费。市场倾向于复杂化、个性化的消费，货币成为个性化消费、服务、生产的"品格"的诸多标签之一。西美尔认为，日益增长的劳动分工虽然提高了人们创造文化世界的能力，但同时却使人们看不到整体文化，日常消费行为变成越来越无情调的动作，它使纯粹数量的价值不断压倒品质的价值，从而追求生活意义的平等化、量化和客观化，把人生的消费和积累作为自我的终极追求目标。

（二）专业化生产是消费扩张的基础

西美尔分析了消费者和生产者之间的分离及日常生活等其他领域的异化现象。他指出，消费的扩张是以生产的专业化为基础的，一方面分工的发展能够生产出更多的廉价物品以满足人们的需要，另一方面这种消费需要的满足是受限制的。因为大量的消费品不可能专为不同口味的消费者主体设计，所以消费者面对着与主体需要不完全一致的消费客体，这种客体性由于生产支离破碎的性质而进一步增强，同时，由于消费品日益增长的客观性，消费关系变得更加复杂和间接，当生产者和消费者之间的中介变得足够多时，彼此就完全分离了。

（三）消费本身可以消解阶层差异

西美尔认为，现代社会中货币及其制度化的发展对人们生活方式产生了深远的影响。只要有货币，任何消费者都可以获得任何商品，这消解了阶层之间的差异。

（四）时尚消费论

西美尔认为，尽管消费本身可以消解阶层差异，但是社会群体的地位差别仍然需要加以区分，这就导致人们对风格和时尚的渴望。人们通过不断更新所消费的商品来体现其独特的风格和时尚。时尚本身具有等级性，具有社会等级区分功能。从起源上讲，时尚是阶级分化的产物。较高社会阶层引领时尚，从而全面获得上层地位和社会优势。中产阶级推动与加速了时尚的进程及其变化。

（五）模仿消费论

模仿时尚创造了大众消费。大众时尚与较高社会阶层的时尚不同，时尚对大众而言，是一种根除他们羞耻心的跟风行为。通过时尚的塑造，人们陶醉在大众文化建构的生活理想国中，沉浸在消费的幸福中。模仿时尚是为了提高社会等级。模仿是群体生命向个体生命的过渡，它可以给个体不会孤独地处于自己行为中的保证。模仿可以使个体减少选择的痛苦，模仿是一种选择，也是一种无思想的选择，是一种自然趋从。

三、凡勃伦的消费理论

托斯丹·邦德·凡勃伦（Thorstein B. Veblen）在消费与社会地位之间建立了联系，提出了炫耀性消费理论，不仅对富裕的上层阶级的奢侈消费进行了尖刻讽刺，也颠覆了正统经济学的理性消费理论。

（一）炫耀性消费

凡勃伦认为，人们之所以要占有财富，与其说是满足生理需求，倒不如说是为了面子。谁拥有的财富多，谁就是社会的优胜者，不仅社会地位上升，还可以获得别人的赞誉，从而使虚荣心得到满足。他指出，物品具有物质满足和精神满足两种效用。从古到今，人们一直认为，炫耀财富的最好方式就是享有余暇。

（二）凡勃伦效应

凡勃伦效应指消费者对一种商品需求的程度因其标价较高而增加，即商品价格越高越畅销，反映了人们进行挥霍性消费的心理愿望。随着社会经济的发展，人们的消费会随着收入的增加而逐步由追求数量和质量过渡到追求品位格调。只要消费者有能力进行这种感性的购买，凡勃伦效应就会出现。例如，珠宝既稀有又值钱，因而显得更加名贵。但是，如果珠宝价格低的话，就不再受到人们的追捧。

（三）钦羡效应

钦羡效应指较低的社会阶层总是把比自己高的社会阶层的生活方式当作自己消费行为的典范。这种消费的目的并不仅仅是获得直接的物质满足与享受，在更大程度上是为了获得社会心理上的满足。

（四）政府干预与炫耀消费

凡勃伦认为，消费者对商品的当前享受更多地取决于其他人的消费方式、习惯及炫耀的需要，而不是取决于理性计算。"个人的行为被他和同一团体中其他人的惯常关系所妨碍和引导，这些关系同样也是制度的特点，会随着不同的制度背景而变化。需求、目的和目标、方法和手段、丰裕程度和个人行为倾向，都有具有高度复杂性和整体不稳定特征的制度变量的函数。"①因此，相关价格并不是对相关满足度的可信赖的指导。这就意味着政府对自由竞争的干预，如对购买珠宝征税，并且对那些由于见到别人炫耀珠宝而减少满足度的人进行补偿，以增加其满足度。

四、布迪厄的消费理论

皮埃尔·布迪厄（Pierre Bourdieu）是法国社会学家。他在韦伯命题的基础上，运用资本、场域、惯习等概念工具，分析了消费如何在阶层分化中扮演区分的作用。

（一）阶级惯习与消费

布迪厄认为，消费就是主观与客观相统一的社会实践，具有区隔和标识的功能，是一种阶级区隔的方式，不同地位的阶级群体通过在其独特的消费行为基础上形成的消费模式区分开来。不同的阶级群体在消费过程中形成不同的文化欣赏品位，从而达成本群体的社会认同，与其他品味不同的群体相区隔。消费是一种确立社会各群体差异的方式，而不是仅仅体现已有其他因素决定的差异。布迪厄创造性地使用了惯习、场域、符号暴力等概念来分析消费问题。他指出，惯习是体现在行动者身上的历史经验积累，场域是既有规划，也有重构和变化的可能性。惯习或资本加上场域，就是日常生活的言行。惯习是连接行动者实践与客观社会结构（场域）的中介变量，各个阶层所表现出来的生活方式差异是由其背后的各种惯习决定的。

---

① 凡勃伦. 有闲阶级论[M]. 钱厚默译. 海口：南海出版社，2007.

在资本—场域—惯习分析框架下，可以分析消费品位与社会阶层之间的关系，在各种消费活动中，不同阶层都处于一个明显的等级体系中。但各体系间具有一定的相互影响。布迪厄区分了三种可能的阶级轨迹：向上的流动、向下的流动、维持原状。其中，向上的流动轨迹给人们带来乐观主义的态度；而向下的流动轨迹则使人们对未来充满疑虑，给人们带来悲观的态度。随着阶级轨迹的不同变化，人们对未来的生活态度和生活方式也相应不同。布迪厄指出，社会再生产作为一种策略是为了维持或改善其在社会中的地位。

（二）品位区隔消费论

消费目的是追求阶级区隔。在这一全新的时代，大众的日常生活日趋审美化，生活方式的追求让位于生活风格的选择。人们在日常生活中的消费斗争实际上成为寻求区隔而展开的符号斗争。拥有较多经济资本和文化资本的中上阶层，讲求消费的档次、质量和品牌，会在享受型消费和发展型消费上花较多时间；而经济资本和文化资本较少的人则局限于生存型需求的满足，下等阶级的品位主要受生存需求的限制。一个人的阶级更多的是由品位或生活风格决定的。而且，品位不只是简单地反映了社会地位，而且是经济或政治等级高的人限制经济或政治等级低的人接近并保持其政治特权和经济优势的一种手段。

（三）炫耀消费与阶级

炫耀消费从炫耀金钱发展到炫耀品位。布迪厄指出，在资本主义后现代阶段，生活方式强调生活风格，以文化资本的占据为表现形式的消费占据压倒性的地位。布迪厄区分出了三种品位：一是合法品位，这是获取支配阶级中教育程度最高的集团成员资格的钥匙；二是中产阶级品位，普遍存在于中产阶级；三是大众品位，普遍存在于工人阶级，但与教育资本呈反相关。布迪厄认为，随着大众社会的到来，个人在社会中具有更多自由选择的机会，传统的下向渗透模式的解释力受到极大的限制。炫耀消费的渗透模式不仅仅是自上而下的渗透，也存在自下而上的渗透。

五、拉扎斯菲尔德的消费理论

保罗·艾力克斯·拉扎斯菲尔德（Paul Felix Lazarsfeld）是美国社会学家，他提出了"二级传播理论"，为传播效果、传播机制研究开辟了道路。

拉扎斯菲尔德指出，消费行为只不过是人类社会行为中的一种形态。消费者的消费行为受到心理的和社会因素的影响。影响消费者行为的三个重要变量是消费倾向、宣传和交流的影响、商品的特性。不同社会阶层的人具有不同的购买习惯，不同社会集团对人们的购买行为起影响作用，人们的社会地位也决定了其购买习惯。

拉扎斯菲尔德认为传播对消费行为产生强制作用，对消费者的影响更大的是群体诱导的方法。他认为，与其研究购买的经济条件和偏好的结构，不如重点研究购买习惯和消费所属的社会集团、地位的联系以及宣传和交流对购买行为的作用。拉扎斯菲尔德提出了传播效果形成的条件性和复杂性，尤其是说服者和发出的信息两个因素。他指出，绝大多数广播电视节目、电影、杂志和部分书籍、报纸以消遣为目的，对大众的鉴赏能力造成了影响。

六、鲍德里亚的消费理论

让·鲍德里亚（Jean Baudrillard）是法国社会学家。其代表作有《消费社会》《生产之镜》等。

（一）消费是文化和社会的行为

鲍德里亚指出，消费从一开始就不是简单的关于物的实践过程。因为消费本来就是文化的、社会的，因此，消费品是具有意义的，只是消费品的这种符号功能在现代社会和现代消费中得到特有的彰显而更加突出。从文化社会意义上看，消费也多是符号性的，仅是程度不同的区别。在社会各阶层中，中产阶级的经济资本使他们能够不受生存需求的限制。他们对地位的敏感超出其他阶层，更需要提升自我从而与其他群体区分开来。消费就是一种符号操作行为。

（二）消费社会

在生产社会，人们更多地关注商品的物性特征、物理属性、使用与实用价值；在消费社会，人们则更多地关注商品的符号价值、文化精神特性与形象价值，消费成为社会生活和生产的主导动力和目标。鲍德里亚认为，消费者热爱商品的品牌和象征甚于商品的实用价值不能简单看成是个人爱慕虚荣的行为，而是一种以社会心理为基础的整体的系统行为。消费社会的前提是资本主义商品生产的扩大，产生了大量物质文化的积累。随着物质的极大丰富，人们的生存需求得到了满足，人们追求物的使用价值的需求也日趋饱和，物的功能性不再是吸引人们消费的动力。也就是说，消费社会中，物品的原始功能性层面让位于物品的符号文化层面，在消费中，人们更关注的不是物品本身的功能，而是某种被制造出来的象征性符码意义。消费社会的商品价值已不再取决于商品本身是否能满足人的需要或具有交换价值，而是取决于交换体系中作为文化功能的符码。鲍德里亚还指出，消费是实现社会控制的有利因素。大众传媒使整个社会成为一个受符码控制的系统。符号控制是比资本控制更高一级的控制力量。消费社会的等级性是区划社会阶层，为资本主义社会提供合法性根据的重要手段和内容。

（三）大众传媒引导符号消费

消费社会中的文化工业的复制技术导致现代人审美心理距离消失，高雅文化和通俗文化之间，由于信息的无限膨胀，已经内爆了。消费社会的欲望逻辑内化于广告这一体系之间，广告对产品所做的修辞性或告知性的展示和论述对消费行为没有决定性的效力，真正起作用的是其建立起来的充满寓意表达的社会形象。现代消费社会里"所指的价值"取消了，即符号形式所指向的"真实"内容已经荡然无存，符号只进行内部交换，不会与真实互动，我们通过大众媒体所看到的世界并不是一个真实的世界。

第四节　管理学的消费行为理论

消费行为模式是从企业角度探讨消费者行为及其影响因素，是指用于表达消费行为过程中的全部或局部变量之间因果关系的理论描述。国内外许多学者、专家对消费行为模式进行了大量的研究，并且提出了一些具有代表性的典型模式。

一、消费行为的一般模式

在现代社会生活中，由于消费动机、消费观念、消费方式与消费习惯的不同，各个消费者的消费行为千差万别。尽管如此，在形形色色的消费行为中，仍然存在着某种共同的、带有规律性的特征。心理学家在深入研究的基础上，指出了消费行为中的共性，即消费行为的一般模式：刺激-反应模式（S-O-R 模式）。

刺激-反应模式，即"刺激——个体生理、心理——反应"模式。该模式表明消费行为是由刺激所引起的，这种刺激来自于消费者身体内部的生理、心理因素和外部的环境。消费者在各种因素的刺激下产生动机，在动机的驱使下做出消费决策，实施消费行为。由于这一过程是在消费者内部（消费者心理活动过程）自我完成的，因此，心理学家称之为"暗箱"或"黑箱"。

二、科特勒刺激反应模式

美国市场营销学专家菲利普·科特勒（Philip Kotler）认为，消费行为模式主要由三部分构成。第一部分包括企业内部营销刺激（产品、价格、地点和促销）和企业外部环境刺激（经济、技术、政治和文化），它们共同作用于消费者以期引起消费者的注意；第二部分包括消费者的特征（文化、社会、个人和心理）和决策过程（问题认知、信息搜集、评估、决策和购买行为）这两个中介因素；第三部分是消费者反映，是消费者消费行为的实际外化，包括消费者对产品、品牌、经销商、购买时机、购买数量的选择。

三、尼科西亚模式

尼科西亚（Nicosia）指出消费行为模式由四大部分组成。第一部分，从信息源到消费者态度，包括企业和消费者两方面的态度；第二部分，消费者对商品进行调查和评价，并且形成消费动机的输出；第三部分，消费者采取有效的消费行为；第四部分，消费者行为的结果被大脑记忆、储存起来，供消费者以后的消费参考或反馈给企业。

四、恩格尔-科拉特-布莱克威尔模式

恩格尔-科拉特-布莱克威尔模式（EKB 模式）是由恩格尔（Engel）、科特拉（Kollat）和布莱克威尔（Blackwell）在 1968 年提出，并于 1984 年修正而成的。EKB 模式强调消费者的购买决策过程，其模式分为中枢控制系统（消费者的心理活动过程）、信息加工、决策过程及环境因素四部分。具体地讲，EKB 模式可以说是一个购买决策模式，它详细地描述了消费者消费决策过程：在外界刺激物的作用下，使某种商品暴露，引起消费者心理上的知觉、注意、记忆，形成信息与经验储存起来，从而构成消费者认知问题的最初阶段；在动机、个性及生活方式的作用下，消费者对问题的认识明朗化，并开始寻找符合自己意愿的产品对象，这种寻找在评价标准、信念、态度及购买意向的支持下向购买结果迈进；经过产品品牌评价进入备选方案评价阶段，消费者进行选择而实施消费，得出输出结果而完成消费；最后，对消费结果进行评价，得出满意与否的结论，形成信息与经验，影响未来的消费行为。

五、霍华德-谢思模式

霍华德-谢思模式是由学者霍华德（Howard）与谢思（Sheth）在《购买行为理论》（1969 年）一书中提出的，其重点是从刺激或投入因素（输入变量）、外在因素、内在因素（内在过程）及反映或产出因素分析消费行为。霍华德-谢思模式利用心理学、社会学和管理学的知识，从多方面解释了消费行为。

刺激或投入因素包括 3 个刺激因子：产品刺激因子，如某产品的质量、价格、特征、可用性及服务等；符号刺激因子，如通过推销员、广告、媒体等把产品特征传递给消费者；社会刺激因子，如家庭、相关群体、社会阶层等。

外在因素是指购买决策过程中的外部影响因素，如文化、个性、财力、时间压力等。其中，时间压力指消费者主观认为在消费前可花时间的多少，或者实际能花在消费上的时间的多少，通常情况下，时间压力能抑制或缩短消费者购买决策过程，使消费者仓促决策，并可能导致不理想的消费。

内在因素是指介于刺激和反应之间起作用的因素。它是霍华德-谢思模式最基本、最重要的因素。它主要说明投入因素和外在因素如何在心理活动中发生作用，从而引出结果。这种模式认为，消费者内心接受投入因素的程度受到需求动机和信息反应敏感度的影响，而对信息反应的敏感度又取决于消费者消费欲望的强度及"学习"的效果。消费者的偏好选择则受内心"决策仲裁规则"的制约。所谓"决策仲裁规则"，是指根据动机强度、需求紧迫度、预期的欲望满足程度、消费需要性以及对过去消费产品的感觉等，将各种产品按序排列，侧重实施消费的一种心理倾向。

反应或产出因素是指购买决策过程所导致的消费行为，它包括认识反应、情感反应和行为反应三个阶段。认识反应是指注意和了解；情感反应是指态度，即消费者对满足其动机的相对能力的估计；行为反应包括购买者是否消费或消费何种品牌的认识程度预测和公开消费行动。

霍华德与谢思认为，投入因素和外界因素是购买的刺激物，它通过唤起和形成动机，提供各种选择方案信息，影响消费者的心理活动（内在因素）。消费者受刺激物和以往购买经验的影响，开始接受信息并产生各种动机，对可选择产品产生一系列反应，形成一系列消费决策的中介因素，如选择评价标准、意向等，在动机、购买方案和中介因素的相互作用下，产生某种倾向和态度。这种倾向或者态度又与其他因素（如购买行为的限制因素）结合，产生消费结果。消费结果形成的感受信息也会反馈给消费者，影响消费者的心理和下一次的消费行为。

第五节　消费理论的新发展：行为消费理论

随着心理经济学和认知心理学的发展和系统化，卡尼曼和特维斯基等经济学家开始关注心理因素对消费行为的影响，将一系列心理变量引入消费行为分析过程中。行为消费理论的基础是行为经济学的方法和理论，它强调非完全理性行为人的心理、社会特征，从而形成各种基于不同非完全理性行为的跨期消费决策模型。对于消费行为来说，行为经济学的基础性研究主要分为两类：一类涉及消费者如何认知与核算其财富的问题，与消费者的预算约束有关；另一类涉及消费者跨期选择与时间偏好率的研究，与消费者的偏好有关。

一、行为生命周期假说

Shefrin 和 Thaler（1988）将行为经济学的理论构架与生命周期消费理论相结合，首次提出了行为生命周期假说，认为消费者更关注收入的来源、形式及变化，而不是收入的最终值。行为生命周期假说的核心假设是，即使不存在信贷配给，不同的财富类型对消费者而言也是不可完全替代的。其中，财富被划分成三种不同的心理账户，即当前可支配收入、当前资产和未来收入。基于当前可支配收入获得的消费对消费者诱惑最低。

谢弗林和塞勒巧妙地采用一个双重偏好结构来刻画消费者的理性决策和感性方面的冲突。假设消费者个体存在双重的偏好，第一个自我关心短期的即期消费，他的效用函数与当期消费有关；第二个自我关心的长期消费，他的目标是最大化终生效用水平。显然，第二个人要降低第一个人的消费必须要利用意志力，而这种意志力的使用具有一定的心理成本，这种心理成本随着即期消费的减少而增加。因此，自我控制暗示着消费者在消费决策时具有一个不可忽视的心理成本。消费者对不同心理账户中的财富的边际消费倾向各不相同。当期可支配收的边际消费倾向最大，再是当期资产的边际消费倾向，而未来收入的边际消费倾向最小。由此可知，不同财富并非完全可替代的。这一点与主流的持久收入/生命周期假说不一致，后者假设在资本市场上，不同形式的财富具有完全的可替代性。

行为生命周期假说研究结果显示：①缺少健全社会保障体系和退休金储蓄计划时，退休后的消费将低于退休前；②增加法定养老金储蓄比率不会只造成其他储蓄的份额等额替代，养老金储蓄增加 1%是将财富从当前收入账户转移到未来收入账户，而其他自发储蓄是由当前收入账户的消费倾向决定，因此总储蓄将近似增加 1%；③自发储蓄和退休金储蓄之比将随收入或财富增加而增加；④储蓄率随永久收入增加而增加，因为消费量越大，抑制消费所需的意志力成本越低；⑤存在过度敏感性，即消费随当期可支出收入账户的增加而增加。

虽然，行为生命周期假说并没有提出完整的数学模型，但在具体的方法处理上，该模型仍然取得了三点重要突破：一是行为生命周期假说在传统的单一效用函数中加入了消费行为因素；二是考察了以往被忽视的有可能影响消费的因素；三是严格地将实际选择控制在预算集内。

二、双曲线贴现消费模型

一般而言，主流消费理论假设贴现率是一个固定不变的常数。但是，越来越多的学者对贴现效用模型中假定的贴现率逐期不变性提出质疑，他们认为消费者在制定动态的消费决策时，对于时间的偏好并非完全一致。Thaler（1981）通过实验研究的方法，证实了时间偏好的不一致性在消费者的日常消费决策中是很常见的。

Herrnstein（1961）在实验基础上提出了一个双曲线贴现函数：

$$D_t = \frac{1}{t} \tag{1-28}$$

Loewenstein 和 Prelec（1992）进一步将贴现函数一般化为

$$D_t = (1 + \alpha t)^{-r/\alpha} \tag{1-29}$$

其中，α，r 为给定参数。

在 α，r 不变的情况下，贴现率随着时间 t 的增加而减小，这较好地解释了随着时间的推移贴现率递减的观点，也较好地论证了随着时间推移等待不耐心程度递减的结论，即时间偏好率跨期递减理论的正确性。

用上述双曲线贴现消费模型，Laibson（1996）在完全的理性预期条件下用计算技术模拟出不同参数下的消费和储蓄路径，得出的结论是，在双曲贴现的情形中，消费者的真实储蓄率要比起初意愿的储蓄率偏低，而且收入和消费之间具有同方向变动的趋势，退休后的消费也将减少。

O'Donoghue 和 Rabin（1999）认为消费者存在"自我约束"问题是显而易见的，但是消费者不一定能意识到这一问题，因而在不完全理性预期的条件下将消费者分为成熟和不成熟两类，分析结果显示，当决策者完全没有预期到以后自己的时间偏好会发生变化的情况下，相对于成熟的决策者，不成熟的决策者储蓄率更低。这些理论给出了储蓄率偏低的行为解释。

三、动态自控偏好消费模型

面对消费者自我控制不足导致的时间偏好不一致问题，Gul 和 Pesendorfer（2004）采用另一种理论模型来解释，即动态自控偏好消费模型。其核心观点是消费决策者的偏好应该等于消费获得的效用和立即消费诱惑的负效用之和。因此，偏好就变成当期消费和当期可行消费的联合函数。

假设第 t 期消费获得的效用为 $u(C_t)$，克服当期消费诱惑的自我控制成本为 $v(ct) - v(bt)$，则消费偏好可以表示为

$$W\big(z(b)\big) = \Big\{\max\big(u(c) + \delta W\big(z(b')\big) + v(c) - v(b)\big\}\qquad (1\text{-}30)$$

其中，b 表示第 1 期的财富水平；$z(b)$ 表示消费-储蓄决策问题；c 表示当前的消费选择；b' 表示下一期的财富，$b' = (b - c)(1 + r)$；δ 表示贴现率，是常数项；r 表示利率，是常数项。

Gul 和 Pesendorfer（2004）将动态自控偏好消费模型中的偏好称为"承诺的偏好"，而将双曲线贴现消费模型中的偏好称为"可逆转的偏好"。"承诺的偏好"形式规避了偏好的动态变化，大大降低了计算的复杂性，提高了运算效率，而且相应增加了偏好中的选择决策因素。经过简单处理就可以使建立在承诺偏好之上的效用函数与消费计划直接相关，从而有助于求解动态规划问题下的最优解。这正是动态自控偏好消费模型的优势所在。基于承诺的偏好形式，消费者在抑制当期消费的诱惑和长期利益之间进行权衡取舍，从而决策出最优的消费路径。

四、估测偏见消费模型

估测偏见消费模型由 Loewenstein 等（2003）提出：并应用于习惯形成的消费模型之中：分析估测偏见对跨期消费决策的影响。受习惯形成、情绪波动、社会影响和环境变化等因素的影响，消费者的未来偏好可能与当前偏好产生巨大偏差。然而，人们总是倾向于夸大未来偏好与当前偏好的相似性，这种现象被称为估测偏见。

假设一个消费者的消费习惯存量是上一期的习惯存量和当期消费的加权值，即

$$s_t = \gamma s_t + (1 + \gamma)c_t\qquad (1\text{-}31)$$

其中，s_t 表示 t 期的习惯存量；c_t 表示 t 期的消费；$\gamma \in (0,1]$。

很显然，习惯存量随着当期消费增加而增加，而且习惯存量变大会导致消费

的边际效用增加，因此，对于消费者而言，最优的消费决策就是增加当前消费。

对于习惯形成的效用函数而言，t 时期的效用函数可以表示为 $U_t(C_t, Z_t)$，Z_t 表示一个往期消费的复合变量。$t+1$ 时期的效用函数可以表示为 $U_{t+1}(C_{t+1}, Z_{t+1})$，但是消费者无法准确得到预期 $t+1$ 期的瞬时效用函数，只能在 t 时期预期 $t+1$ 期的瞬时效用函数为 $\tilde{U}_{t+1}(\tilde{C}_{t+1}, \tilde{Z}_{t+1})$。根据预测偏差模型可得

$$U_t(C_t, Z_t) < \tilde{U}_{t+1}(\tilde{C}_{t+1}, \tilde{Z}_{t+1}, Z_t) < \tilde{U}_{t+1}(\tilde{C}_{t+1}, \tilde{Z}_{t+1}) \qquad （1\text{-}32）$$

其中，$\tilde{U}_{t+1}(\tilde{C}_{t+1}, \tilde{Z}_{t+1}, Z_t) = \alpha U_t(C_t, Z_t) + (1-\alpha) U_{t+1}(C_{t+1}, Z_{t+1}), \alpha \in (0,1)$。

当 α 值越高，预测偏差就越大，表明人们更倾向于低估未来的效用，即消费者存在短视行为。反之亦然。

具有估测偏见的习惯消费模型首先认为效用取决于当期消费以及决定当时偏好的状态，而估测偏见的存在意味着改变了的未来状态不能被完全预期到，对未来状态的预期往往受到当前状态的影响。因此，估测偏见模型实际上是状态依存偏好的一种特殊形式。由于估测偏见的存在，消费者 t 时刻面对的跨时最优化问题在形式上发生了变化。在完全预期条件下，消费者预期到一系列的未来状态，因而其获得的效用满足取决于相应状态下的消费数量。而在估测偏见情况下，消费者对未来状态的预期受到当期状态的影响，从而使消费者的最优选择更多地受到决策时状态的影响。估测偏见意味着预期到的状态事实上处于基期状态和真实状态之间。估测偏见的模型应用于带有习惯形成的跨期消费问题上则表明，习惯存量对消费者的效用产生影响，习惯存量增加会导致消费的边际效用变大，因此最优配置就要求增加消费量。可以宽泛地说，习惯存量的变化方向将决定消费的变化方向。随着消费的增加，习惯存量将逐渐增加。此时估测偏见的存在一方面会导致低估习惯存量对效用水平的负影响，从而减小推迟消费的倾向，使得生命周期内早期阶段储蓄率变小；另一方面，估测偏见又会导致低估习惯形成，而这也会导致消费随时间增加的趋势变缓，从而增加早期消费，降低储蓄率。因此可以认为，估测偏见的存在是储蓄率偏低的重要原因。

第二章 农村居民收入及构成变动

改革开放以来，我国农村居民收入水平稳步提高，收入结构发生了较大的变化①。家庭经营收入及工资性收入是我国农村居民收入的主要来源。其中，农村居民工资性收入增长迅速。提高农业劳动生产力，促进农村劳动力转移并实现非农就业是实现"农村居民收入倍增"的关键。

第一节 基 本 概 念

一、农村住户

农村住户指农村常住户，具体指长期（一年以上）居住在乡镇（不包括城关镇）行政管理区域内的住户，以及长期居住在城关镇所辖行政村范围内的农村住户。户口不在本地而在本地居住一年及以上的住户也包括在本地农村常住户范围内；有本地户口，但举家外出谋生一年以上的住户，无论是否保留承包耕地都不包括在本地农村住户范围内。因此，本章研究的农村居民，是指长期（一年以上）居住在乡镇行政管理区域内，以及长期居住在城关镇所辖行政村范围内的经济和生活与本户连成一体的人口。

二、农村居民总收入

农村居民总收入指调查期内农村住户和住户成员从各种来源渠道得到的收入

---

① 2015 年一季度，国家统计局正式对外发布新口径数据，将农村居民人均纯收入改为农村居民人均可支配收入。按照收入的来源，可支配收入包含工资性收入、经营净收入、财产净收入和转移净收入四项。本章所研究的农村居民收入为旧统计口径中的"农村居民人均纯收入"。

总和。按收入的性质划分为工资性收入、家庭经营收入、财产性收入和转移性收入。

工资性收入指农村住户成员受雇于单位或个人，靠出卖劳动而获得的收入。

家庭经营收入指农村住户以家庭为生产经营单位进行生产筹划和管理而获得的收入。农村住户家庭经营活动按行业划分为农业、林业、牧业、渔业、工业、建筑业、交通运输业、邮电业、批发和零售贸易餐饮业、社会服务业、文教卫生业和其他家庭经营。

财产性收入指金融资产或有形非生产性资产的所有者向其他机构单位提供资金或将有形非生产性资产供其支配，作为回报而从中获得的收入。

转移性收入指农村住户和住户成员无须付出任何对应物而获得的货物、服务、资金或资产所有权等。一般情况下，转移性收入是指农村住户在二次分配中的所有收入，包括在外人口寄回和带回、农村外部亲友赠送、救济金、保险赔偿收入、退休金、土地征用补偿收入等。

三、农村居民家庭纯收入

农村居民家庭纯收入指农村住户当年从各个来源得到的总收入相应地扣除所发生的费用后的收入总和。纯收入主要用于再生产投入和当年生活消费支出，也可用于储蓄和各种非义务性支出。

农村居民家庭纯收入＝总收入－家庭经营费用支出－税费支出－生产性固定资产折旧－赠送农村内部亲友。

四、农村居民人均纯收入

农村居民人均纯收入是按人口平均的农村居民纯收入水平，反映一个地区农村居民的平均收入水平。按收入的性质，农村居民人均纯收入包含工资性收入、家庭经营收入、财产性收入和转移性收入四项。

第二节　农村居民收入变动

改革开放以来，随着农业与农村经济的发展，农村居民收入增长迅速，主要经历了五个阶段，见图 2-1 和表 2-1。

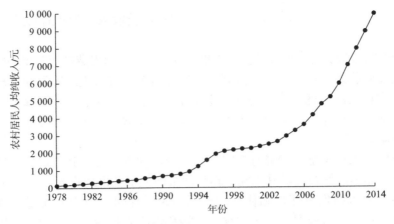

图 2-1 1978~2014 年农村居民人均纯收入变动趋势

表 2-1 1978~2014 年农村居民人均纯收入及构成变动

年份	收入绝对值/（元/人）					不同来源收入比重				不同来源收入实际增长贡献率			
	纯收入	工资性收入	家庭经营收入	财产性收入	转移性收入	工资性收入	家庭经营收入	财产性收入	转移性收入	工资性收入	家庭经营收入	财产性收入	转移性收入
1978	133.6	88.3	35.8		9.5	66.1%	26.8%		7.1%				
1979	160.2	100.7	44.0		15.5	62.9%	27.5%		9.7%	44.6%	31.3%		24.2%
1980	191.3	106.4	62.6		22.4	55.6%	32.7%		11.7%	-9.5%	80.0%		30.0%
1981	223.4	113.8	84.5		25.1	50.9%	37.8%		11.2%	17.4%	74.3%		7.8%
1982	270.1	142.9	102.8		24.5	52.9%	38.1%		9.1%	63.5%	39.3%		-2.6%
1983	309.8	57.5	227.7		24.6	18.6%	73.5%		7.9%	-257.6%	358.4%		-1.1%
1984	355.3	66.5	261.7		27.2	18.7%	73.6%		7.7%	20.1%	75.0%		5.2%
1985	397.6	72.2	296.0		29.5	18.2%	74.4%		7.4%	4.2%	94.2%		1.5%
1986	423.8	81.6	313.3		28.9	19.3%	73.9%		6.8%	256.8%	-38.9%		-123.4%
1987	462.6	95.5	345.5		21.6	20.6%	74.7%		4.7%	71.0%	102.2%		-73.3%
1988	544.9	117.8	403.2		24.0	21.6%	74.0%		4.4%	385.2%	-184.0%		-94.4%
1989	601.5	136.5	434.6		30.5	22.7%	72.2%		5.1%	8.3%	95%.7		-3.9%
1990	686.3	138.8	518.6		29.0	20.2%	75.6%		4.2%	-6.8%	111.9%		-5.0%
1991	708.6	151.9	523.6		33.0	21.4%	73.9%		4.7%	152.1%	-106.4%		51.2%
1992	784.0	184.4	561.6		38.0	23.5%	71.6%		4.9%	60.1%	32.0%		8.2%

续表

年份	收入绝对值/（元/人）					不同来源收入比重				不同来源收入实际增长贡献率			
	纯收入	工资性收入	家庭经营收入	财产性收入	转移性收入	工资性收入	家庭经营收入	财产性收入	转移性收入	工资性收入	家庭经营收入	财产性收入	转移性收入
1993	921.6	194.5	678.5	7.0	41.6	21.1%	73.6%	0.8%	4.5%	−50.0%	132.2%	23.1%	−5.3%
1994	1 221.0	263.0	881.9	28.6	47.6	21.5%	72.2%	2.3%	3.9%	27.4%	53.3%	23.8%	−4.4%
1995	1 577.7	353.7	1 125.8	41.0	57.3	22.4%	71.4%	2.6%	3.6%	31.2%	62.6%	5.2%	1.0%
1996	1 926.1	450.8	1 362.5	42.6	70.2	23.4%	70.7%	2.2%	3.6%	30.9%	66.0%	−0.7%	3.7%
1997	2 090.1	514.6	1 472.7	23.6	79.3	24.6%	70.5%	1.1%	3.8%	45.4%	65.7%	−17.4%	6.3%
1998	2 162.0	573.6	1 466.0	30.4	92.0	26.5%	67.8%	1.4%	4.3%	69.2%	8.6%	7.6%	14.6%
1999	2 210.3	630.3	1 448.4	31.6	100.2	28.5%	65.5%	1.4%	4.5%	80.8%	5.5%	2.1%	11.9%
2000	2 253.4	702.3	1 427.3	45.0	78.8	31.2%	63.3%	2.0%	3.5%	160.5%	−43.6%	29.7%	−47.1%
2001	2 366.4	771.9	1 459.6	47.0	87.9	32.6%	61.7%	2.0%	3.7%	67.3%	22.0%	1.7%	8.9%
2002	2 475.6	840.2	1 486.5	50.7	98.2	33.9%	60.1%	2.1%	4.0%	60.1%	27.6%	3.3%	9.0%
2003	2 622.2	918.4	1 541.3	65.8	96.8	35.0%	58.8%	2.5%	3.7%	60.4%	29.1%	13.3%	−2.8%
2004	2 936.4	998.5	1 745.8	76.6	115.5	34.0%	59.5%	2.6%	3.9%	19.1%	69.3%	4.1%	7.5%
2005	3 254.9	1 174.5	1 844.5	88.5	147.4	36.1%	56.7%	2.7%	4.5%	60.7%	23.7%	4.0%	11.6%
2006	3 587.0	1 374.8	1 931.0	100.5	180.8	38.3%	53.8%	2.8%	5.0%	64.4%	20.8%	3.8%	11.0%
2007	4 140.4	1 596.2	2 193.7	128.2	222.3	38.6%	53.0%	3.1%	5.4%	40.9%	44.0%	6.2%	8.8%
2008	4 760.6	1 853.7	2 435.6	148.1	323.2	38.9%	51.2%	3.1%	6.8%	43.8%	28.3%	3.3%	24.6%
2009	5 153.2	2 061.3	2 526.8	167.2	397.9	40.0%	49.0%	3.2%	7.7%	52.4%	24.2%	4.8%	18.6%
2010	5 919.0	2 431.1	2 832.8	202.2	452.9	41.1%	47.9%	3.4%	7.7%	50.9%	37.1%	5.0%	7.0%
2011	6 977.3	2 963.4	3 222.0	228.6	563.3	41.6%	45.3%	3.5%	9.6%	54.7%	31.5%	2.1%	11.8%
2012	7 916.6	3 447.5	3 533.4	249.1	686.7	43.6%	44.6%	3.2%	8.7%	53.6%	30.2%	1.9%	14.3%
2013	8 895.9	3 445.8	3 712.1	183.7	1 554.3	38.7%	41.7%	2.1%	17.5%	−13.0%	10.5%	−9.6%	112.1%
2014	9 892.0	3 915.9	3 996.3	209.5	1 770.4	39.6%	40.4%	2.1%	17.9%	48.8%	26.0%	2.7%	22.5%

注：（1）1978~2012 年数据来源于农村住户调查。（2）从 2013 年度起，国家统计局开展了住户收支与生活状况抽样调查。2013 年、2014 年农村居民人均纯收入数据是根据城乡一体化住户收支与生活状况调查数据按照可比口径推算获得，由国家统计局公布。2013 年、2014 年农村居民人均纯收入来源数据是根据公布的农村居民人均可支配收入来源比例由笔者估算得到。（3）1992 年以前转移性收入为财产性收入和转移性收入合计

资料来源：《中国住户调查年鉴 2015》

第一阶段，1978~1984 年，农村居民收入高速增长。20 世纪 80 年代初推行的以家庭承包经营为基础、统分结合的双层经营体制，使农村居民生产自主权扩

大。同时，粮食等农产品收购价格大幅提高，农村居民收入呈现高速增长态势。农村居民人均纯收入由 1978 的 133.6 元增长至 1984 年的 355.3 元，扣除价格因素，实际年均增长率高达 16.5%。

第二阶段，1985~1991 年，农村居民收入波动中缓慢增长。1985 年，我国取消了实行多年的粮食统购统销政策，放开农产品市场，计划经济向市场经济转变，农村居民收入增长波动较大。此阶段，农村居民收入先增长后大幅下降，收入陷入低速徘徊局面。农村居民人均纯收入由 1985 年的 397.6 元增长至 1991 年的 708.6 元，扣除价格因素，实际年均增长率仅为 0.9%。其中，1989 年农村居民人均纯收入比上年实际下降 7.4 个百分点。

第三阶段，1992~1996 年，农村居民收入反弹回升。乡镇企业及城市非公有制经济的蓬勃发展为农村劳动力进入非农产业就业提供了广阔的空间。农村居民人均纯收入由 1992 年的 784 元增长至 1996 年的 1 926.1 元，扣除价格因素，实际年均增长率为 8.4%。

第四阶段，1997~2003 年，农村居民收入增长减缓。受亚洲金融风暴的影响，农村劳动力就业空间和工资有所收紧，一定程度地影响了部分农村居民非农收入。同时，农村经济体制长期停滞不前也是本阶段农村居民收入增长缓慢的一个主要原因。农村居民人均纯收入由 1997 年的 2 090.1 元增长至 2003 年的 2 622.2 元，扣除价格因素，实际年均增长率仅为 4%。

第五阶段，2004 年以来农村居民收入再次进入快速增长期。进入 21 世纪，随着工业化、城镇化的不断推进，农村劳动力就业政策发生新的变化，提出了统筹城乡就业的新思路，强调要为农村劳动力开辟更多的就业途径，逐步实现城乡劳动力市场一体化。农村居民人均纯收入由 2004 年的 2 936.4 元增长至 2014 年的 9 892 元，扣除价格因素，实际年均增长率为 9.4%。其中，2010~2012 年农村居民人均纯收入实际年均增长率高达 11.1%。

第三节　农村居民收入构成变动

改革开放初期，我国农村居民收入主要是从集体统一经营中获取，家庭经营居于次要地位。1978 年，工资性收入、家庭经营收入分别占农村居民人均纯收入的 66.1% 和 26.8%。1983 年是一个转折点，随着家庭联产承包责任制的推行，农村居民收入来源发生了显著变化，家庭经营取代集体经营，并成为农村居民收入的主要来源。农村居民收入来源呈现出多元化态势，收入结构不断优化。

由于 1993 年之前，我国农村居民人均纯收入由工资性收入、家庭经营收入与转移收入三项构成，未区分财产性收入与转移性收入。下面对 1993 年以来的农村居民不同来源收入变化态势展开分析，如图 2-2 所示。

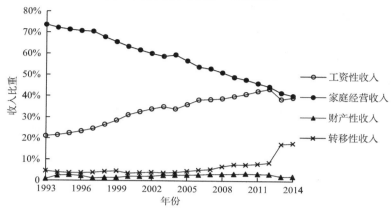

图 2-2　1993~2014 年农村居民人均纯收入来源变动趋势

第一，工资性收入比重快速增长。工资性收入占农村居民人均纯收入比由 1993 年的 21.1%上升至 2014 年的 39.6%，工资性收入的增长已成为我国农村居民收入增长的直接动因。工资性收入增长主要有两方面原因：一是随着城乡一体化发展进程，越来越多的农村居民实现了就近就业，获得了更多的劳动报酬，增加了工资收入；二是农民务工报酬水平的大幅提高，推动了工资性收入的快速增长。

第二，家庭经营收入比重持续下降。家庭经营收入一直是我国农村居民最重要的收入来源，但其比重持续下降，由 1993 年的 73.6%下降至 2014 年的 40.4%。随着城市化进程的加快，耕地面积的逐年减少，农村居民中从事农业、林业、牧业及渔业等纯农业的农户越来越少。我国农村居民家庭第一产业收入占家庭经营纯收入比重由 1993 年的 83.6%下降至 2014 年的 70.8%。近年来，农村居民家庭经营收入的增长主要得益于农村工业和服务业的发展所带动的非农产业收入的快速增长。我国农村居民家庭第二产业收入、第三产业收入占家庭经营纯收入比重分别由 1993 年的 4.64%、15.0%快速上升至 2014 年的 6.11%、23.12%。

第三，财产性收入、转移性收入比重持续小幅增长。财产性收入、转移性收入占农村居民人均纯收入比分别由 1993 年的 0.8%、4.5%上升至 2014 年的 2.75%、17.9%。随着城镇化进程的加快、土地流转力度的加大，以及受惠于农业补贴范围的扩大和标准的提高，财产性收入和转移性收入将成为我国农民收入增长的主要潜力。其中，农村居民财产性收入的增长主要包括近郊农民出租住房的租金收入，土地征用补偿收入和转让土地经营权收入，农村社区股份合作制、土地股份合作制、农村专业合作经济组织"三大合作组织"股息红利和投资收益的上涨。同时，许多农民也具备了一些理财常识，购买一些储蓄性保险投资，从而促进了财产性收入的增长。转移性收入的增长主要是农村居民养老金标准的提高以及粮食直补、农资综合补贴等各种农业政策补贴收入的增长。

从不同收入来源的贡献率来看，家庭经营收入和工资性收入对农村居民人均纯收入增长的贡献率较大，如图 2-3 所示。1997 年以前，家庭经营收入增长贡献率总体高于工资性收入增长贡献率。1997 年，农村居民家庭经营收入增长贡献率、工资性收入增长贡献率分别为 65.7%、45.4%。1997 年以后，工资性收入增长贡献率总体高于家庭经营收入增长贡献率。2014 年农村居民工资性收入增长率、家庭经营收入增长贡献率分别为 48.8%、26%。转移性收入对农民收入增长贡献率波动较大，总体呈上升态势。2014 年，转移性收入增长贡献率高达22.5%。财产性收入对农民增长贡献率最小，占 2%~5%。

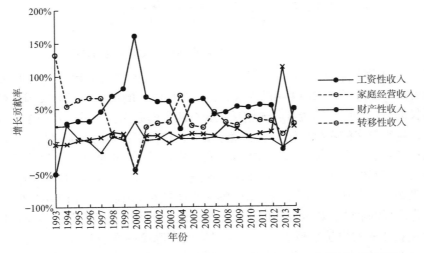

图 2-3 1993~2014 年农村居民不同来源收入对纯收入实际增长贡献率

综上所述，家庭经营收入在农村居民收入中所占比重高于其他三项收入组成，是农村居民收入的主要来源，但其收入增长贡献率呈下降态势。工资性收入、转移性收入占农村居民收入的比重逐步上升，对农村居民收入增长贡献也呈上长升态势，是农村居民收入的主要增长点。

第四节 不同收入组农村居民收入及构成变动比较

按国家统计口径中的农村居民收入分层法，将所有调查农户按户由低到高排序，按人均纯收入等分为低收入户、中等偏下收入户、中等收入户、中等偏上收入户和高收入户。本章中不同收入组农村居民的收入及消费统计数据的样本时间均为 2002~2012 年[①]。

一、不同收入组农村居民收入变动比较

2002~2012 年，低收入户、中等偏下收入户，中等收入户、中等偏上收入户、高收入户收入增长步调一致，扣除价格因素，人均纯收入实际年均增长率分别为 6.2%、7.6%、8.1%、8.3%、7.9%。其中，低收入户收入增长最慢，中等偏上收入户收入增长最快。高、低收入户收入比呈上升态势，由 2002 年的 6.9：1 扩大至 2012 年的 8.2：1。由此可见，一方面，我国中等收入户收入增长较快；另一方面，不同收入农户之间的收入差距逐渐拉大趋，如图 2-5 所示。

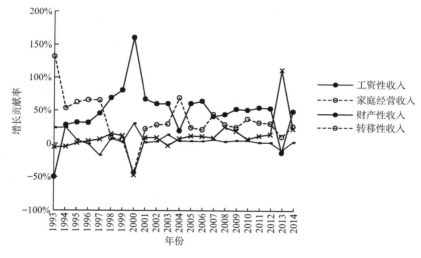

图 2-4　2002~2012 年不同收入组农村居民人均纯收入变动趋势

二、不同收入组农村居民收入来源比较

下面，利用 2002~2012 年不同收入组农村居民的工资性收入、家庭经营收入、财产性收入及转移性收入的年均收入比重，进一步对不同收入组农户的收入结构进行比较分析。

---

① 2002 年开始，国家统计局开始对五等份分组的农村居民的收支与生活状况抽样调查。2013 年起，国家统计局开展了城乡一体化住户收支与生活状况抽样调查，仅提供五等份分组的城镇居民、农村居民及全国居民收入统计数据，不再提供对应的生活消费支出数据。

（一）工资性收入比较

2012 年，低收入户、中等偏下收入户、中等收入户、中等偏上收入户、高收入户的人均工资性收入各占其收入组人均纯收入的 42.9%、42.7%、45.4%、47.2%、42.7%。总体上讲，收入越高，工资性收入比重越大。这说明，工资性收入是农村居民收入的主要来源，是提高农村居民收入的关键。与 2002 年相比，低收入户、中等偏下收入户、中等收入户、中等偏上收入户、高收入户的工资性收入比重增长分别为 16.5%、13.4%、12.3%、11%、2.1%。收入越高，工资性收入比重增长越慢。这主要是因为各收入户中的其他来源收入增幅较小，尤其是家庭经营收入呈现负增长。农民收入变化的主要影响因素是工业化、城镇化以及农业现代化发展水平。从工资性收入角度分析，工业化、城镇化的发展为农户提供了更多的就业机会和更高的工资水平，农业现代化将更多农民从农业生产中释放出来，进入工业和服务业。但对于不同收入组的农户而言，其影响程度是不同的。相对而言，农户收入水平越低，则技能和知识水平越低，只能从事简单劳动，因此，工资性收入增长不如其他农户。表 2-2 显示，2012 年，农村低收入户居民小学及以下文化程度比例最高，高出高收入户 15 个百分点左右；高中及中专文化程度比例较低，低于高收入户 9 个百分点左右；大专及以上文化程度比例最低，低于高收入户 5 个百分点左右。

表 2-2 农村居民劳动力文化程度统计

文化程度	低收入户		中等偏下收入户		中等收入户		中等偏上收入户		高收入户	
	2005 年	2012 年	2005 年	2012 年	2005 年	2012 年	2005 年	2012 年	2005 年	2012 年
小学及以下	43.6%	38.70%	36.7%	34.8%	33.3%	31.0%	29.4%	27.6%	26.4%	23.3%
初中	47.9%	50.70%	52.3%	52.9%	54.0%	54.0%	55.1%	55.1%	52.0%	52.7%
高中及中专	8.1%	9.13%	10.3%	10.5%	11.9%	12.5%	14.5%	14.2%	18.9%	17.9%
大专及以上	0.4%	1.60%	0.7%	1.8%	0.8%	2.5%	1.0%	3.0%	2.6%	6.2%

资料来源：《中国住户调查年鉴 2015》

（二）家庭经营收入比较

2012 年，低收入户、中等偏下收入户、中等收入户、中等偏上收入户、高收入户的人均家庭经营收入各占其收入组人均纯收入的 40.5%、46.1%、44.4%、42.7%、44.7%。与 2002 年相比，低收入户、中等偏下收入户、中等收入户、中等偏上收入户、高收入户的家庭经营收入比重分别下降 29.5%、20.7%、18.4%、16.4%、6.3%。收入越高，家庭经营收入比重越低，家庭经营收入比重下降越慢。究其原因，正如前面分析的农村居民收入增长高度依赖于工资性收入，农业对农民增收的贡献越来越小，比重越来越低。

家庭经营收入的高低既与农业现代化有关，又与工业化、城镇化对农村二三产业的辐射带动有关。一般而言，农业现代化发展程度越高，从事现代农业生产的门槛越高。低收入户农村居民无论是资金还是技术，都难以适应目前农村二三产业发展要求。对于低收入户而言，工业化、城镇化发展主要是提供了更多的就业机会，增加了工资性收入；而对收入水平较高的农户而言，既增加了工资性收入，又增加了农村二三产业收入。

（三）财产性收入、转移性收入比较

2012 年，低收入户、中等偏下收入户、中等收入户、中等偏上收入户、高收入户的人均财产性收入各占其收入组人均纯收入的 2.3%、1.8%、2.0%、2.3%、4.7%。高收入户家庭资产多，多居住在城郊或地理位置较好的地区，在工业化、城镇化发展过程中，他们更容易获得更多的利息、股金或红利收入、集体财产性收入、房屋租金收入等，而低收入户仅是在土地经营权流转时获得相应收入。

低收入户、中等偏下收入户、中等收入户、中等偏上收入户、高收入户的人均转移性收入各占其收入组人均纯收入的14.4%、9.4%、8.2%、7.7%、8%。究其原因，一方面，高收入户发展现代农业或农村二三产业，获得的政府扶持款、补贴、退税收入多；另一方面，随着政府扶贫力度的不断加大，低收入户获得救济金、扶贫款的机会和金额也迅速增加。

三、不同收入组农村居民收入结构变动比较

（一）低收入户收入结构变动

总体而言，低收入户的工资性收入比重呈上升趋势，由 2002 年的 26.4%上升至 2012 年的 42.9%。家庭经营收入比重则呈下降趋势，由 2002 年的 70%下降至 2012 年的 40.5%。工资性收入已取代家庭经营收入，成为低收入户第一大收入来源。财产性收入比重总体保持在 1%~2.5%的较低水平。转移性收入比重上升明显，由 2002 年的 2.8%快速上升至 2012 年的 14.4%，如图 2-5 所示。

（二）中等偏下收入户收入结构变动

中等偏下收入户的收入结构变动趋势与低收入户总体相似，但有一点不同。中等偏下收入户的家庭经营收入仍是其最主要的收入来源。2002 年，中等偏下收入户的工资性收入、家庭经营收入、财产性收入、转移性收入比重分别为

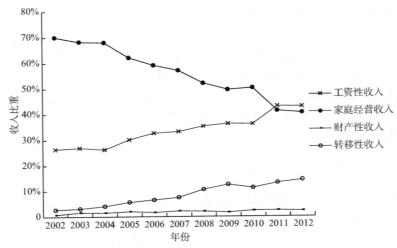

图 2-5　2002~2012 年低收入户收入结构变动趋势

29.3%、66.8%、1.0%、2.9%。2012 年，中等偏下收入户的工资性收入、家庭经营收入、财产性收入、转移性收入比重分别为 42.7%、46.1%、1.8%、9.4%，如图 2-6 所示。

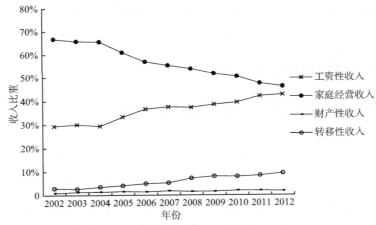

图 2-6　2002~2012 年中等偏下收入户收入结构变动趋势

（三）中等收入户收入结构变动

中等收入户的收入结构变动趋势与低收入户相似。其中，工资性收入比重由 2002 年的 33.1%上升至 2012 年的 45.4%。家庭经营收入比重由 2002 年的 62.8%下降至 2012 年的 44%。工资性收入已取代家庭经营收入，成为中等收入户最主要的收入来源。财产性收入比重总体保持在 1%~2.5%的较低水平。转移性收入比重呈上升趋势，但其增长速度低于低收入户，由 2002 年的 3% 上升至 2012 年的 8.2%，如图 2-7 所示。

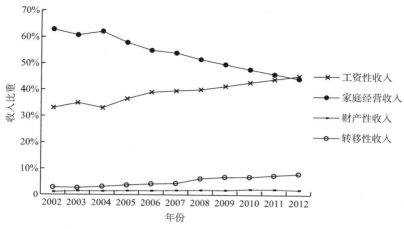

图 2-7　2002~2012 年中等收入户收入结构变动趋势

（四）中等偏上收入户收入结构变动

中等偏上收入户的收入结构变动趋势与低收入户、中等收入户相似。其中，工资性收入比重由 2002 年的 36.2% 上升至 2012 年的 47.2%。家庭经营收入比重由 2002 年的 59.1% 下降至 2012 年的 42.7%。工资性收入已取代家庭经营收入，成为中等偏上收入户最主要收入来源。财产性收入比重总体保持在 1%~2.5% 的较低水平。转移性收入比重呈上升趋势，但其增长速度也低于低收入户，由 2002 年的 3.3% 上升至 2012 年的 7.7%，如图 2-8 所示。

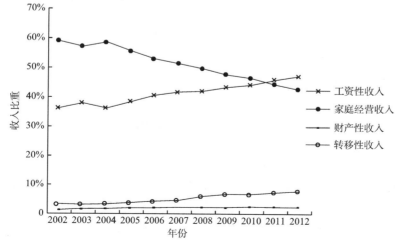

图 2-8　2002~2012 年中等偏上收入户收入结构变动趋势

（五）高收入户收入结构变动

高收入户的收入结构变动趋势出现了与前四组农户不同的情况。第一，家庭经营收入一直是高收入户第一大收入来源，工资性收入是其第二大收入来源。第二，工资性收入、家庭经营收入及转移性收入比重变动幅度较小。第三，财产性收入比重明显高于其他四组农户，占 3%~5%，如图 2-9 所示。

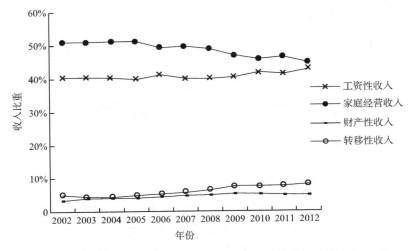

图 2-9　2002~2012 年高收入户收入结构变动趋势

第五节　农业生产、非农就业对农村居民收入影响分析

一、模型构建

经济学中确定一个变量是否是另一个变量变化的原因，一般用格兰杰因果关系检验（Granger test of causality）。格兰杰因果关系检验由时间序列的单位根检验、变量之间的协整检验和格兰杰因果关系检验三部分组成。下面，首先利用 ADF 单位根检验方法对相关变量进行平稳性检验，然后进行 Johansen 协整分析和 Granger 因果检验，最终确定农业生产和非农就业对农村居民收入的影响。

为了检验农业生产和非农就业对农村居民人均纯收入的影响，设定农村居民人均纯收入函数的一般形式为

$$Y_t = \beta_0 + \beta_1 GAP_t + \beta_2 NAE_t + \mu_t \qquad （2\text{-}1）$$

其中，Y_t 表示 t 期农村居民人均纯收入；GAP_t 表示 t 期农业生产情况的农业生产总值，NAE_t 表示 t 期农村非农就业人数，反映农村居民非农就业状况；β 表示自变量每变动一个单位对度变量的影响程度；μ_t 表示残差项。

二、数据选取

选取 1978~2014 年农村居民人均纯收入、农业总产值、乡村非农就业人数为样本数据，见表 2-3。农村非农就业人数没有直接数据，本章用乡村非农就业人数表示，即乡村第二、第三产业实有从业人员数。农村居民人均纯收入、农业总产值均折算为 1978 年可变价。

表 2-3　1978~2014 年农业生产总值及农村非农就业人数

年份	农业总产值/亿元	乡村非农就业人数/万人	年份	农业总产值/亿元	乡村非农就业人数/万人
1978	1 397.0	2 182.2	1997	23 788.4	13 556.4
1979	1 697.6	1 952.9	1998	24 541.9	13 805.9
1980	1 922.6	2 027.5	1999	24 519.1	13 984.7
1981	2 180.6	1 994.7	2000	24 915.8	15 164.6
1982	2 483.3	2 713.8	2001	26 179.7	15 777.9
1983	2 750.0	3 044.7	2002	27 390.8	16 536.3
1984	3 214.1	4 282.6	2003	29 691.8	17 711.4
1985	3 619.5	6 713.8	2004	36 239.0	19 099.3
1986	4 013.0	7 521.9	2005	39 450.9	20 411.7
1987	4 675.7	8 130.4	2006	40 810.8	21 558.4
1988	5 865.3	8 611.0	2007	48 893.0	22 795.1
1989	6 534.7	8 498.3	2008	58 002.2	23 662.0
1990	7 662.1	8 673.1	2009	60 361.0	24 534.0
1991	8 157.0	8 906.2	2010	69 319.8	25 549.2
1992	9 084.7	9 764.6	2011	81 303.9	26 330.0
1993	10 995.5	10 997.5	2012	89 453.1	26 825.6
1994	15 750.5	11 963.8	2013	96 995.3	27 389.6
1995	20 340.9	12 707.3	2014	102 226.1	27 679.6
1996	22 353.7	13 027.6			

资料来源：国家统计局官网

三、实证检验结果与分析

（一）平稳性检验

由于宏观数据大多是非平稳的，如果直接对其进行回归，则可能造成"伪回归"。为削弱异方差的影响，先对各变量取对数，构建农村居民人均纯收入函数的线性回归模型：

$$\ln Y_t = \beta_0 + \beta_1 \ln GAP_t + \beta_2 \ln NAE_t + \mu_t \quad\quad （2-2）$$

首先采用 ADF 单位根检验方法对农村居民人均纯收入、农业总产值及非农就业人数三个变量的平稳性进行单位根检验，用来判定时间序列的平稳性。如果一个时间序列的均值或者协方差函数随时间变化而改变，这个序列就是不平稳的时间序列。如果该时间序列经过一阶差分后变为平稳序列，则该序列为一阶单整序列，记作 I（1）；如果是经过 D 次差分后才平稳，则称为 d 阶单整序列，记作 I（d）。

第一步，对农村居民人均纯收入、农业总产值及非农就业人数三个变量的原序列进行单位根检验，判断其平稳性，检验结果见表 2-4。

表 2-4　ADF 单位根检验结果（一）

变量	检验设定 （c, t, k）	ADF 值	AIC	SC	临界值			平稳性
					1%	5%	10%	
$\ln Y$	c, t, 0	−1.371 5	−3.143 0	−3.011 1	−4.235 0	−3.540 3	−3.202 4	不平稳
	c, 0, 0	−0.321 4	−3.146 0	−3.058 0	−3.626 8	−2.945 8	−2.611 5	
	0, 0, 2	1.781 8	−3.614 3	−3.479 7	−2.634 7	−1.951 0	−1.610 9	
$\ln GAP$	c, t, 1	−2.168 2	−2.578 8	−2.401 1	−4.243 6	−3.544 3	−3.204 7	不平稳
	c, 0, 1	−0.939 7	−2.512 0	−2.378 6	−3.632 9	−2.948 4	−2.612 9	
	0, 0, 1	2.215 6	−2.522 1	−2.433 3	−2.632 7	−1.950 7	−1.611 1	
$\ln NAE$	c, t, 4	−2.567 0	−2.590 8	−2.270 1	−4.273 3	−3.557 8	−3.212 4	不平稳
	c, 0, 7	−1.520 9	−4.897 2	−4.472 9	−3.679 3	−2.967 8	−2.623 0	
	0, 0, 7	2.300 7	−4.838 9	−4.461 7	−2.647 1	−1.952 9	−1.610 0	

注：检验设定（c, t, k）中，c 为截距项，t 为时间趋势项，k 为滞后长度，0 代表无常数或无趋势项（由 AIC 和 SC 最小化准则确定）

在 5%显著性水平，农村居民人均纯收入、农业总产值及非农就业人数三个变量的含截距项和时间趋势项、仅含截距项、不含截距项和时间趋势项三种情况下的 ADF 检验统计值均大于其对应的临界值，说明农村居民人均纯收入、农业总产值及非农就业人数这三个变量的原始序列是不平稳的。

第二步，依次对农村居民人均纯收入、农业总产值及非农就业人数三个变量的一阶差分序列进行单位根检验，检验结果见表 2-5。在 5%显著性水平，农村居民人均纯收入、农业总产值及非农就业人数这三个变量的一阶差分含截距项和时间趋势项的 ADF 检验统计值分别为−9.203 0、−6.202 2、−8.519 5，均小于其对应的临界值−3.548 5、−3.553 0、−3.574 2，这说明农村居民人均纯收入、农业总产值及非农就业人数这三个变量的一阶差分序列是平稳的。因此，认为在 5%显著性水平上，农村居民人均纯收入、农业总产值及非农就业人数这三个变量是一阶单整序列，记作 I（1）。

表 2-5　ADF 单位根检验结果（二）

变量	检验设定 （c, t, k）	ADF 值	AIC	SC	临界值			平稳性
					1%	5%	10%	
dln$Y$	c, t, 0	−9.203 0	−3.489 4	−3.354 7	−4.252 9	−3.548 5	−3.297 1	平稳
dlnGAP	c, t, 1	−6.202 2	−2.268 0	−2.086 6	−4.262 7	−3.553 0	−3.209 6	平稳
dlnNAE	c, t, 5	−8.519 5	−4.396 1	−4.019 0	−4.309 8	−3.574 2	−3.221 7	平稳

注：检验设定（c, t, k）中，c 为截距项，t 为时间趋势项，k 为滞后长度，0 代表无常数或无趋势项（由 AIC 和 SC 最小化准则确定）

（二）协整检验

Johansen 协整检验是基于回归系数的协整检验，也称为 JJ（Johansen-Juselius）检验，是由 Johansen 和 Juselius 共同提出的在 VAR（vector autoregression，向量自回归）模型的基础上对回归系数进行检验的方法，可以进行多变量协整检验。在 Johansen 协整检验中，变量之间是否存在协整关系主要看矩阵的秩。矩阵的秩等于它的非零特征根的数量，因而可通过检验非零特征根个数来检验变量间的协整关系。

设 η_r 是特征统计量（Trace），当 η_0<临界值时，没有协整向量；当 η_1>临界值时，至少有一个协整向量；当 η_1<临界值时，只有一个协整向量；……当 η_r<临界值时，只有 r 个协整向量。

在上面的单位根检验中，1978~2014 年的农村居民人均纯收入、农业生产总值、非农就业人数这三个时间序列都是一阶单整序列，下面利用 Johansen 协整检验判断它们之间是否存在协整关系。根据无约束 VAR 模型的估计结果，滞后 2 阶时 AIC（Akaike information criterion，赤池信息准则）值最小，所以选择滞后阶数为 2 来进行 Johansen 协整检验，检验结果如表 2-6 所示。

表 2-6　Johansen 协整检验结果

协整方程个数	特征值	t 统计值	5%临界值	P 值
没有	0.524 722	35.113 10	29.797 07	0.011 1
最多 1 个	0.325 915	19.078 17	15.494 71	0.048 2
最多 2 个	0.032 970	2.115 583	3.841 466	0.733 9

表 2-6 中 Johansen 协整检验结果显示：原假设为不存在协整关系时，t 统计值 35.113 1 大于 5%的临界值 29.797 07，拒绝原假设，即农村居民人均纯收入、农业生产总值、非农就业人数这三个变量之间至少存在一个协整关系；原假设为最多存在一个协整关系时，t 统计值 19.078 17 小于 5%的临界值 15.494 71，则接受原假设，即 lnY、lnGAP 和 lnNAE 之间最多存在一个协整关系。以上分析说明，农村居民人均纯收入、农业生产总值、非农就业人数这三个变量之间在 5%的显著性水平上存在一个协整关系，它们之间具有稳定的长期关系。协整方程如下：

$$\ln Y_t = -0.440\ 6 + 0.609\ 0 \ln GAP_t + 0.138\ 5 \ln NAE_t \qquad (2\text{-}3)$$
$$(-1.226\ 2) \qquad (5.011\ 2) \qquad (2.106\ 1)$$
$$R^2 = 0.920\ 4 \qquad DW = 0.132\ 7$$

协整方程式（2-3）估计结果显示，农业生产总值和非农就业人数这两个变量的 t 检验统计值 5.011 2、2.106 1 均大于 5%显著性水平 t 值（2.021~2.042 区间内），所以否定 β_1=0、β_{21}=0 的原假设，即认定农业生产总值、非农就业人数对农村居民人均纯收入均有显著影响，但农业生产总值对农村居民收入影响更为显著。

（三）Granger 因果关系检验

Granger 因果关系检验用来分析两个序列间的因果关系是否存在，主要是判断当期的变量 Y 能在多大程度上被以前的变量 X 所解释，以及加入变量 X 的滞后期后，是否会提高对变量 Y 的解释程度。简单地讲，Granger 因果关系检验就是检验一个变量的滞后变量是否可以放入其他变量的方程中。如果该变量受到其他变量滞后期的影响，则称两个变量间存在 Granger 因果关系。

根据 VAR 模型的回归结果，Granger 因果关系检验滞后阶数为 2，检验结果如表 2-7 所示。

表 2-7　Granger 因果关系检验结果

零假设	观测值	F 统计量	P 值
lnGAP 不是 lnY 的 Granger 原因	35	0.609 10	0.550 4
lnY 不是 lnGAP 的 Granger 原因		0.953 53	0.396 7

续表

零假设	观测值	F 统计量	P 值
lnNAE 不是 ln$Y$ 的 Granger 原因	35	2.447 71	0.112 0
ln$Y$ 不是 lnNAE 的 Granger 原因		0.848 18	0.443 0
lnNAE 不是 lnGAP 的 Granger 原因	35	2.991 19	0.065 4
lnGAP 不是 lnNAE 的 Granger 原因		1.804 68	0.181 9

注：P 值为检验的概率值，若 P 值小于 0.05，表示因果关系在 5%的显著性水平上成立

表 2-7 中 Granger 因果关系检验结果显示，在 10%的显著性水平上，"lnGAP 不是 ln$Y$ 的 Granger 原因""lnNAE 不是 ln$Y$ 的 Granger 原因"的 P 值分别为 0.550 4、0.112 0，均大于 0.1，所以拒绝原假设"lnGAP 不是 ln$Y$ 的 Granger 原因""lnNAE 不是 ln$Y$ 的 Granger 原因"，即农业生产总值和非农就业人数是农村居民人均纯收入的 Granger 原因。

四、结论

从全国整体水平看，农业生产、非农就业对农村居民收入均有显著影响。其中，农业生产对农村居民收入影响更为显著。

虽然，工资性收入的增长已成为我国农村居民收入增长的直接动因，但家庭经营收入仍是我国农村居民最重要的收入来源。2014 年，我国第一产业增加值为 58 343.5 亿元，占 GDP 总量的 9.1%；第一产业从业人员 22 790 万人，占就业人员总量的 29.5%；农民工 27 395 万人，超过农业从业人员数。29.5%的农业劳动力只创造了 9.1%的社会财富，农业劳动生产率过低，农村居民收入水平难以提高。

第三章 农村居民消费水平及消费结构变动

改革开放 40 多年来，我国经济快速发展，居民生活水平不断提高。但是，我国经济增长"高投资、低消费"的特征基本没有改变，经济发展与居民消费的良性协调发展尚显不足。居民消费率由 1978 年的 48.4%下降至 2014 年的 37.4%。其中，农村居民消费率更是逐年下降，由 1978 年的 30.1%下滑至 2014 年的 8.4%。农村居民消费对整个社会消费有着举足轻重的影响。

第一节 基 本 概 念

一、居民消费

居民消费是指居民用于满足家庭日常生活消费需要的全部支出。根据不同的需要和角度分析，居民消费有多种划分方式，如图 3-1 所示。

按满足生活需求的层次，居民消费可以划分为生存型消费（基本生活消费）、享受型消费和发展型消费三类。生存型消费一般指维持人们基本生活的消费。享受型消费指人们在满足了基本生活消费以后，能给人们带来舒适、安逸、愉快和幸福的生活消费。发展型消费能使人们增长知识、陶冶情操、提高素质，使人们的日常生活向较高的层次递进。生存型消费是人们最基本的消费，而享受型消费和发展型消费则是较高层次的消费。人们的生存型消费得以满足后，会向享受型消费、发展型消费转变。消费结构的这种划分，对分析人们消费水平的提高，对描述不同群体、不同时期的居民消费状况起重要作用。

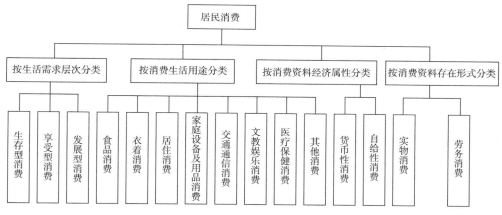

图 3-1　居民消费分类

　　按消费的生活用途对消费进行划分是我国和世界大多数国家常用的一种分类方法。具体可将居民消费划分为八项：食品消费、衣着消费、居住消费、家庭设备及用品消费、交通通信消费、文教娱乐消费、医疗保健消费和其他消费。2015年国家统计局发布的最新统计指标中，将居民消费支出调整为食品烟酒，衣着，居住，生活用品及服务，交通和通信，教育、文化和娱乐，医疗保健，其他用品和服务消费八项。由于本章主要引用 1978~2014 年农村居民消费支出数据，故仍采用旧口径的消费分类名称。

　　按消费资料的经济属性，居民消费可划分为货币性（现金）消费和自给性消费。货币性消费指居民生活消费中货币消费所占的比率。自给性消费是指消费者对自己或其家庭成员所生产的物质资料和劳务的消费。

　　按照消费资料的存在形式，居民消费划分为实物消费和劳务消费。实物消费指物质产品或有形产品的消费。劳务消费即非实物消费，又称服务性消费，指对他人提供的服务的享用。对消费的这种划分有利于全面分析人们的消费状况，有利于根据实物消费、劳务消费和精神的发展变化趋势促进第三产业的发展。

二、消费水平

　　从宏观角度来说，消费水平是指一国居民在一定时期平均享用的生活消费的产品（与劳务）的数量与质量，或全体消费者按人均达到的物质与文化需要获得满足的程度。

　　从微观角度来说，消费水平是指居民及其家庭在某一时期所获得的消费对象的数量与质量，或居民及其家庭某个时期的生活消费需要获得满足的程度。

三、消费结构

消费结构是在一定的社会经济条件下，居民在消费过程中所消费的各种不同类型的消费资料（包括劳务）的比例关系。有实物和价值两种表现形式。实物形式指居民在消费中，消费的消费资料类型，以及它们各自的数量。价值形式指以货币表示的居民在消费过程中消费的各种不同类型的消费资料的比例关系。在现实生活中具体表现为各项生活支出。

第二节　农村居民消费水平变动

考察居民消费水平有不同的方式，下面选择生活消费支出、平均消费倾向、恩格尔系数、劳务消费比重、货币性消费比重和生活质量六个指标对农村居民消费水平进行综合分析和评价。其中，生活消费支出是反映和研究居民家庭实际生活消费水平高低的重要指标；平均消费倾向体现居民当年生活消费支出占居民收入的比例情况，从相对概念的角度反映了人们的消费水平；恩格尔系数则反映食品支出在消费总支出中的比重，是体现居民消费水平和总体生活水平的重要指标；劳务消费比重反映居民经济自给性程度；货币性消费比重反映消费的商品化程度的高低；生活质量指标以生活水平为基础，更侧重于精神文化等高级需求的满足程度，用来全面评价居民生活优劣程度。

一、生活消费支出变动

改革开放以来，我国农村居民消费水平逐年增长，不断提高。农村居民人均消费支出由 1978 年的 116.1 元上升到 2014 年的 8 382.6 元，扣除价格因素，实际年均增长率为 7.2%，见表 3-1。

表 3-1　1978~2014 年农村居民家庭人均年生活消费　　　　　单位：元/人

年份	消费支出	食品消费	衣着消费	居住消费	家庭设备及用品消费	交通通信消费	文教娱乐消费	医疗保健消费	其他消费
1978	116.1	78.6	14.7	12.0					
1979	134.5	86.0	17.6	16.0					
1980	162.2	100.2	20.0	22.5	4.1	0.6	8.3	3.4	3.2
1981	190.8	114.1	23.8	31.6	4.2	0.6	10.1	4.2	2.2
1982	220.2	133.5	25.0	35.6	9.4	0.6	7.5	4.7	4.0

续表

年份	消费支出	食品消费	衣着消费	居住消费	家庭设备及用品消费	交通通信消费	文教娱乐消费	医疗保健消费	其他消费
1983	248.3	147.6	28.0	42.0	14.0	3.6	5.7	4.4	3.0
1984	273.8	162.3	28.9	48.4	14.8	3.4	8.2	5.0	2.7
1985	317.4	183.4	30.8	57.9	16.2	5.6	12.4	7.7	3.6
1986	357.0	201.5	33.0	70.3	19.6	6.2	14.4	8.7	3.3
1987	398.3	222.1	34.2	79.8	21.5	8.2	18.5	10.7	3.4
1988	476.7	257.4	41.1	96.3	30.0	8.9	25.7	13.4	3.9
1989	535.4	293.4	44.5	105.2	32.4	8.5	30.6	16.4	4.3
1990	584.6	343.8	45.4	101.4	30.9	8.4	31.4	19.0	4.3
1991	619.8	357.1	51.1	102.3	35.3	10.3	36.4	22.3	5.0
1992	659.0	379.3	52.5	104.9	36.7	12.2	43.8	24.2	5.5
1993	769.7	446.8	55.3	106.8	44.7	17.4	58.4	27.2	13.1
1994	1 016.8	598.5	70.3	142.3	55.5	24.0	75.1	32.1	19.0
1995	1 310.4	768.2	89.8	182.2	68.5	33.8	102.4	42.5	23.1
1996	1 572.1	885.5	113.8	219.1	84.2	47.1	132.5	58.3	31.7
1997	1 617.2	890.3	109.4	233.2	85.4	53.9	148.2	62.5	34.3
1998	1 590.3	849.6	98.1	239.6	81.9	60.7	159.4	68.1	32.9
1999	1 577.4	829.0	92.0	232.7	82.3	68.7	168.3	70.0	34.3
2000	1 670.1	820.5	96.0	258.3	75.4	93.1	186.7	87.6	52.5
2001	1 741.1	830.7	98.7	279.1	77.0	110.0	192.6	96.6	56.4
2002	1 834.3	848.4	105.0	300.2	80.4	128.5	210.3	103.9	57.7
2003	1 943.3	886.0	110.3	308.4	81.7	162.5	235.7	115.8	43.0
2004	2 184.7	1 031.9	120.2	324.3	89.2	192.6	247.6	130.6	48.3
2005	2 555.4	1 162.2	148.6	370.2	111.4	245.0	295.5	168.1	54.5
2006	2 829.0	1 217.0	168.0	469.0	126.6	288.8	305.1	191.5	63.1
2007	3 223.9	1 389.0	193.5	573.8	149.1	328.4	305.7	210.2	74.2
2008	3 660.7	1 598.8	211.8	678.8	174.0	360.2	314.5	246.0	76.7
2009	3 993.5	1 636.0	232.5	805.0	204.8	402.9	340.6	287.0	84.1
2010	4 381.8	1 800.7	264.0	835.2	234.1	461.1	366.7	326.0	94.0
2011	5 221.1	2 107.3	341.3	961.5	308.9	547.0	396.4	436.8	122.0
2012	5 908.0	2 323.9	396.4	1 086.4	341.7	652.8	445.5	513.8	147.6
2013	7 485.1	2 554.4	453.8	1 579.8	455.1	874.9	754.6	668.2	144.2
2014	8 382.6	2 814.0	510.4	1 762.7	506.5	1 012.6	859.5	753.9	163.0

资料来源：国家统计局官网

改革开放以来，我国农村居民消费支出变动大致经历六个阶段，如图3-2所示。

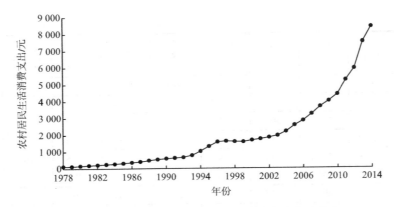

图 3-2　1978~2014 年农村居民生活消费支出变动趋势

第一阶段，1978~1983 年，农村居民消费支出快速增长。此阶段，农村居民收入高速增长，农村居民生活消费支出由1978年的116.1元上升到1983年的248.3元，扣除价格因素，实际年均增长率高达 12.9%。城乡居民消费比由 1978 年的2.7∶1下降至1983年的2∶1，农村居民消费水平相对于城镇居民有了明显提高。

第二阶段，1984~1993 年，农村居民消费支出波动中增长。随着我国计划经济向市场经济的转变，农村居民收入增长波动明显。农村居民消费支出也呈现出波动性增长的特征。农村居民生活消费支出由 1984 年的 273.8 元上升到 1993 年的 769.7 元，扣除价格因素，实际年均增长率为 3%。

第三阶段，1994~1996 年，农村居民生活消费支出反弹回升。此阶段，随着收入的反弹回升，农村居民的补偿性消费心理明显增强，消费潜能得以充分发挥，生活消费支出也快速增长。农村居民生活消费支出由 1994 年的 1 016.8 元上升到 1996 年的 1 572.1 元，扣除价格因素，实际年均增长率为 10.4%。

第四阶段，1997~1999 年，农村居民消费低位徘徊。受国内外综合因素影响，农村居民收入增长速度回落，居民消费也呈明显的回落态势。农村居民生活消费支出由 1997 年的 1 617.2 元下降到 1999 年的 1 577.4 元，1998 年农村居民消费出现负增长。城乡居民消费之比由 1997 年的 2.6∶1 增加到 1999 年的 2.9∶1，城乡居民消费差距呈扩大趋势。此阶段，"三农"问题日趋严重。

第五阶段，2000~2010 年，农村居民消费恢复增长。进入 21 世纪，随着农村居民收入的增加，国家刺激消费政策出台，农村居民消费也恢复增长态势。农村居民生活消费支出由 2000 年的 1 670.1 元上升到 2010 年的 4 381.8 元，扣除价格因素，实际年均增长率为 7.4%。

第六阶段，2011 年至今农村居民消费加速增长。农村居民生活消费支出由2011 年的 5 221.1 元上升到 2014 年的 8 382.6 元，扣除价格因素，实际年增长率为10.6%。城乡居民消费之比由 2011 年的 3.9∶1 急剧下降至 2014 年的 2.4∶1，城乡居民消费差距进一步缩小。

二、消费倾向变动

消费倾向的大小标志着居民收入转化为实际购买力的程度。消费倾向分为边际消费倾向和平均消费倾向。其中，平均消费倾向是指消费在收入中所占的比例；边际消费倾向是消费曲线的斜率，是指增加的消费和增加的收入之间的比率。居民平均消费倾向和边际消费倾向递减是凯恩斯解释有效需求不足的三大规律之一。

下面，主要通过农村居民平均消费倾向变化，进一步分析我国农村居民消费水平变化特征。农村居民边际消费倾向指标分析将另作具体阐述，此处不再赘述。

总体上讲，我国农村居民消费倾向呈下降趋势。1996 年以前，农村居民平均消费倾向基本在 0.8~0.9 震荡。1996~2012 年，下降至在 0.7~0.8 震荡；2013 年和 2014 年由于居民生活统计口径、方式、范围做了调整，农村居民平均消费倾向再次回到 0.8 以上。与城镇居民相比，农村居民平均消费倾向波动较小，农村居民平均消费倾向低于城镇居民平均消费倾向。究其原因，笔者认为凯恩斯的消费倾向递减规律只能部分解释该结论，还有着更深层的体制上的原因。第一，农村居民收入差距大。2015 年全国居民收入基尼系数为 0.462，继续呈现下行趋势，但仍高于国际警戒线 0.4。这说明国民收入分配不公，导致大量财富集中在少数人手中，而相当一部分中低收入农村居民，则由于较低的收入无法大量消费。第二，对未来支出不确定性增加。20 世纪 90 年代以来，我国社会保障制度发生了重大变革，医疗、教育、住房等价格快速上涨，以至于其预期支出的增长速度远远超过了预期收入的增长速度，促使部分农村居民尽量减少消费，增加储蓄，进一步降低了消费倾向。

改革开放以来，农村居民平均消费倾向变化分为四个阶段，如图 3-3 所示。

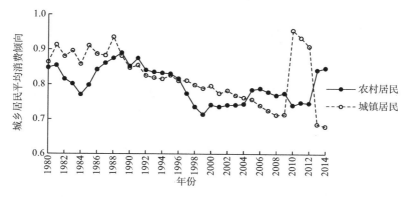

图 3-3　1980~2014 年城乡居民平均消费倾向变动趋势

《中国统计年鉴》中 1979 年城镇居民人均纯收入数据缺失

第一阶段，1978~1984 年，农村居民平均消费倾向逐年走低。由 1978 年的 0.87 降至 1984 的 0.77。改革开放初期国家政策和资金开始向农村有所倾斜，促进了农村居民收入的增加，这在一定程度上刺激了农民的消费欲望，但由于当时社会生产力水平低下、商品供给短缺，一定程度地抑制了农村居民的消费需求。

第二阶段，1985~1989 年，农村居民平均消费倾向小幅上升，由 1985 年的 0.8 上升至 1989 年的 0.89。随着改革开放的深化，农民收入水平进一步得到提升，且新技术的引入使社会商品生产效率极大提高，可供农村居民消费的商品数量和种类也越来越丰富，这些都会导致前期农村居民被压抑的消费需求在一个比较短的时间内得以释放，从而引起居民消费需求小幅提升。

第三阶段，1990~1997 年，农村居民平均消费倾向震荡下行。由 1990 年的 0.85 下降至 1997 年的 0.77。20 世纪 90 代后期，我国传统经济增长方式也相继迈入瓶颈期，全国范围内实施的物价改革带来的高通胀率导致农民收入的负增长，这些不确定因素都降低了人们对经济的预期，出于对未来消费安全的考虑，农村居民平均消费倾向出现了一定跌落。

第四阶段，1998 年以来农村居民平均消费倾向震荡上行。1998~2004 年，农村居民平均消费倾向基本稳定在 0.74（1999 年除外）；2005 国家废除农业税并提高粮食收购价格，引起农民收入的增加。2005~2009 年，农村居民平均消费倾向上升至 0.78 左右；受全球金融危机影响，农民外出打工工资减少。2010~2012 年，农村居民平均消费倾向出现了小幅度的下降，在 0.75 上下震荡；2013 年以后农村居民平均消费倾向反弹再次上升到 0.85 左右。

三、恩格尔系数变动

联合国在 20 世纪 70 年代根据恩格尔系数的大小，对世界各国的生活水平制定了一个划分标准。

EC>60%，居民生活水平处于绝对贫穷阶段；50%<EC≤60%，居民生活水平处于温饱阶段；40%<EC≤50%，居民生活水平处于实现小康阶段；30%<EC≤40%，居民生活水平处于趋向相对富裕阶段；20%<EC≤30%，居民生活水平处于实现富裕阶段；EC≤20%，居民生活水平处于极其富裕阶段。

下面，通过恩格尔系数来分析农村居民生活、消费水平状况及其变化情况。

如图 3-4 所示，按照联合国规定的标准，我国农村居民恩格尔系数在 1982 年以前大于 60%。说明，这之前农村居民处于绝对贫穷的生活状态。1983~1999 年，农村居民恩格尔系数介于 50%~60%，说明这一时期农村居民生活处于温饱阶段。2000~2011 年，农村居民恩格尔系数介于 40%~50%，说明这一时期农村居民生活已步入小康阶段，农村居民生活水平和生活质量有了显著提升。2012~2014年，农村居民恩格尔系数持续三年小于40%，说明农村居民生活已迈向相对富裕阶段，农村居民生活水平和生活质量在不断提升。

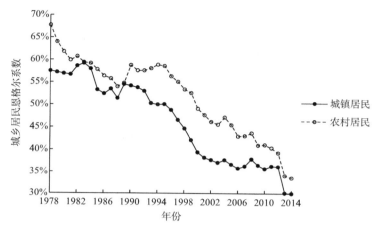

图 3-4　1978~2014年城乡居民恩格尔系数变动趋势

　　改革开放以来，农村居民恩格尔系数在整体下降的趋势下呈现波动性变化。其中，1990~1997年、2003~2004年和2007~2008年三个阶段，农村居民恩格尔系数出现了反弹。农村居民恩格尔系数偶有反弹是因为食品是居民最基本的生存需求。在温饱阶段，随着市场经济的推行及个人收入的增长，农村居民会对食品提出量的需求，食品支出增加相对较快；在小康阶段，农村居民虽不再追求食品消费量扩张，却在食品"质"的方面提出更高要求，饮食结构得以改善、优化，营养、保健、享受性食品支出增加。

　　我国城乡居民生活水平存在明显差异，二元结构特征明显。1996年，城镇居民进入小康阶段，比农村居民提前了4年；从小康到相对富裕，城镇居民只用了4年时间，而农村居民则用了12年时间，2000年，城镇居民进入相对富裕阶段，比农村居民提前了12年。进入21世纪，城镇居民消费步伐明显快于农村居民。

四、实物消费和劳务消费变动

　　实物消费指物质产品或有形产品的消费。劳务消费又称服务性消费，指对他人提供的服务的享用。一般来说，随着经济发展和居民消费水平的提高，劳务消费和实物消费支出金额都将增加，但劳务消费比重将上升，实物消费比重将下降。这是因为，劳务消费比实物消费更具有弹性，自给性较强。劳务消费水平比重高，反映一国居民家庭的经济自给性较大，或收入较高。劳务消费的主要目的是方便、美化家庭生活，提高家庭的生活水平。

在统计农村居民劳务消费支出时，本章按照臧旭恒（2012）的做法，将文教娱乐用品及服务支出的 70%划入劳务消费支出，30%划入实物消费支出。虽然近年来交通工具、通信工具迅速普及，其所占比重有所上升，但由于资料所限，也暂将交通通信和医疗保健列入劳务消费范围。因此，劳务消费支出包括交通通信、医疗保健和 70%的文教娱乐用品及服务。1980~2014 年农村居民实物消费及劳务消费比重变动趋势如图 3-5 所示。

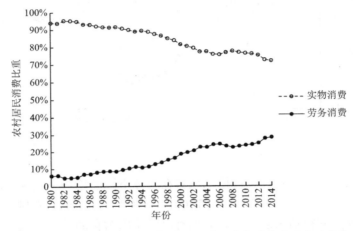

图 3-5　1980~2014 年农村居民实物消费及劳务消费比重变动趋势

改革开放以来，随着经济发展水平和社会文明发育程度提高，农村居民劳务消费经历了一个从低层次到高层次，从自给到社会化、市场化的发展变化过程，占生活消费的比例持续增长。农村居民劳务消费占生活消费支出比重从 1978 年的6.05%上升至 2014 年的 28.25%，实物消费比重则从 1980 年的 94.01%下降至 2014年的 71.75%。从实物消费和劳务消费形态转化看，农村居民消费水平在不断提高，消费结构有待进一步合理。

五、自给性消费和货币性消费变动

农民自己生产的及从集体分得的农副产品和手工业品直接用来满足个人或家庭生活需要的，都称作自给性消费。农业生产经营方式和产品的特点决定了农村居民的实物收入在其总收入中占有较大比重，因此自给性消费在其消费支出中也占有一定比重。农村居民自给性消费和货币性消费比重的变动反映了消费的商品率或商品化程度的高低。1978~2012 年农村居民家庭人均货币性消费及自给性消费比重变动趋势如图 3-6 所示。

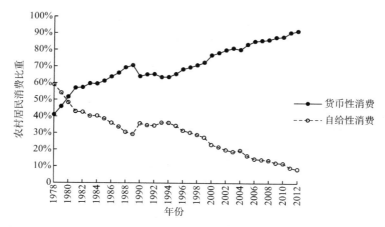

图 3-6　1978~2012 年农村居民货币性消费及自给性消费比重变动趋势

2013 年以后，我国住户调查的统计口径、范围、方法等发生改变，货币性消费及自给性消费比重发生大幅度变化。本章仅对 1978~2012 年农村居民货币性消费及自给性消费比重变动展开分析

改革开放以来，农村居民自给性消费比重呈下降趋势，而货币性消费呈上升趋势。1980 年以前，农村居民的生活消费以自给性消费为主：农村居民自给性消费占生活消费的 54.1%。1980 年以后，随着家庭联产承包责任制的推行，农村商品经济快速发展，导致农村居民现金收入增加较快，购买能力则迅速提高，农村居民生活消费逐步转向以货币性消费为主。1990 年，农村居民货币性消费比重为64.1%，比 1980 年增长 23.1 个百分点。1990 年以后，农村经济市场化程度加深，居民货币性消费比重进一步增加，农村居民生活的商品化、货币化消费程度不断提高。2000 年农村居民货币性消费占生活消费的 78.4%。进入 21 世纪，随着农业生产力的提高，农村商品经济的发展，农产品商品率进一步提高，自给性消费比重也呈现逐步下降趋势。2012 年农村居民货币性消费占生活消费的 91.7%，而自给性消费比重则下降至 8.4%。

六、生活质量变化

生活质量是指人们生活的舒适、便利程度以及人们精神得到的享受和乐趣。生活质量是全面评价生活优劣的概念，以生活水平为基础，更侧重于精神文化等高级需求的满足程度。生活质量评价指标体系可分为客观条件和主观感受两类。

本章将食品、衣着、居住类消费定义为生存型消费；家庭设备及用品、交通通信、文教娱乐、医疗保健、其他消费类消费定义为享受型消费和发展型消费。改革开放以来，农村居民食品、衣着、居住类生存型消费比重不断下降，而文教娱乐、交通通信类等享受型消费和发展型消费增长迅猛，占生活消费比重不断提升。农村居民生存型消费由 1980 年的 88.0%下降至 1990 年的 83.9%，再下降至 2000 年的 70.3%；并进一步下降至 2014 年的 60.7%。相应的农村居民享受型消费和发展型消费比重一路上升，由 1980 年的 12%上升至 1990 年的 16.1%，再上升至 2000 年的 29.7%；并进一步上升至 2014 年的 39.3%，如图 3-7 所示。

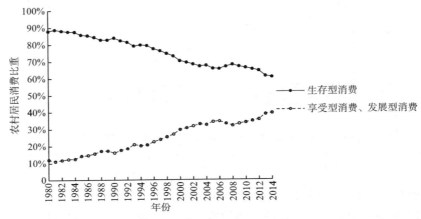

图 3-7　1980~2014 年农村居民生存型、享受型及发展型消费比重变动趋势

　　下面，选取居住条件、家用电器消费、交通条件、通信条件、信息化消费和闲暇消费六个具体指标考察农村居民生活质量状况及其变动趋势。用人均住房面积衡量居住条件；彩电、洗衣机、电冰箱、空调拥有量衡量家用电器消费；摩托车、家用汽车拥有量衡量交通条件；电话、移动电话拥有量衡量通信条件；电脑拥有量衡量信息化消费；旅游消费支出衡量闲暇消费。得到的农村居民生活质量变动状况如表 3-2 所示。

表 3-2　1985~2014 年农村居民家庭人均住房及百户耐用品拥有量

年份	住房面积/平方米	彩电拥有量/台	洗衣机拥有量/台	电冰箱拥有量/台	空调拥有量/台	摩托车拥有量/辆	家用汽车拥有量/辆	固定电话拥有量/部	移动电话拥有量/部	计算机拥有量/台	国内旅游费/元
1985	14.7	0.8	1.9	0.1							
1986	15.3	1.5	3.2	0.2		0.6					
1987	16.0	2.3	4.8	0.3		0.6					
1988	16.6	2.8	6.8	0.6		0.9					
1989	17.2	3.6	8.2	0.9		1.0					
1990	17.8	4.7	9.1	1.2		0.9					
1991	18.5	6.4	11.0	1.6		1.1					
1992	18.9	8.1	12.2	2.2		1.4					

续表

年份	住房面积/平方米	彩电拥有量/台	洗衣机拥有量/台	电冰箱拥有量/台	空调拥有量/台	摩托车拥有量/辆	家用汽车拥有量/辆	固定电话拥有量/部	移动电话拥有量/部	计算机拥有量/台	国内旅游费/元
1993	20.7	10.9	13.8	3.1	0.1	2.1					
1994	20.2	13.5	15.3	4.0	0.1	3.2					54.9
1995	21.0	16.9	16.9	5.2	0.2	4.9					61.5
1996	21.7	22.9	20.5	7.3	0.3	8.4					70.5
1997	22.5	27.3	21.9	8.5	0.4	10.9					145.7
1998	23.3	32.6	22.8	9.3	0.6	13.5					197.0
1999	24.2	38.2	24.3	10.6	0.7	16.5					249.5
2000	24.8	48.7	28.6	12.3	1.3	21.9	0.3	26.4	4.3	0.5	226.6
2001	25.7	54.4	29.9	13.6	1.7	24.7	0.4	34.1	8.1	0.7	212.7
2002	26.5	60.5	31.8	14.8	2.3	28.1	0.4	40.8	13.7	1.1	209.1
2003	27.2	67.8	34.3	15.9	3.5	31.8	0.5	49.1	23.7	1.4	200.0
2004	27.9	75.1	37.3	17.8	4.7	36.2	0.6	54.5	34.7	1.9	210.2
2005	29.7	84.1	40.2	20.1	6.4	40.7	0.8	58.4	50.2	2.1	227.6
2006	30.7	89.4	43.0	22.5	7.3	44.6	1.1	64.1	62.1	2.7	221.9
2007	31.6	94.4	45.9	26.1	8.5	48.5	1.2	68.4	77.8	3.7	222.5
2008	32.4	99.2	49.1	30.2	9.8	52.5	1.3	67.0	96.1	5.4	275.3
2009	33.6	108.9	53.1	37.1	12.2	56.6	2.1	62.7	115.2	7.5	295.3
2010	34.1	111.8	57.3	45.2	16.0	59.0	2.8	60.8	136.5	10.4	306.0
2011	36.2	115.5	62.6	61.5	22.6	60.9	5.5	43.1	179.7	18.0	471.4
2012	37.1	116.9	67.2	67.3	25.4	62.2	6.6	42.2	197.8	21.4	491.0
2013	39.4	112.9	71.2	72.9	29.8	61.1	9.9	32.6	199.5	20.0	518.9
2014	39.7	115.6	74.8	77.6	34.2	67.6	11.0	38.9	215.0	23.5	540.2

注：2013年、2014年农村居民人均住房面积分别根据《2013年城乡建设统计公报》《2014年城乡建设统计公报》中公布的数据估算得出

资料来源：《中国住户调查年鉴2015》《中国统计年鉴2015》

第三节　农村居民消费水平模式

对农村居民消费水平进行分析，不仅要从纵向时间角度加以分析，还要从横向角度，将农村居民消费水平的提高与国民经济增长相比较，分析评价农村居民消费的合理性。

一、消费水平的三种模式

根据消费水平与国民经济发展水平的适应程度，可将消费水平划分为同步性消费、滞后性消费、早熟性消费三种模式。

$$居民消费水平评价系数K = \frac{居民消费水平指数}{国内生产总值指数} \quad (3\text{-}1)$$

其中，$K>1$ 表示居民消费水平的增长速度超过经济发展的增长速度；$K=1$ 表示居民消费水平的增长速度等于经济发展的增长速度；$K<1$ 表示居民消费水平的增长速度慢于经济发展的增长速度。

由于国民经济的发展是持续性的，因此，仅依据 K 值大小简单地判断消费处于何种状态还不是很恰当，必须结合前后一段时期加以考虑，同时考虑以下条件：①K 值持续大于 1 或小于 1。②消费率持续较高，投资率持续较低；或消费率持续较低，投资率持续较高。③政府对个人消费的干预程度。通常在滞后性消费中政府经常干预个人消费的自由，影响消费与积累的分割比例；而在同步性与早熟性消费中，政府一般不进行干预。

二、农村居民消费水平模式评价

运用式（3-1）可计算出我国农村居民消费水平评价系数 K 值，见表 3-3。

表 3-3　1978~2014 年城乡居民消费水平评价系数 K 值

年份	国内生产总值指数（上年=100）	农村居民消费水平指数（上年=100）	城镇居民消费水平指数（上年=100）	农村居民 K 值	城镇居民 K 值
1978	111.7	106.6	102.9	0.95	0.92
1979	107.6	108.6	107.3	1.01	1.00
1980	107.8	110.0	103.1	1.02	0.96
1981	105.1	110.5	95.4	1.05	0.91
1982	109.0	109.6	106.4	1.01	0.98
1983	110.8	109.2	110.8	0.99	1.00
1984	115.2	114.4	107.4	0.99	0.93
1985	113.4	104.3	106.1	0.92	0.94
1986	108.9	105.9	104.4	0.97	0.96
1987	111.7	103.4	105.1	0.93	0.94

续表

年份	国内生产总值指数（上年=100）	农村居民消费水平指数（上年=100）	城镇居民消费水平指数（上年=100）	农村居民 K 值	城镇居民 K 值
1988	111.2	105.7	101.0	0.95	0.91
1989	104.2	103.4	101.4	0.99	0.97
1990	103.9	102.3	110.8	0.98	1.07
1991	109.3	101.8	117.1	0.93	1.07
1992	114.2	104.5	114.9	0.92	1.01
1993	113.9	105.1	106.9	0.92	0.94
1994	113.0	105.0	109.5	0.93	0.97
1995	111.0	113.8	104.0	1.03	0.94
1996	109.9	104.0	101.8	0.95	0.93
1997	109.2	101.4	105.6	0.93	0.97
1998	107.8	102.2	109.2	0.95	1.01
1999	107.7	106.6	109.7	0.99	1.02
2000	108.5	104.6	103.8	0.96	0.96
2001	108.3	106.6	106.3	0.98	0.98
2002	109.1	104.6	103.5	0.96	0.95
2003	110.0	103.9	106.0	0.94	0.96
2004	110.1	106.8	108.5	0.97	0.99
2005	111.4	107.3	106.6	0.96	0.96
2006	112.7	108.7	111.6	0.96	0.99
2007	114.2	107.0	106.5	0.94	0.93
2008	109.7	109.3	108.0	1.00	0.98
2009	109.4	107.4	107.9	0.98	0.99
2010	110.6	112.9	108.2	1.02	0.98
2011	109.5	108.9	107.2	0.99	0.98
2012	107.9	108.6	105.3	1.01	0.98
2013	107.8	109.9	105.6	1.02	0.98
2014	107.3	109.9	105.6	1.02	0.98

改革开放以来，我国农村居民消费水平评价系数 K 值的变动经历了三个阶段，如图 3-8 所示。

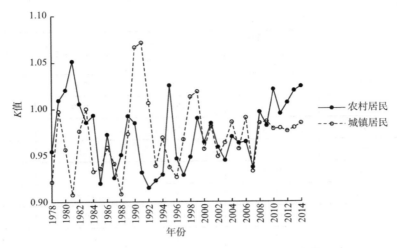

图 3-8　1978~2014 年城乡居民消费水平评价系数 K 值

1978~1982 年，农村居民消费水平评价系数 K 值接近并略大于 1，视为同步性消费。这说明此阶段农村居民的消费水平基本与我国经济发展相适应，联产承包责任制等一系列农业政策对农民消费有着积极作用，有效地提高了农民的消费率，农村居民消费率由 1978 年的 30.1% 上升至 1982 年的 33.5%，如图 3-9 所示。

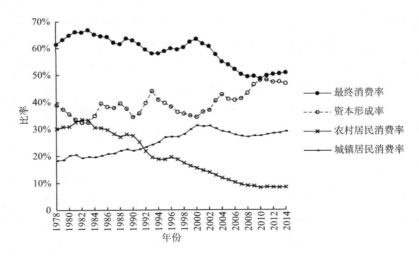

图 3-9　1978~2014 年城乡居民消费率

1983~2011 年，农村居民消费水平评价系数 K 值整体上小于 1，视为滞后消费。29 年中有 26 年的农村居民消费水平评价系数 K 值小于 1，说明这个阶段的农村居民消费水平落后于经济发展水平。农村居民消费支出增长持续低于国民收入增长，高积累低消费的现状降低了消费对生产的需求拉动作用，也造成了投资需求的不足。1986 年，农村居民消费率降至 30% 以下；1993 年，农村居民消费率降至 20% 以下；2007 年以来，农村居民消费率已进入个位数时代；2010 年农村居民消费率仅为 8.2%，成为历史最低水平。产生滞后性消费的主要原因有：一国由于生产力落后或生产发展存在结构性问题，造成有效供给不足，农村居民消费选择性较差，进而出现强制性储蓄，导致高积累，低消费，农村居民消费支出未能随着国民收入的增加而相应增长。此外，重积累轻消费的分配政策也会促进农村居民有意识地加强储蓄，减少消费，最终导致农村居民消费增长速度慢于国民收入的增长。

2012 年以来农村居民消费水平评价系数 K 值略有上升，略大于 1，视为同步消费。近年来，国家制定并颁布了一系列刺激居民需求的政策，农村居民消费开始扩大，农村居民消费率反弹至 2014 年的 8.4%，农村居民消费空间巨大。

第四节　农村居民七大类生活消费变动

消费规模的扩大和消费结构升级是经济增长的原动力。其中，消费结构的优化与升级能够在消费总量增长的同时改善消费内部结构的合理性，实现消费与内外部市场供给的协调发展，使社会整体消费实现质的提升。我国农村居民随着收入和消费水平的提高，消费结构也在不断优化与升级。下面，对改革开放 40 多年来的农村居民食品消费、衣着消费、居住消费、家庭设备及用品消费、交通通信消费、文教娱乐消费及医疗保健消费变动趋势逐一展开分析。

一、食品消费变动

总体而言，我国农村居民食品消费表现出消费额逐年增加，恩格尔系数逐年下降，食品消费日益合理化的发展趋势。

（一）食品消费额的变动情况

食品消费支出历年来都是农村居民生活消费支出的重要组成部分。改革开放以来，农村居民食品消费支出增长较快，由 1980 年的 100.2 元增加到 2014 年的 2 814 元，扣除价格因素，实际年均增长率为 5%，见表 3-1 和图 3-10。

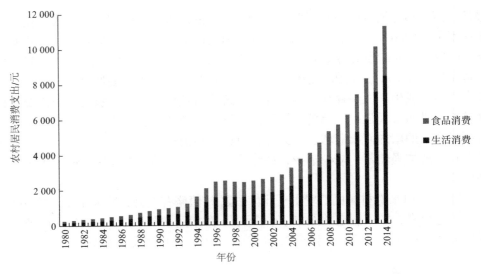

图 3-10　1980~2014 年农村居民食品消费与生活消费支出比较

（二）恩格尔系数的变动情况

改革开放以来，农村居民恩格尔系数呈下降趋势。相关内容已在前文进行了介绍，此处不再赘述。

（三）食品消费由"量"的满足向"质"的提高转变

改革开放以来，随着收入的不断增加，农村居民食品消费结构发生了显著变化。食品消费已由"量"的满足向"质"的提高转变，主食支出比重不断下降，而富含营养的副食品消费比重全面上升，饮食结构进一步合理化。人们不仅讲究吃好，而且还要选择营养、保健的食品。农村居民越来越讲究食物的营养、口味和保健作用，粮食、蔬菜等植物性消费量减少，肉禽蛋和水产品等动物性食物、水果消费量逐年增加。农村居民粮食人均消费量由 1980 年的 257.2 千克减少为 2014 年的 167.6 千克，下降了 34.8%；蔬菜及其制品的人均消费消费量由 127.2 千克减少为 88.9 千克，下降了 30.1%；食用油、肉禽及肉制品、蛋及蛋制品、奶及奶制品、水产品、瓜果及其制品人均消费消费量则从 1990 年的 5.2 千克、12.6 千克、2.4 千克、1.1 千克、2.1 千克、5.9 千克增加至 2014 年的 9.8 千克、29.2 千克、7.2 千克、6.4 千克、6.8 千克、30.3 千克，分别增长 88.46%、131.75%、200%、481.82%、223.81、413.56%，见表 3-4。

表 3-4　农村居民家庭人均主要消费品消费量　　　　单位：千克

年份	粮食消费量	蔬菜及其制品消费量	食油消费量	肉禽及肉制品消费量	蛋及蛋制品消费量	奶及奶制品消费量	水产品消费量	瓜果及其制品消费量
1980	257.2	127.2	2.5		1.2		1.1	
1981	256.1	124.0	3.1		1.3		1.3	
1982	260.0	132.0	3.4		1.4	0.7	1.3	
1983	259.9	131.0	3.5		1.6	0.8	1.6	
1984	266.5	140.0	4.0		1.8	0.8	1.7	
1985	257.5	131.1	4.0		2.1	0.8	1.6	
1986	259.3	133.7	4.2		2.1	1.4	1.9	
1987	259.4	130.4	4.7		2.3	1.1	2.0	
1988	259.5	130.1	4.8		2.3	1.1	1.9	
1989	262.3	133.4	4.8		2.4	1.0	2.1	
1990	262.1	134.0	5.2	12.6	2.4	1.1	2.1	5.9
1991	255.6	127.0	5.7		2.7	1.3	2.2	
1992	250.5	129.1	5.9		2.9	1.5	2.3	
1993	251.8	107.4	5.7		2.9	0.9	2.8	
1994	257.6	107.9	5.7		3.0	0.7	3.0	
1995	256.1	104.6	5.8	13.6	3.2	0.6	3.4	13.0
1996	256.2	106.3	6.1		3.4	0.8	3.7	
1997	250.7	107.2	6.2		4.1	1.0	3.8	
1998	248.9	109.0	6.1		4.1	0.9	3.7	
1999	247.5	108.9	6.2		4.3	1.0	3.8	
2000	250.2	106.7	7.1	18.3	4.8	1.1	3.9	18.3
2001	238.6	109.3	7.0	18.2	4.7	1.2	4.1	20.3
2002	236.5	110.6	7.5	18.6	4.7	1.2	4.4	18.8
2003	222.4	107.4	6.3	19.7	4.8	1.7	4.7	17.5
2004	218.3	106.6	5.3	19.2	4.6	2.0	4.5	17.0
2005	208.8	102.3	6.0	22.4	4.7	2.9	4.9	17.2
2006	205.6	100.5	5.8	22.3	5.0	3.1	5.0	19.1
2007	199.5	99.0	6.0	20.5	4.7	3.5	5.4	19.4
2008	199.1	99.7	6.3	20.2	5.4	3.4	5.2	19.4
2009	189.3	98.4	6.3	21.5	5.3	3.6	5.3	20.5
2010	181.4	93.3	6.3	22.2	5.1	3.6	5.2	19.6
2011	170.7	89.4	7.5	23.3	5.4	5.2	5.4	21.3
2012	164.3	84.7	7.8	23.5	5.9	5.3	5.4	22.8
2013	178.5	90.6	10.3	28.6	7.0	5.7	6.6	29.5
2014	167.6	88.9	9.8	29.2	7.2	6.4	6.8	30.3

资料来源：《农村住户调查年鉴 2015》

二、衣着消费变动

（一）衣着消费额的变动情况

收入增加后的农村居民把增加衣着消费作为提高生活水平的一个体现，人们在吃饱穿暖之后，开始对服装消费提出更高的要求。改革开放以来，农村居民人均衣着消费支出由 1980 年的 20 元增加到 2014 年的 510.4 元，扣除价格因素，实际年均增长 4.7%，见表 3-1 和图 3-11。

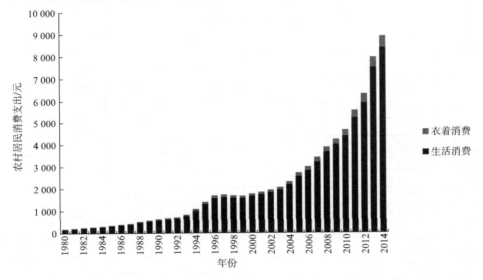

图 3-11　1980~2014 年农村居民衣着消费与生活消费支出比较

（二）衣着消费比重的变动情况

总体来讲，随着收入和消费水平的总体提高，居民衣着消费比重会出现下降趋势。虽然随着居民收入的增加，农村居民用于衣着消费的支出额会增加，但当衣着消费额的增长速度低于消费支出总额的增长速度时，衣着消费比重就会呈现下降趋势。1980~2004 年，农村居民衣着消费占农村居民消费生活消费支出总额的比重呈下降趋势。农村居民的人均衣着消费由 1980 年的 20 元增加至 2004 年的 120.2 元，扣除价格因素，实际增长至原来的 6 倍。农村居民衣着消费占生活消费支出总额的比重也由 1980 年的 12.3%下降至 1999 年的 5.8%，如图 3-12 所示。2000~2010 年，衣着消费占农村居民支出总额的比重基本在 5.7%~5.9%小幅震荡。2011 年以来，衣着消费占农村居民生活消费支出比重略有上升，2012 年高达 6.7%。

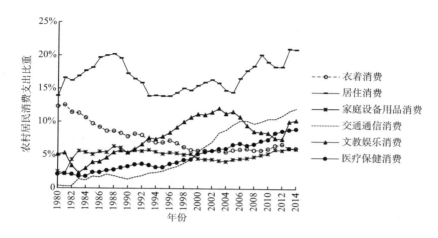

图 3-12　1980~2014 年农村居民消费支出比重变动趋势

（三）衣着消费仍处于"量"的扩张阶段

近年来，随着农村居民生活水平的提高，城镇化速度的加快，外出务工人员增多以及电视、网络等媒体的普及，在强调衣着实用性基础上，农村居民开始注重衣着款式和质地等较高层次的需求，样式新颖的中档布料及成衣开始进入农村居民家庭。但与城镇居民相比，农村居民衣着消费仍处于"量"的扩张阶段。衣着的品牌化、高档化方面城乡居民仍存在较大差距。

三、居住消费变动

（一）居住消费额的变动情况

受传统观念支配，农村居民一直将建房放在重要位置。住房不仅仅是农村居民家庭生活空间，还是重要的生产场所，也是农村居民树立自己及家庭地位和声誉的象征。在农村居民消费水平、消费质量逐步提高的过程中，住房消费是改革开放以来在农村表现得最为突出的。农村居民人均居住方面的支出由 1980 年的 22.5 元增加到 2014 年的 1 762.7 元，扣除价格价因素，实际年均增长率为 8.2%，见表 3-1 和图 3-13。

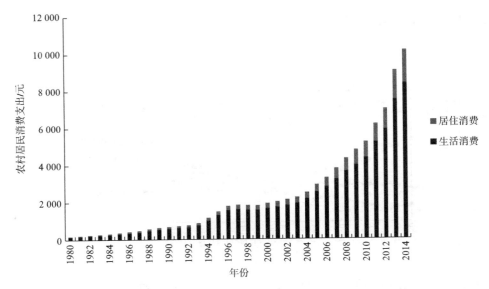

图 3-13　1980~2014 年农村居民居住消费与生活消费支出比较

（二）居住消费比重的变动情况

改革开放以来，居住消费在农村居民生活消费总支出中始终占据第二的重要位置，居住消费成为食品消费之外的最大消费项目。1988 年以前，农村居民居住消费比重持续增加，由 1980 年的 13.9%增加至 1988 年的 20.2%。这表明这一时期，随着收入的增长，农村居民改善住房条件的愿望强烈，掀起了建房高潮。随后，农村居民居住消费比重开始回落，由 1989 年的 19.6%下降至 1996 年的 13.9%，农村居民建房高峰期已经过去。1997~2005 年农村居民居住比重再次回升至 15%左右，这主要是由于物价上涨导致房屋建筑材料价格的上涨，以及十多年前新盖的住房进入了翻修期而产生的房屋维护成本的上升。2006 年以来，农村居民对居住环境的改善不再止于住房的置换及装修，他们越来越注重居住内部硬件的舒适性，新一轮改善居住质量的住户投资开始成为农户生活投资的重点，农村居民居住消费支出比重再次进入上升通道。目前农村新购、新建房屋主要有以下两个特征：一是追求多样化，把居住空间延伸至城市，部分先富起来的农民选择在城镇购置商品房；二是新建住房大多设施齐全，档次提升。2013 年、2014 年已经连续两年农村居民居住消费支出比重在 20%以上，达到历史最高水平。

（三）住宅面积扩大，住房质量显著提高

居民在居住消费上的支出是为了改善住房条件，得到更好的居住环境。居住条件的变动具体可以从人均居住面积和居住条件上体现。改革开放以来，农村居

民人均居住面积增长较快，由 1980 年的 9.4 平方米增加至 1990 年的 17.8 平方米，并进一步增加至 2000 年的 24.8 平方米，2012 年农村居民人均住房面积为 37.1 平方米，增长至 1980 年的 3.9 倍，见表3-5。在人均居住面积提高的同时，农村居民居住质量也明显提高。农村居民不仅追求住得宽敞，而且讲究居住条件的舒适化，水、电、气、厨房、卫生间等配套设备逐步完善，并且用于购买家具、电器、室内装饰品等都有了较快增长的势头。农村居民家庭住房价值由 1980 年的 17 元/米^2，增加至 2012 年的 681.9 元/米^2，扣除价格因素，实际增长 7.8 倍。

表 3-5　1980~2012 年农村居民家庭房屋情况

年份	人均住房面积/平方米	家庭住房价值/（元/米^2）	住房钢筋混凝土结构/（米^2/人）	住房砖木结构/（米^2/人）
1980	9.4	17.0		
1981	10.2	17.9	0.1	4.9
1982	10.7	19.2	0.1	5.2
1983	11.6	21.6	0.3	6.2
1984	13.6	23.8	0.2	6.8
1985	14.7	26.8	0.3	7.5
1986	15.3	29.2	0.4	8.2
1987	16.0	30.5	0.6	8.6
1988	16.6	33.4	0.7	9.0
1989	17.2	37.3	0.9	
1990	17.8	44.6	1.2	9.8
1991	18.5	56.6	1.6	10.4
1992	18.9	60.1	1.8	10.7
1993	20.7	73.4	2.3	11.8
1994	20.2	83.2	2.7	11.5
1995	21.0	101.6	3.1	11.9
1996	21.7	133.9	4.4	11.7
1997	22.5	149.7	5.1	11.9
1998	23.3	153.0	5.7	12.2
1999	24.2	157.6	6.4	12.3
2000	24.8	187.4	6.2	13.6
2001	25.7	196.1	6.9	13.8
2002	26.5	202.8	7.7	13.9
2003	27.2	217.1	8.5	14.1
2004	27.9	226.2	9.2	14.1
2005	29.7	267.8	11.2	14.1
2006	30.7	287.8	11.8	14.6

续表

年份	人均住房面积/ 平方米	家庭住房价值/ （元/米²）	住房钢筋混凝土结构/ （米²/人）	住房砖木结构/ （米²/人）
2007	31.6	313.6	12.5	14.8
2008	32.4	332.8	13.4	14.9
2009	33.6	359.4	14.5	15.1
2010	34.1	391.7	15.1	15.2
2011	36.2	654.4	16.5	15.9
2012	37.1	681.9	17.1	16.3

资料来源：国家统计局官网

四、家庭设备及用品消费变动

（一）家庭设备及用品消费额的变动情况

随着改革开放后农村经济的繁荣和农村居民收入的不断提高，农村居民的消费水平迅速增长，农村居民家庭设备及用品日益丰富，各种家电及耐用消费品也快速进入农村家庭。农村居民家庭设备及用品消费的支出额呈现出总体上升趋势，人均家庭设备及用品消费的支出额由 1980 年的 4.1 元增加至 2014 年的 506.5 元，扣除价格因素，实际年均增长 9.6%，见表 3-1 和图 3-14。

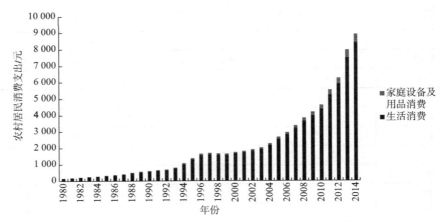

图 3-14　1980~2014 农村居民家庭设备及用品消费与生活消费支出比较

（二）家庭设备及用品消费比重的变动情况

与食品、衣着、居住、交通通信、文化教育娱乐及医疗保健等六类商品相比，农村居民家庭设备及用品消费比重变动幅度最小，总体呈现先小幅上升，后微幅震荡下行，再小幅上升的发展态势。

改革开放初期，生产力发展水平低，农村居民生活水平不高，生活仅仅处在温饱阶段，购置耐用品很少，以自行车、缝纫机、钟表和收音机为代表的老"四大件"在当时都属于奢侈品，拥有这些物品的农户并不多，1980 年农村居民家庭设备及用品消费占生活消费支出比重仅为 2.5%，如图 3-12 所示。随着生产的发展和农村生活水平的不断提高，耐用消费品从无到有，开始走进农户家中，1989 年农村居民家庭设备及用品消费占生活消费支出比重增至 6.1%。20 世纪 90 年代后期，彩电、洗衣机、摩托车和电冰箱成为农村居民消费的热点。受家庭设备用品使用的周期性及家庭设备用品市场价格下降等因素的影响，农村居民家庭设备及用品消费支出比重微幅震荡下行。1999 年农村居民家庭设备及用品消费占生活消费支出比重为 5.2%。21 世纪以来，空调、移动电话和家用电脑等新型高档用品开始成为农村居民的消费热点。居民收入的增加和耐用品技术、质量的不断提高，以及为了扩大内需而实施的"家电下乡"政策，促使农村居民家庭设备及用品消费支出快速增长，农村居民家庭耐用品的更新换代速度不断加快，越来越多的高档耐用消费品进入农村家庭，农村居民对家庭设备用品时代性和品位性提出了较高要求，空调、移动电话和家用电脑等新型高档用品开始成为农村居民的消费热点。2014 年农村居民家庭设备及用品消费占生活消费支出比重上升至 6%。

（三）家庭设备及用品以日用品及中低档耐用消费品为主

受生活设施和收入水平等因素的影响，农村居民耐用消费品的普及率、拥有量及档次与城镇相比仍存在较大差距。空调、洗衣机、电冰箱等耐用品在城镇家庭中已普及，但在农村居民家庭中并未普及，农村居民家庭设备用品仍以日用品及中低档耐用消费品为主。有关农村居民耐用品消费的相关内容已在"生活质量变化"小节中阐述，此处不再赘述。

五、交通通信消费变动

随着政府加大对基础设施的投入，农村交通通信的消费条件得到明显改善。以江苏省为例，交通通信消费是改革开放以来江苏省农村居民增长最快的消费项目。

（一）交通通信消费额的变动情况

改革开放以来，农村居民交通通信的消费额随收入的增长出现了快速增长的态势，人均消费额由 1980 年的 0.6 元增至 2014 年的 1 012.6 元，扣除价格因素，实际年均增长率高达 18.4%，见表 3-1 和图 3-15。农村居民交通通信消费迅猛增长的主要原因一方面是农村居民的消费观念随着时代的发展而逐渐变化，另一方面是各级政府对交通通信基础设施的大规模建设，这使越来越多的农民享受到现代交通通信的方便与快捷。

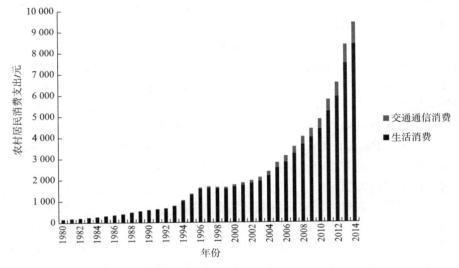

图 3-15　1980~2014 农村居民交通通信消费与生活消费支出比较

农村居民交通通信消费支出增长主要体现在两方面：一是移动通信费用的迅速增加。农村居民家庭通信消费中发展最快的就是通信器材类，特别是移动电话，为农村居民的生产和生活带来了诸多便利，移动电话新产品的不断推出和价格的大幅下降，吸引了更多农村居民购买，成为通信消费支出的新亮点，农村居民每百户拥有移动电话由 2000 年的 4.3 部增加至 2014 年的 215 部，增长了 49 倍。二是用于交通工具的支出增加较快。农村居民每百户拥有摩托车由 1990 年的 0.9 辆增加至 2014 年的 67.6 辆，增长了 74 倍。更为可喜的是，家用汽车也开始进入农民家庭，2014 年每百户农民家庭拥有生活用汽车 11 辆，见表 3-2。

（二）交通通信消费比重的变动情况

改革开放以来，农村居民交通通信消费比重呈现快速增长的态势，由 1980 年的 0.4%快速增长至 2014 年的 12.1%，如图 3-12 所示。在消费结构中，2014 年，农村居民交通通信消费比重居于第 3 位，排名仅次于食品消费和居住消费比重，农村居民交通通信消费需求前景广阔。交通通信消费支出比重的迅速上升反映了在科技进步、生活节奏加快和经济全球化背景下，农村居民对快捷便利的交通工具和通信工具的热点需求。

（三）交通通信需求旺盛，逐步成为消费热点

进入21世纪后，农村居民消费水平逐步升级，逐渐由以衣食住为主的基本温饱型消费向享受型消费转变，固定电话、移动电话、电脑及互联网日益普及，交通通信已成为农村居民生活中不可缺少的一部分，交通通信消费正逐步成为消费的热点。交通通信消费的高速增长，必将给农村居民的思想观念和生活方式带来深刻影响，并且带来致富信息，能够加强农村居民对外的信息交流与联系，形成收入与交通通信消费的相互促进。

六、文教娱乐消费变动

文教娱乐消费属于发展型消费、精神性消费，是基本生存之外的消费。文教娱乐消费额的高速增长是居民生活水平提高的体现。

（一）文教娱乐消费额的变动情况

改革开放以来，农村居民文教娱乐消费支出额表现出稳步增长态势，人均文教娱乐用品及服务消费额由1980年的8.3元增至2014年的859.5元，扣除价格因素，实际年均增长9.1%，见表3-1和图3-16。

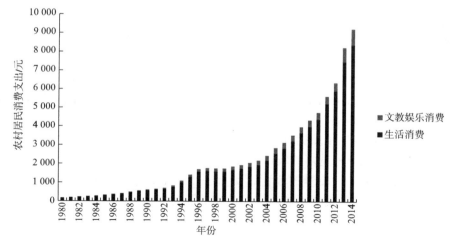

图3-16　1980~2014年农村居民文教娱乐消费与生活消费支出比较

农村居民文教娱乐消费支出额的快速增长，主要体现在三个方面：一是电视机、影碟机、照相机、家用电脑等文化教育娱乐用品日益普及，学生学习使用的电子词典、复读机等也十分常见。二是随着科学技术的进步和社会生产力的发

展，知识更新的速度越来越快，农村居民越来越重视对教育的投入，不断提高个人文化素质，尤其注重对子女的教育。包括文化补习班、特长班在内的各种教育培训费逐年增加。随着外出务工的农村居民增多，学生住宿费也在逐年增加。随父母在外上学的学生的择校费、借读费、赞助费更是一笔很大的开支。高等教育收费对居民教育消费的增长影响也很大。此外，各类成人教育费用及技能培训费用也不断提高。教育消费已成为农村居民消费中经常性的较长期的重点。三是越来越多的农村居民注重休闲娱乐消费。年轻人结婚拍婚纱照、请乐队、拍录像相当普遍，红白喜事请戏班、乐队也很流行。近几年，农闲时节外出旅游的休闲方式在农村也不断升温。

（二）文教娱乐消费比重的变动情况

改革开放以来，农村居民文教娱乐消费支出比重呈快速上升趋势，由 1980 年的 5.1%上升至 2014 年的 10.3%，如图 3-12 所示。在消费结构中，2014 年，农村居民文教娱乐消费比重居于第 4 位，排名仅次于食品消费、居住消费和交通通信消费比重。文教娱乐消费比重的稳步增长是农村居民生活水平提高的体现。随着收入水平的提高，农村居民文教娱乐用品及服务消费比重在今后仍会呈现增长的趋势。

（三）文教娱乐消费持续增长

随着农民生活消费水平的稳步提高，生活质量的不断改善，生活消费领域不断拓展，特别是在社会主义新农村建设过程中，农民的消费观念发生了新的变化，学文化、学技术意识逐渐增强，对子女和自身教育培训舍得投资，注重文化教育、讲究文明生活的氛围已在广大农村日渐形成，对精神文化生活的追求越来越高，农村居民生活消费中发展型消费和享受型消费的比重逐年上升。以家用电脑等为代表的文化娱乐用品拥有量稳步增长，2014 年，农村居民每百户家用电脑拥有量为 23.5 台。越来越多的农村居民在满足教育投入的基础上，开始追求文化品位的提高和文化生活质量的改善，更重视丰富业余生活。体育健身、读报购书、外出旅游等闲暇消费成了农村居民消费的新时尚。

七、医疗保健消费变动

（一）医疗保健消费额的变动情况

改革开放以来，农村居民的医疗保健消费支出逐年稳定增长，人均医疗保健消费支出由 1980 年的 3.47 元增长至 2014 年的 753.9 元，扣除价格因素，实际年均增长率为11.5%，见表3-1和图3-17。医疗保健消费支出持续增长，一方面，反映出医疗消费作为农村居民生活必需品的刚性需求明显，体现出农村居民生活质量的改善。随着收入的提高，农村居民越来越重视自身健康，过去因贫困而出现的大病小治、小病不治的现象已经有了很大改变。另一方面，也反映出农村医疗服务市场和药品市场价格偏高，农村居民医疗保健负担较重。

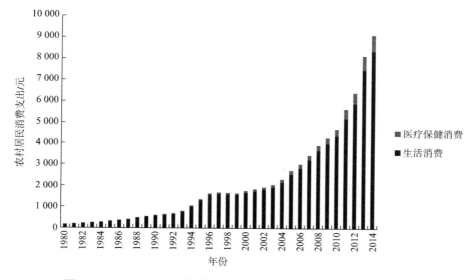

图 3-17　1980~2014年农村居民医疗保健消费与生活消费支出比较

（二）医疗保健消费比重的变动情况

改革开放以来，农村居民医疗保健支出比重呈稳步上升的发展态势。衣食无忧不完美，拥有健康最重要。随着生活水平的提高，农村居民防病治病的意识不断增强，健身器材、医疗保健器材和滋补保健品也开始进入农村家庭。农村居民医疗保健支出比重由1980年的2.1%上升至2010年的7.4%，如图3-12所示。近几年，随着居民生活水平的进一步提高，农村居民医疗保健消费比重呈现小幅上扬趋势，2014年农村居民医疗保健支出比重为9.0%。

（三）健康投资不足，保健消费支出少

值得注意的是，目前仍有相当一部分农村居民对健康的认识仍停留在疾病治疗上，从而在一定程度上抑制了医疗保健消费支出的上涨。农村居民健康投资不足是经济、社会文化、医疗卫生供给和需求等各方面因素综合作用的结果。在收入水平的制约下，农民往往将食住等基本生活需求置于优先考虑的地位，较为忽视健康投资对改善自身福利的重要性，尽可能地压低在医疗保健方面的支出。医

疗卫生费用的快速增长也抑制了农民的医疗保健需求。随着财政分权制的改革，政府对农村三级医疗保健网的公共投资不断下降，农村居民基本医疗服务的可靠性和方便性降低。此外，一些社会文化方面的因素对农民增加健康投资的积极性也产生着消极影响，如受文化水平所限和旧观念的影响不能及时感知到疾病或讳疾忌医导致病情延误等现象，仍然广泛地存在于农村之中。

第五节 农村居民消费结构变动

一、消费结构序列变动

20 世纪 90 年代以前，农村居民消费主要由食品、衣着、居住三类构成。1989 年，农村居民消费结构序列依次为食品、居住、衣着、家庭设备及用品、文教娱乐、医疗保健、交通通信、其他，各消费支出占生活消费支出的比重分别为 54.8%、19.6%、8.3%、6.1%、5.7%、3.1%、1.6%、0.8%，如图 3-18 所示。

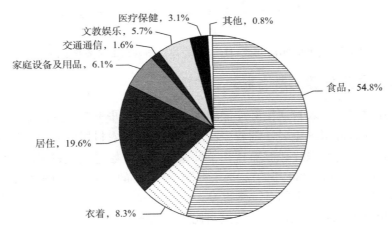

图 3-18　1989 年农村居民消费结构序列图

进入 20 世纪 90 年代，农村居民消费结构发生了大变化，文教娱乐、交通通信、医疗保健类消费支出明显增加，其支出比重逐年上升。1990 年，农村居民文教娱乐取代家庭设备及用品消费，位列居民消费比重第 4 位。1990 年农村居民消费结构序列依次为食品、居住、衣着、文教娱乐、家庭设备及用品、医疗保健、交通通信、其他，其消费支出占生活消费支出的比重分别为 58.8%、17.3%、

7.8%、5.4%、5.3%、3.3%、1.4%、0.7%，如图 3-19 所示。

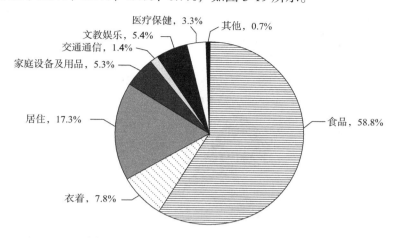

图 3-19　1990 年农村居民消费结构序列图

随着教育体制改革，农村居民文教娱乐支出大幅增加，消费比重和消费地位进一步提升，促进了农村居民消费结构的进一步调整。1993 年农村居民文教娱乐消费取代衣着消费，位列农村居民消费比重第 3 位。1993 年，农村居民消费结构序列为食品、居住、文教娱乐、衣着、家庭设备及用品、医疗保健、交通通信、其他，其消费支出占生活消费支出的比重分别为 58%、13.9%、7.6%、7.2%、5.8%、3.5%、2.3%、1.7%，如图 3-20 所示。

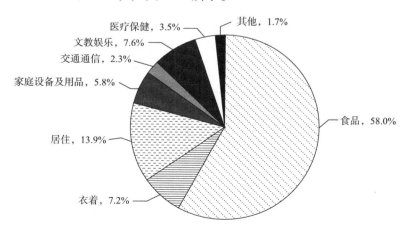

图 3-20　1993 年农村居民消费结构序列图

进入 21 世纪，随着生活水平的逐步提高，农村居民在交通通信和医疗保健方面的支出日趋增加，交通通信消费和医疗保健两项消费比重也逐步提高。同期，农村居民的衣着、家庭设备及用品消费比重明显下降。2002 年，交通通信、医疗保健消费分列农村居民消费比重第 4、5 位，农村居民消费结构序列为食品、居住、文教娱乐、交通通信、医疗保健、衣着、家庭设备及用品、其他，其消费支出占生活消费支出的比重分别为 46.3%、16.4%、11.5%、7%、5.7%、5.7%、4.4%、3.0%，如图 3-21 所示。

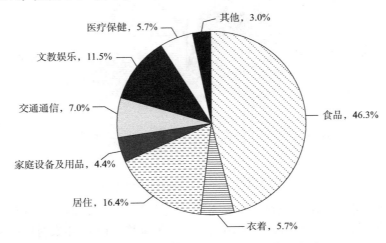

图 3-21　2002 年农村居民消费结构序列图

近年来，移动电话、电脑及互联网日益普及，交通通信消费正逐步成为农村居民消费新热点。2007 年，交通通信消费首次取代文化娱乐用品及服务，位列农村居民消费第 3 位，消费结构序列为食品、居住、交通通信、文教娱乐、医疗保健、衣着、家庭设备及用品、其他，其消费支出占生活消费支出的比重分别为 43.1%、17.8%、10.2%、9.5%、6.5%、6%、4.6%、2.3%，如图 3-22 所示。

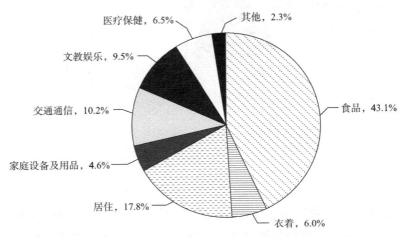

图 3-22　2007 年农村居民消费结构序列图

　　2014 年，农村居民食品、居住、交通通信、文教娱乐、医疗保健、衣着、家庭设备及用品、其他等各类消费支出占生活消费支出的比重分别为 33.6%、21%、12.1%、10.3%、9%、6.1%、6%、1.9%，如图 3-23 所示。

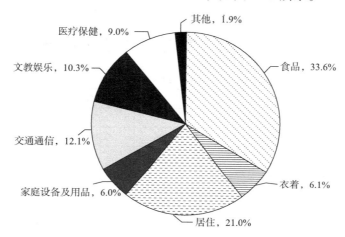

图 3-23　2014 年农村居民消费结构序列图

二、消费结构变动度分析

　　消费结构变动度用来考察平均每年消费结构的变动程度表征变量，通常用期末各类消费占总消费额的百分比减去期初同类消费占总消费额的百分比。将所得差的绝对值相加即获得一定时期的结构变动值，用变动值除以考察年数，得到年均结构变动度，其公式为

$$消费结构变动度\ C = \sum_{N} |q_{i1} - q_{i0}| \tag{3-2}$$

$$年均消费结构变动度\ V = \frac{C}{T} \tag{3-3}$$

其中，q_{i1} 表示期末第 i 项消费所占的消费比重；q_{i0} 表示期初第 i 项消费所占的消费比重；$N = 8$，代表八类消费品；T 为考察的时期数目。

　　在结构变动度确定的情况下，各项消费支出比重变动对总结构变动的贡献率有明显的差异。某类消费比重变动的贡献率越大，说明该类消费支出变动与总消费支出变动同步性和协调性越差，即该类消费支出比重最不稳定，显示出该类消费相对于总消费支出或是超前或是滞后。而对于贡献率较小的消费项目，说明其消费支出与总消费支出水平的变动是同步的，具有一致性。

　　运用 SPSS 统计软件对 1980~2014 年农村居民各类商品人均消费性支出数据进行系统聚类分析。采用欧氏距离（Euclidean distance）法，将 1980~2014 年农村居民消费结构演变分为三个阶段：1980~1994 年为第一阶段；1995~2006 为第二阶段；2007~2014 年为第三阶段。

根据式（3-2）和式（3-3），计算出 1980~2014 年农村居民消费结构演变三阶段的消费结构变动度 C 及年均消费结构变动度 V，见表 3-6。

表 3-6　1980~2014 年农村居民消费结构变动度及贡献率

消费类型	消费结构变动度			消费结构变动度贡献率		
	1980~1994 年	1995~2006 年	2007~2014 年	1980~1994 年	1995~2006 年	2007~2014 年
食品消费	2.91%	15.60%	9.51%	17.30%	45.20%	48.20%
衣着消费	5.42%	0.91%	0.09%	32.30%	2.60%	0.46%
居住消费	0.12%	2.67%	3.23%	0.70%	7.70%	16.40%
家庭设备及用品消费	2.93%	0.75%	1.42%	17.40%	2.20%	7.20%
交通通信消费	1.99%	7.63%	1.89%	11.80%	22.10%	9.60%
文教娱乐消费	2.27%	2.97%	0.77%	13.50%	8.60%	3.90%
医疗保健消费	1.06%	3.53%	2.47%	6.30%	10.20%	12.50%
其他消费	0.10%	0.47%	0.36%	0.60%	1.40%	1.80%
消费结构变动度 C	16.80%	34.53%	19.74%			
年均消费结构变动度 V	1.12%	2.88%	2.47%			

改革开放以来，农村居民消费结构变动总体表现为速度"先升再降"的特征，分为三个阶段。

第一阶段，1980~1994 年，农村居民消费结构变动幅度相对平稳，年均消费结构变动度为 1.12%。究其原因，此阶段农村居民各类商品消费结构变动幅度不大，衣着消费结构变动幅度最大，也仅为 5.42%。从消费结构变动度贡献率看，衣着、家庭设备及用品、食品消费结构变动较为明显，其消费结构变动度贡献率分别为 32.3%、17.4%、17.3%。

第二阶段，1995~2006 年，农村居民消费结构变动幅度扩大，年均消费结构变动度增加至 2.88%。此阶段农村居民食品、交通通信类消费结构变动显著，其消费结构变动度分别为 15.60%、7.63%，消费结构变动度贡献率分别为 45.2%、22.1%。其他各类消费变动幅度不大。

第三阶段，2007~2014 年，农村居民消费结构变动幅度放缓，年均消费结构变动度下降至 2.47%。此阶段农村居民食品、居住消费支出结构变动明显，其消费结构变动度分别为 9.51%、3.23%，消费结构变动度贡献率分别为 48.20%、16.40%。其他各类消费结构变动幅度不大。

三、消费结构层次评价

我国经济学家尹世杰根据收入水平，生存资料、享受资料和发展资料在消费总额中的比重，恩格尔系数，耐用消费品数量和质量，劳务消费占消费总额比重及消费质量等指标，将消费结构划分为简朴型、粗放型、集约型和舒展型四种类型，见表3-7。

表 3-7　尹世杰的居民消费结构类型

类型	内容
简朴型消费结构 （低层消费结构）	收入水平较低 恩格尔数大于60% 生存型消费为主 实物消费比重高、劳务消费比重很少 耐用消费品很少甚至没有
粗放型消费结构 （中层消费结构）	收入水平不高，生活维持一般水平 恩格尔数在50%~60% 生存型消费为主，享受型和发展型消费不多 劳务消费所占比重不高 耐用消费品表现为"量"的扩张
集约型消费结构 （次高层消费结构）	居民收入水平较高 恩格尔系数在40%~50% 生存型消费基本得到满足，享受型和发展型消费比重上升 劳务消费比重较大 耐用消费品的质量档次提高
舒展型消费结构 （高层消费结构）	收入水平高 恩格尔系数小于40% 享受型和发展型消费为主 劳务消费支出比重达30%以上 耐用消费品饱和 闲暇时间大幅增加

综上分析，我国农村居民消费结构大体经历了一个从低层次到高层次，从不合理到逐渐合理化、多样化的发展趋势。20世纪80年代以前，农村居民消费结构属于低层次的简朴型消费；80~90年代，尤其是1992年全面实行市场经济以后，农村居民消费结构转变为中层次的粗放型消费；进入21世纪后，农村居民消费结构转变为次高层的集约型消费，并逐渐向高层次的舒展型转变。总体而言，现阶段农村居民消费处于集约型消费结构向舒展型消费结构过渡阶段。

第六节　基于 ELES 模型的农村居民消费结构分析

目前，对居民消费结构进行实证分析的方法多种多样，最具代表性的就是主成分分析法、ELES 模型分析法、几乎理想需求系统（alomst ideal demand system，AIDS）分析法、灰色关联分析及预测法、神经网络分析法、Panel Data 模型分析法等。这些方法从不同角度和方面反映居民消费结构，各有优缺点。其中，ELES 模型分析法具有理论依据强，对数据依赖小，参数估计容易等优点，下面主要利用 ELES 模型分析法对农村居民消费结构展开分析。

一、ELES 模型简介

ELES 模型是目前国内外比较流行的分析居民消费结构的计量经济模型，考虑了消费需求和价格因素对居民消费结构的影响，把居民的各项消费支出看作相互联系、相互制约的行为，从而能够全面地反映居民消费结构的各项指标。ELES 模型具有理论依据强、对数据依赖性小、参数估计容易等优点，其模型基本形式为

$$V_i = P_i X_i + \beta_i \left(Y - \sum P_i X_i \right) \qquad (3\text{-}4)$$

其中，V_i 表示居民第 i 类商品的人均消费支出；Y 表示居民人均纯收入；$P_i X_i$ 表示第 i 类商品的基本消费支出；β_i 模型参数，表示边际消费倾向。

令 $\alpha_i = P_i X_i - \beta_i \sum P_i X_i$，这是一项只与 i 有关的常数，得

$$V_i = \alpha_i + \beta_i Y + \mu_i \qquad (3\text{-}5)$$

对式（3-5）采用普通最小二乘法可求得 α_i 和 β_i 的估计值，并可求得各类商品的基本需求支出 $P_i X_i$。

$$P_i X_i = \alpha_i + \beta_i \frac{\sum \alpha_i}{1 - \sum \beta_i} \qquad (3\text{-}6)$$

二、数据选取

采用 2012 年不同收入组农村居民人均纯收入与各类消费支出截面数据进行 ELES 模型分析，反映农村居民消费结构中的基本消费支出、各类消费品的边际消费倾向、需求价格弹性、需求收入弹性等指标。其中，不同收入组农村居民人均纯收入为自变量，不同收入组农村居民各类商品人均消费支出为因变量。

三、ELES 模型参数估计

利用计量经济软件 Eviews 6.0 对 2012 年农村居民人均纯收入和消费支出 ELES 模型参数进行估计，所得估计结果见表3-8。

表 3-8 ELES 参数估计值

变量	α_i	β_i	t 检验值	R^2	F 统计值
生活消费	2 703.497 0	0.399 8	32.723 4	0.997 2	1 070.825 0
食品消费	1 352.808 0	0.121 2	26.255 4	0.995 7	689.345 6
衣着消费	162.920 9	0.029 1	25.834 1	0.995 5	667.399 6
居住消费	436.968 1	0.081 1	17.735 9	0.990 6	314.562 5
家庭设备及用品消费	137.122 4	0.025 5	37.604 9	0.997 9	1 414.125 0
交通通信消费	339.030 3	0.021 9	11.100 0	0.976 2	123.210 3
文教娱乐消费	123.794 0	0.065 8	12.101 4	0.979 9	146.443 8
医疗保健消费	105.769 7	0.042 3	26.406 1	0.995 7	697.281 1
其他消费	45.129 5	0.012 8	40.348 8	0.998 2	1 628.024 0

表 3-8 模型回归结果显示，农村居民消费函数的 F 统计值均能在 5%的显著性水平下通过检验，模型的整体效果较好。这表明农村居民人年均纯收入对各类商品消费的影响是显著的。由 t 检验值可知，所有 β_i 的值也在 5%的水平下显著。经检验，模型不存在一阶自相关问题和异方差问题。从可决系数 R^2 看，生活消费的可决系数为 0.997 2。这说明，居民消费结构模型拟合优度高，农村居民总支出的消费变化 99.72%以上是由人年均纯收入变化引起的。其中，农村居民食品、居住、家庭设备及用品、交通通信、文教娱乐、医疗保健类商品的消费变化 97%以上是由居民人均纯收入变化引起的。

四、实证结果分析

（一）基本消费支出分析

居民基本消费支出是保障居民基本社会生活所需的消费，是应最先予以满足的一部分消费，它与收入多少无关。基本消费支出结构（第 i 类消费品的基本消费支出占基本消费总支出的比重）反映各项消费品对居民基本生活的重要程度，以便了解城乡居民消费结构所处的层次。对基本消费支出比重（基本消费占实际消费的比重）的分析，可以得到各类消费支出中满足生存型需求和享受型需求的情况，从而反映居民的生活质量和生活水平。

由式（3-6）计算出 2012 年农村居民各类商品的基本需求支出 $P_i X_i$，见表 3-9。

表 3-9 2012 年农村居民基本消费支出及结构

变量	基本消费支出/元	实际消费/元	基本消费支出结构	基本消费支出比重
食品消费	1 898.7	2 323.9	42.2%	81.7%
衣着消费	294.0	396.4	6.5%	74.2%
居住消费	802.2	1 086.4	17.8%	73.8%
家庭设备及用品消费	252.0	341.7	5.6%	73.7%
交通通信消费	437.7	652.8	9.7%	67.0%
文教娱乐消费	420.1	445.5	9.3%	94.3%
医疗保健消费	296.3	513.8	6.6%	57.7%
其他消费	102.8	147.6	2.3%	69.6%
总和	4 503.7	5 908.1	100.0%	76.2%

表 3-9 显示，农村居民基本消费支出主要集中在食品（42.2%）、居住（17.8%）、交通通信（9.7%）、文教娱乐（9.3%）四类，合计占基本消费支出的 79%。其中，食品支出仍是农村居民最重要的消费需求，食品的基本消费支出具有很强的刚性。其他消费类基本消费结构比例最小，说明其消费对农村居民基本生活的影响最小。

基本消费支出比重高，说明消费支出中生存型消费比例大，反之，享受型消费比例大。我国农村居民生存型消费支出比例高达 76.2%，而享受型消费和发展型消费支出比例仅为 23.8%。

2012 年农村居民人均基本消费是 4 503.7 元，而低收入户、中等偏下收入户人均实际消费支出分别为 3 742.3 元、4 464.3 元，说明至少40%的农村居民还没有完全满足基本生活消费的需要。而同期高收入户人均实际消费支出为 10 275.3 元，分别是低收入户、中等偏下收入户的 2.7 倍、2.3 倍。

（二）边际消费倾向分析

边际消费倾向反映的是居民新增加的单位收入中用于增加消费支出的份额，反映了居民各类消费需求的顺序和新增购买力的投向。表 3-5 显示，农村居民总边际消费倾向为 0.4，即农村居民新增收入中，仅有40%的收入用于增加消费，农村居民具有很强的储蓄倾向。农村居民各类商品边际消费倾向均为正值，说明随着收入的提高，各类商品的需求量随之增加。

食品类商品的边际消费倾向（0.12）最高。食品仍作为生活水平的主要消费类别，提高食品消费质量、改变食品的消费结构是多数农村居民主要考虑的问题。

居住类商品的边际消费倾向（0.08）排第二位。受传统观念支配，我国农村居民视住房为自己及家庭地位和声誉的象征，长期以来都将建房放在重要位置。近年来，随着居民收入的增长，农村居民住房支出比重明显上升。住房费用支出增加，一方面反映了农村居民为了改善家庭居住环境，用于修建、装修生活用房的费用得到提高；另一方面，反映了受建筑材料价格大幅上涨影响，农民修建、维修房屋的材料成本增加。

文教娱乐类商品的边际消费倾（0.06）相对较高。文教娱乐消费支出显著增加，农村居民文化教育消费中基本消费比重高达 94.3%，一方面说明农村居民对教育的重视程度高，居民教育投入高，负担较重；另一方面，也说明随着物质生活水平的不断提高，农村居民开始追求精神文化生活，文娱类消费日益受到农村居民的青睐。

（三）需求收入弹性分析

需求收入弹性是指当商品价格等其他因素不变时，居民收入变化 1%所引起的第 i 种商品需求量变化的百分比，它反映了消费需求对收入变动的敏感程度。由 ELES 模型，可导出需求收入弹性，其基本公式为

$$\eta_i = \frac{\partial Q_i / Q_i}{\partial Y / Y} = \frac{\partial Q_i}{\partial Y} \cdot \frac{Y}{Q_i} = \frac{\beta_i Y}{P_i Q_i} = \beta_i \cdot \frac{Y}{V_i} \qquad (3\text{-}7)$$

根据式（3-7），计算出农村居民各类商品需求收入弹性，见表 3-10。

表 3-10　农村居民各类商品需求收入弹性

项目	食品	衣着	居住	家庭设备及用品	交通通信	文教娱乐	医疗保健	其他消费
收入弹性	0.413	0.581	0.591	0.591	0.266	1.169	0.652	0.687

农村居民食品、衣着、居住、家庭设备及用品、交通通信、医疗保健类商品需求收入弹性都大于 0 但小于 1。这说明随着收入的提高，农村居民对上述各类商品的需求量逐渐增加，但商品的需求增长率均远低于收入增长率。文教娱乐类消费的收入弹性大于 1，说明随着居民收入的增加，农村居民文教娱乐类商品消费支出增长速度超过其收入增长速度。交通通信类商品的需求收入弹性最低，仅为 0.266。这主要是因为文教娱乐及医疗保健等生活必需品的消费开支，在一定程度上抑制了农村居民交通通信类商品的消费，交通通信类商品属于发展型、享受型商品。

（四）农村居民需求价格弹性分析

需求的价格弹性包括需求的自价格弹性和需求的互价格弹性。自价格弹性指在其他因素不变时，商品本身价格变动 1%引起自身需求量的变动率。互价格弹

性指第 j 种商品价格变动 1% 时，引起第 i 种商品需求量的变动率。由 ELES 模型可导出价格弹性。

第 i 类商品需求的自价格弹性计算公式：

$$\eta_i = \frac{\partial Q_i / Q_i}{\partial P_i / P_i} = \frac{\partial Q_i}{\partial P_i} \cdot \frac{P_i}{Q_i} = (1 - \beta_i) \cdot \frac{P_i X_i}{V_i} - 1 \qquad (3\text{-}8)$$

第 i 类商品需求的互价格弹性计算公式：

$$\eta_{ij} = \frac{\partial Q_i / Q_i}{\partial P_j / P_j} = \frac{\partial Q_i}{\partial P_j} \cdot \frac{P_j}{Q_i} = -\beta_i \cdot \frac{P_j X_j}{V_i} \; (i \neq j) \qquad (3\text{-}9)$$

根据式（3-8）和式（3-9）计算出农村居民各类商品自价格弹性和互价格弹性，见表 3-11。

表 3-11 农村居民各类商品的需求价格弹性

i \ j	食品	衣着	居住	家庭设备及用品	交通通信	文教娱乐	医疗保健	其他消费
食品	−0.282	−0.015	−0.042	−0.013	−0.023	−0.022	−0.015	−0.005
衣着	−0.139	−0.280	−0.059	−0.018	−0.032	−0.031	−0.022	−0.008
居住	−0.142	−0.022	−0.321	−0.019	−0.033	−0.031	−0.022	−0.008
家庭设备及用品	−0.142	−0.022	−0.060	−0.281	−0.033	−0.031	−0.022	−0.008
交通通信	−0.064	−0.010	−0.027	−0.008	−0.344	−0.014	−0.010	−0.003
文教娱乐	−0.280	−0.043	−0.118	−0.037	−0.065	−0.119	−0.044	−0.015
医疗保健	−0.156	−0.024	−0.066	−0.021	−0.036	−0.035	−0.448	−0.008
其他消费	−0.165	−0.025	−0.070	−0.022	−0.038	−0.036	−0.026	−0.313

农村居民各类商品需求的自价格弹性和互价格弹性均小于零，说明在其他条件不变的情况下，单纯由于自价格或互价格上升，会引起所有商品需求量的下降。其中，享受型、发展型商品需求的自价格弹性小于 1 的现状与经济学中的弹性理论存在一定偏差。这是因为，在没有收入补偿的情况下，任何一种商品价格的上涨意味着消费者的实际收入下降，所以降低了相关商品的需求量。

农村居民各类商品需求的自价格弹性绝对值高于互价格弹性绝对值，说明对于农村居民而言，各类商品的价格变动对自身需求量的影响最大，而对其他商品需求量影响较小。

农村居民医疗保健、交通通信、居住类商品需求量受其价格变动影响较大；文教娱乐、衣着、家庭设备及用品、食品类商品需求量受其价格变动影响较小。

农村居民交通通信、居住类商品需求量受其他商品价格变动影响较大；医疗保健、衣着类商品需求量受其他商品价格变动影响较小。

农村居民食品价格变化对其他商品需求量影响最大；家庭设备及用品、医疗保健类商品价格变化对其他商品需求量影响较小。

五、结论

第一，我国农村居民人年均纯收入与人年均消费支出之间存在着显著的线性相关关系，且呈正比例关系。随着收入水平的不断提高，农村居民的消费水平在绝对数量上呈现上升趋势。收入水平不高是目前制约我国农村居民消费的首要因素。

第二，我国低收入组农村居民总体上还没有完全满足基本生活消费的需要，农村居民最低生活保障标准有待进一步提高。

第三，由于收入及消费的未来不确定性较大，我国农村居民即期消费顾虑多，有很强的储蓄倾向。

第四，食品、居住、文教娱乐消费是我国农村居民的消费重点，交通通信消费上升空间大。

第五，目前，我国农村居民整体消费结构层次不高，仍以食品、居住类生存型消费为主。多数农村居民在收入增加的情况下，仍以改善食品结构及居住环境为主。但随着农村居民文教娱乐、交通通信等享受型、发展型消费需求的不断增加，消费比重不断提高，农村居民的消费结构也在不断提高、优化。

第四章　不同收入组农村居民消费行为和消费结构分析

影响居民消费的因素很多，包括经济因素、社会因素、营销因素、个人因素等。在其他因素一定的条件下，居民消费主要取决于收入水平。不同的收入水平必然有不同的支出水平，其生活消费侧重点不同。不同收入组农民的消费行为、消费结构存在明显差异。

第一节　不同收入组农村居民消费行为比较

新古典理论关于居民消费影响因素分析包括消费外部环境假定和消费行为的内在假定两个方面。由于消费者的适应性很强，其消费行为所反映的主要是外部环境的特征。因此，下面着重分析不同外部环境下的不同收入组农村居民消费行为特征。

一、农村居民外部消费环境

（一）消费者的自由选择性

自由选择是指消费者在购买商品和劳务时基本上不受限量、配额、短缺的约束。消费者在不同商品和劳务之间的选择主要取决于其对消费品和劳务的主观偏好和其收入水平。伴随着改革开放40多年来经济的快速增长，我国买方市场已经形成。农村居民能在宽松的市场商品选择环境中自由选择商品，实现更大的消费满足。

（二）商品的价格弹性

价格弹性表明供求与价格变动的依存关系。市场经济体系下产品和服务的生产及销售由自由市场的自由价格机制所引导。除少数国家指定产品外，商品价格基本上随着市场供需状态变化而变化，价格补贴不再存在。

（三）预算约束

消费者的商品选择不仅取决于其偏好，还受到支付能力和价格的限制。这种在既定价格下，居民对各种商品和服务的支付能力的限制表现为一种预算约束。随着经济稳步发展，农村居民的整体收入水平和生活水平有了很大提高，一定程度上减弱了农村居民的预算约束。但是，随着收入水平的提高，农村居民内部收入差距较为明显，不同收入组农村居民所面临的预算约束差异明显。

（四）流动性约束

流动性约束指居民因其货币与资金量不足，且难以从外部得到，从而难以实现其预想的消费和投资量，造成经济中总需求不足的现象。流动性约束的大小反映了消费者利用未来收入实现当前消费的可能程度。面临的流动性约束越小，消费在不同时期的转换能力就越强；反之，面临的流动性约束越大，则转换能力就越差。高收入者容易获得银行信贷，面临的流动性约束小；低收入者不易获得银行信贷，面临的流动性约束较大。

随着金融体制的健全及农村居民收入的不断提高，许多地区加快了消费信贷制度改革步伐，适当放宽贷款条件，鼓励农村居民信贷消费。但在传统文化观念的影响下，农村崇尚节俭、量入为出的消费观念根深蒂固，仍有相当一部分农村居民无法接受借钱消费。总体而言，农村居民面临的流动约束逐渐减弱。

（五）不确定性

不确定性是指消费者在消费过程中外部环境的不可预期性。不确定性的存在增加了消费者预期的困难，提升了他们的风险意识，使他们的消费更加谨慎和理性。随着住房、社会保障、医疗及教育制度改革的不断推进，尤其是近年来的住房制度、教育制度改革，农村居民对未来收入和支出的不确定性预期增大，农村居民的消费不确定性明显增强。

通过上述农村居民外部消费环境分析可以看出，消费者的商品自由选择性和商品价格弹性这两个因素对农村居民的消费行为影响较小，因此，下面主要分析流动性约束、预算约束和不确定性对农村居民消费行为的影响。

二、不同收入组农村居民消费行为假定

虽然现行的统计口径根据收入将农村居民分为五个等级，即低收入户、中等偏下收入户、中等收入户、中等偏上收入户、高收入户。但是，在对农村居民的外部消费环境分析时发现，低收入户、中等偏下收入户面临的消费环境基本一致，本章称其为"低收入组农村居民"；中等收入户、中等偏上收入户面临的消费环境基本一致，本章称其为"中等收入组农村居民"；将高收入户称为"高收入组农村居民"。

（一）低收入组农村居民消费行为假定

低收入组农村居民由于收入低，只能根据当期收入安排消费，以满足日常消费为主。

1. 流动性约束影响强

我国信用制度尚未真正建立，银行提供消费信贷的风险较高，因此，银行只能通过设定较多的"门槛"来降低信贷风险。低收入组农村居民的资产低，很难从银行申请到贷款来实现信贷消费，这使他们面临很强的流动性约束。

2. 预算约束影响强

低收入组农村居民由于收入低，只有勉强或仅够满足其基本生活需求，资产积累少，同时又面临较强的流动性约束，因此其预算约束是一期的。

3. 不确定性影响小

虽然，我国现行的医疗、住房、教育、社会保障制度对农村居民未来收入和支出的不确定性预期增大。但由于低收入组农村居民的收入只能满足基本的生活支出，没有多余的钱为防范不确定性而进行储蓄，因此，他们消费的不确定性影响小。

因此，当期收入是影响低收入组农村居民消费的主要因素。低收入组农村居民的消费行为与凯恩斯的"绝对收入假说"完全一致。

（二）中等收入组农村居民消费行为假定

中等收入组农村居民的收入相对稳定，除满足日常消费外还会有一定的结余。

1. 流动性约束影响不显著

与低收入组农村居民相比，中等收入组农村居民有一定的资产积累，流动性约束相对较弱。但由于受传统历史文化影响，他们不习惯"今天花明天的钱"，还是习惯传统的"攒足了钱再去购买商品"。因此，中等收入组农村居民具备消费信贷的条件，但不会积极进行信贷消费，流动约束对其影响不显著。

2. 存在预算约束影响

中等收入组农村居民有一定的存款，具备一定的跨时预算能力。但在传统储蓄消费的思想影响下，他们的预算约束期限不会很长久。

3. 不确定性影响显著

中等收入组农村居民面临的不确定性主要包括收入的不确定性和支出的不确定性。其中，住房、医疗、教育等支出的不确定性对中等收入组农村居民消费影响明显。中等收入组农村居民会通过储蓄来满足未来的住房、医疗、教育、保障等大额消费支出，即期消费较为谨慎。收入水平越低，未来消费支出越大，积累时间越长。

因此，中等收入组农村居民的典型消费特征是"有钱不敢花"，即期收入成为当期消费的最大极限。中等收入组农村居民具有由凯恩斯的短视消费者向"持久收入假说"中的前瞻消费者转变的可能。

（三）高收入组农村居民消费行为假定

高收入组农村居民的收入来源较广，且一般较为稳定，消费水平高。

1. 流动性约束影响小

与中、低收入组农村居民相比，高收入组农村居民收入高，资产积累多，受流动性约束影响小。

2. 预算约束影响弱

高收入组农村居民在满足基本消费后会有大量结余，资产积累多，具备跨时预算能力。又因其基本不存在流动性约束影响，因此，预算约束影响较弱。

3. 不确定性影响小

高收入及较多的资产积累使高收入组农村居民能够轻易地实现未来的住房、医疗、教育、保障等大额消费支出。高收入组农村居民追求的是跨时效用最大化，消费不确定性影响小。

因此，高收入组农村居民消费相对稳定，其消费行为与弗里德曼的"持久收入假说"相吻合。

三、不同收入组农村居民消费函数

（一）低收入组农村居民消费函数

低收入组农村居民的消费行为符合凯恩斯的绝收入理论，建立如下消费行为理论模型：

$$C_t = \alpha + \beta Y_t + \mu \tag{4-1}$$

其中，C_t 表示第 t 期农村居民人均消费；Y_t 表示第 t 期农村居民人均纯收入；α 表示自发性消费，即必须要有的基本生活消费；β 表示边际消费倾向。

（二）中等收入组农村居民消费函数

中等收入组农村居民为了应对未来支出预期的增加，虽然具备了一定跨时预算能力，但其消费水平很大程度上受当期收入的约束，且受未来不确定的影响显著。因此，建立如下消费行为理论模型：

$$C_t = \alpha + \beta_1 Y_t + \beta_2 \delta_t + \mu \tag{4-2}$$

其中，C_t 表示第 t 期农村居民人均消费；Y_t 表示第 t 期农村居民人均纯收入；δ_t 表示不确定性。

$$\ln C_t = \alpha + \beta_1 \ln Y_t + \beta_2 \delta_t + \mu \tag{4-3}$$

（三）高收入组农村居民消费函数

高收入组农村居民收入水平高，资产积累多，持久收入是决定其当期消费水平的主要因素。因此，建立如下消费行为理论模型：

$$C_t = \alpha_0 + \alpha_1 Y_p + \alpha_2 Y_z + \mu \tag{4-4}$$

其中，C_t 表示当期（现期）农村居民人均消费；Y_p 表示农村居民持久收入；Y_z 表示农村居民暂时收入；α_1 表示持久收入边际消费倾向；α_2 表示暂时收入边际消费倾向。

四、不同收入组农村居民消费行为数量分析

选取 2002~2012 年不同收入组农村居民人均纯收入和生活消费为样本数据，见表 4-1，在对不同收入组农村居民消费行为进行数量分析时，不同收入组农村居民人均纯收入和生活消费均折算为 1978 年可比价，在进行模型分析时，需对各收入组农村居民的人均生活消费和人均纯收入两个变量取对数。

表 4-1 2002~2012 年不同收入组农村居民人均纯收入和生活消费　　单位：元

年份	低收入户		中等偏下收入户		中等收入户		中等偏上收入户		高收入户	
	纯收入	消费	纯收入	消费	纯收入	消费	纯收入	消费	纯收入	消费
2002	210.7	247.5	380.7	322.2	532.2	404.5	745.4	513.1	1 451.6	860.7
2003	209.6	257.8	388.9	333.5	550.3	419.4	776.3	530.0	1 536.4	909.1

续表

年份	低收入户		中等偏下收入户		中等收入户		中等偏上收入户		高收入户	
	纯收入	消费	纯收入	消费	纯收入	消费	纯收入	消费	纯收入	消费
2004	232.6	288.3	425.5	365.2	595.6	450.7	833.3	568.1	1 600.8	953.7
2005	241.2	349.9	456.1	432.3	644.3	526.0	904.7	650.6	1 750.8	1 038.0
2006	263.3	361.8	494.8	454.1	701.1	571.8	990.1	719.3	1 887.1	1 175.0
2007	284.5	391.0	545.4	498.1	773.0	620.8	1 083.7	778.0	2 068.4	1 266.4
2008	297.5	425.5	582.3	526.3	833.9	652.0	1 176.2	831.5	2 239.9	1 359.7
2009	308.3	468.6	618.9	571.3	895.9	705.7	1 287.1	913.8	2 451.6	1 489.7
2010	359.2	487.0	695.6	618.5	1 003.1	761.4	1 429.3	965.4	2 698.9	1 573.4
2011	363.3	601.5	772.7	719.4	1 127.1	874.8	1 614.8	1 090.0	3 047.3	1 661.3
2012	410.3	662.9	851.5	790.8	1 247.2	961.9	1 796.5	1 226.5	3 367.0	1 820.1

资料来源：《中国住户抽查年鉴2015》

（一）低收入组农村居民消费行为数量分析

首先采用 ADF 单位根检验方法分别对低收入户、中等偏下收入户的人均生活消费、人均纯收入两个变量的原序列和一阶差分序列进行单位根检验，判断其平稳性，检验结果见表 4-2。在 5%的显著性水平上，低收入户的人均消费支出变量原始序列是不平稳的，人均纯收入变量原始序列是平稳的。低收入户的人均生活消费、人均纯收入这两个变量一阶差分含截距项的 ADF 检验统计值分别为−3.599、−3.824 9，均小于其对应的临界值−3.403 3，说明低收入户的人均生活消费、人均纯收入两个变量的一阶差分序列是平稳的。因此，认为在 5%的显著性水平上，低收入户的人均生活消费、人均纯收入两个变量是一阶单整序列，记作 I（1）。

表 4-2 ADF 单位根检验结果（一）

变量	检验设定（c, t, k)	ADF 值	临界值			AIC	SC	平稳性
			1%	5%	10%			
$\ln C_t$	c, t, 1	−2.458 5	−5.521 9	−4.107 8	−3.515 0	−2.901 9	−2.814 3	不平稳
	c, 0, 0	0.247 9	−4.297 1	−3.212 7	−2.747 7	−2.462 0	−2.401 4	
	0, 0, 0	5.115 7	−2.816 7	−1.982 3	−1.601 1	−2.661 9	−2.631 6	
$\ln Y$	c, t, 0	−5.456 6	−5.295 4	−4.008 2	−3.460 8	−4.402 3	−4.311 5	平稳
$d\ln C_t$	c, 0, 1	−3.599 0	−4.803 5	−3.403 3	−2.841 8	−1.870 7	−1.893 9	平稳
$d\ln Y$	c, 0, 1	−3.824 9	−4.803 5	−3.403 3	−2.841 8	−2.734 4	−2.757 6	平稳

注：检验设定（c, t, k）中，c 为截距项，t 为时间趋势项，k 为滞后长度，0 代表无常数或无趋势项（由 AIC 和 SC 最小化准则确定）

根据式（4-1），2002~2012 年低收入户人均消费与人均纯收入的回归估计结

果为

$$C_t = -1.928 + 1.4Y_t$$

$$(-3.725)\ (15.282)$$

$$R^2 = 0.962\ 9 \quad DW = 2.833\ 3 \quad F = 233.527\ 9 \qquad (4-5)$$

同上述操作步骤及检验方法，中等偏下收入户的人均生活消费（对数值）和人均纯收入（对数值）这两个变量的原始序列及一阶差分序列的单位根检验结果见表 4-3。检验结果显示，在 5% 的显著性水平上，中等偏下收入户的人均生活消费、人均纯收入两个变量是一阶单整序列，记作 I（1）。

表 4-3　ADF 单位根检验结果（二）

变量	检验设定 (c, t, k)	ADF 值	临界值			AIC	SC	平稳性
			1%	5%	10%			
$\ln C_t$	c, t, 1	−2.458 5	−5.521 9	−4.107 8	−3.515 0	−2.901 9	−2.814 3	不平稳
	c, 0, 0	0.247 9	−4.297 1	−3.212 7	−2.747 7	−2.462 0	−2.401 4	
	0, 0, 0	5.115 7	−2.816 7	−1.982 3	−1.601 1	−2.661 9	−2.631 6	
$\ln Y$	c, t, 0	−2.463 2	−5.295 4	−4.008 2	−3.460 8	−4.966 9	−4.876 1	不平稳
	c, 0, 0	1.955 3	−4.297 1	−3.212 7	−2.747 7	−4.444 7	−4.384 2	
	0, 0, 0	9.904 5	−2.816 7	−1.982 3	−1.601 1	−4.377 8	−4.347 5	
$d\ln C_t$	c, 0, 1	−3.599 0	−4.803 5	−3.403 3	−2.841 8	−1.870 7	−1.893 9	平稳
$d\ln Y$	0, 0, 1	−4.039 1	−5.119 8	−3.519 6	−2.898 4	−3.510 8	−3.615 0	平稳

注：检验设定（c, t, k）中，c 为截距项，t 为时间趋势项，k 为滞后长度，0 代表无常数或无趋势项（由 AIC 和 SC 最小化准则确定）

根据式（4-1），2002~2012 年中等偏下收入户人均消费与人均纯收入的回归估计结果为

$$C_t = -1.419\ 5 + 1.173\ 4Y_t$$

$$(-4.291)\ (22.373)$$

$$R^2 = 0.982\ 3 \quad DW = 1.974\ 2 \quad F = 500.562\ 2 \qquad (4-6)$$

式（4-5）和式（4-6）的回归结果表明：在 5% 的显著性水平，t 统计量显著；方程拟合度高，均在 0.96 以上。这说明低收入组农村居民的消费行为符合凯恩斯的绝对收入假说。低收入户及中等偏下收入户的消费需求收入弹性高，分别为 1.4、1.17，说明收入每增长 1 个百分点，低收入户和中等偏下收入户的消费需求将分别增长 1.4 个百分点和 1.17 个百分点。低收入组农村居民的消费需求增长速度超过其收入增长速度。因此，增加低收入组农村居民收入会大幅增加其消费支出。

（二）中等收入组农村居民消费行为数量分析

居民消费环境中的不确定性因素一般包括收入不确定性和消费支出不确定性

两大因素。但其本质体现在收入是否达到平滑消费，是否能实现效用最大化的目的。因此，此处暂用收入趋势值（指数平滑法）与收入实际值的差额来度量农村居民不确定性。第五章第二节在对农村居民消费影响因素进行分析时，将会综合考虑收入不确定性和消费支出的双重不确定性对农村居民消费的影响。

中等收入户的人均生活消费、人均纯收入和不确定性因素这三个变量的原始序列及一阶差分序列的单位根检验结果见表 4-4。检验结果显示，在 5%的显著性水平，中等收入户的人均生活消费、人均纯收入、不确定性因素这三个变量是一阶单整序列，记作 I（1）。

表 4-4　ADF 单位根检验结果（三）

变量	检验设定 (c, t, k)	ADF 值	临界值			AIC	SC	平稳性
			1%	5%	10%			
$\ln C_t$	c, t, 1	−2.807 6	−5.521 9	−4.107 8	−3.515 0	−4.135 0	−4.047 4	不平稳
	c, 0, 0	0.625 7	−4.297 1	−3.212 7	−2.747 7	−3.554 4	−3.493 9	
	0, 0, 0	7.720 6	−2.816 7	−1.982 3	−1.601 1	−3.739 9	−3.709 6	
$\ln Y$	c, t, 0	−2.095 9	−5.295 4	−4.008 2	−3.460 8	−5.443 3	−5.352 5	不平稳
	c, 0, 0	2.862 7	−4.297 1	−3.212 7	−2.747 7	−5.029 3	−4.968 8	
	0, 0, 0	12.426 3	−2.816 7	−1.982 3	−1.601 1	−4.718 3	−4.688 0	
$\ln \delta$	c, t, 0	−2.615 6	−5.295 4	−4.008 2	−3.460 8	0.483 2	0.574 0	不平稳
	c, 0, 0	−1.160 0	−4.297 1	−3.212 7	−2.747 7	0.823 0	0.883 5	
	0, 0, 0	1.337 1	−2.816 7	−1.982 3	−1.601 1	0.834 8	0.865 0	
$d\ln C_t$	c, 0, 0	−3.526 2	−4.582 6	−3.321 0	−2.801 4	−2.825 8	−2.806 0	平稳
$d\ln Y$	0, 0, 0	−3.626 4	−2.886 1	−1.995 9	−1.599 1	−4.928 1	−4.918 1	平稳
$d\ln \delta$	0, 0, 1	−3.692 2	−2.937 2	−2.006 3	−1.598 1	0.572 9	0.557 5	平稳

注：检验设定（c, t, k）中，c 为截距项，t 为时间趋势项，k 为滞后长度，0 代表无常数或无趋势项（由 AIC 和 SC 最小化准则确定）

根据式（4-2），2002~2012 年中等收入户人均消费与人均纯收入的回归估计结果为

$$C_t = 2.206\,9 + 0.901\,7Y_t + 0.049\delta$$
$$\qquad\ (2.508\,0)\quad (11.029\,4)\quad (2.303\,0)$$
$$R^2 = 0.992\,1 \quad DW = 1.935\,7 \quad F = 502.447\,2 \qquad (4\text{-}7)$$

中等偏上收入户的人均生活消费、人均纯收入和不确定性因素这三个变量的原始序列及一阶差分序列的单位根检验结果见表 4-5。检验结果显示，在 5%的显著性水平，中等偏上收入户的人均生活消费、人均纯收入、不确定性因素这三个变量是一阶单整序列，记作 I（1）。

表 4-5　ADF 单位根检验结果（四）

变量	检验设定 (c, t, k)	ADF 值	临界值			AIC	SC	平稳性
			1%	5%	10%			
$\ln C_t$	$c, t, 1$	−3.107 6	−5.521 9	−4.107 8	−3.515 0	−4.644 0	−4.556 4	不平稳
	$c, 0, 0$	1.011 1	−4.297 1	−3.212 7	−2.747 7	−3.836 3	−3.775 7	
	$0, 0, 0$	8.759 6	−2.816 7	−1.982 3	−1.601 1	−3.978 0	−3.947 8	
$\ln Y$	$c, t, 0$	−2.122 2	−5.295 4	−4.008 2	−3.460 8	−6.240 8	−6.150 0	不平稳
	$c, 0, 0$	4.452 6	−4.297 1	−3.212 7	−2.747 7	−5.734 8	−5.674 3	
	$0, 0, 1$	3.550 2	−2.847 3	−1.988 2	−1.600 1	−6.274 1	−6.230 2	
$\ln \delta$	$c, t, 0$	−97.887	−5.295 4	−4.008 2	−3.460 8	−1.811 0	−1.720 2	平稳
$d\ln C_t$	$c, 0, 0$	−3.336 3	−4.582 6	−3.321 0	−2.801 4	−3.189 3	−3.169 5	平稳
$d\ln Y$	$0, 0, 0$	−2.625 6	−2.886 1	−1.995 9	−1.599 1	−5.947 0	−5.937 1	平稳
$d\ln \delta$	$c, t, 0$	−45.255	−5.835 2	−4.246 5	−3.590 5	−0.533 9	−0.504 1	平稳

注：检验设定 (c, t, k) 中，c 为截距项，t 为时间趋势项，k 为滞后长度，0 代表无常数或无趋势项（由 AIC 和 SC 最小化准则确定）

根据式（4-2），2002~2012 年中等偏上收入户人均消费与人均纯收入的回归估计结果为

$$C_t = -0.860 + 0.959\,3Y_t + 0.027\delta$$
$$(-2.344\,69)\quad(26.370\,6)\quad(2.923\,0)$$
$$R^2=0.992\,4\quad DW=1.126\,3\quad F=521.274\,4 \tag{4-8}$$

式（4-7）和式（4-8）的回归结果表明：在 5%的显著水平，t 统计量显著，拟合度高达 0.99，说明不确定因素确实对中等收入组农村居民的消费存在显著影响。中等收入组农村居民的消费需求收入弹性系数接近于 1，说明中等收入组农村居民的消费需求增长速度与收入增长速度一致。因此，一方面，如果政府能够采取相应的措施，减少中等收入组农村居民的未来消费支出预期，将会大幅增加其消费支出；另一方面，提高中等收入组农村居民收入，将有利于促进居民消费。

（三）高收入组农村居民消费行为数量分析

由于无法找到与持久收入、暂时收入相对应的统计数据，本章用高收入组农村居民人均纯收入的三阶段移动平均值表示持久收入，用现期收入与估计的持久收入的差值表示暂时收入。

高收入户的人均生活消费（对数值）、人均持久收入（对数值）、人均暂时收入（对数值）这三个变量的原始序列及一阶差分序列的单位根检验结果见表4-6。检验结果显示，在 5%的显著性水平，高收入户的人均生活消费、人均纯收入、持久收入和暂时收入这三个变量是一阶单整序列，记作 I（1）。

表 4-6　ADF 单位根检验结果（五）

变量	检验设定 (c, t, k)	ADF 值	临界值			AIC	SCI	平稳性
			1%	5%	10%			
$\ln C_t$	c, t, 1	-2.868 7	-5.521 9	-4.107 8	-3.515 0	-4.847 3	-4.759 6	不平稳
	c, 0, 0	0.116 5	-4.297 1	-3.212 7	-2.747 7	-4.359 7	-4.299 2	
	0, 0, 0	10.008 8	-2.816 7	-1.982 3	-1.601 1	-4.555 5	-4.525 3	
$\ln Y_p$	c, t, 0	13.052 4	-2.816 7	-1.982 3	-1.601 1	-4.841 9	-4.811 6	不平稳
	c, 0, 0	0.107 9	-5.295 4	-4.008 2	-3.460 8	-7.452 9	-7.362 2	
	0, 0, 1	10.083 0	-4.297 1	-3.212 7	-2.747 7	-7.560 0	-7.499 5	
$\ln Y_z$	c, t, 1	0.635 5	-2.847 3	-1.988 2	-1.600 1	-6.698 4	-6.654 6	平稳
$d\ln C_t$	c, 0, 1	-3.441 7	-4.803 5	-3.403 3	-2.841 8	-3.838 2	-3.861 4	平稳
$d\ln Y_p$	c, 0, 0	-4.647 7	-4.582 6	-3.321 0	-2.801 4	-7.124 0	-7.104 1	平稳
$d\ln Y_z$	c, t, 0	-5.247 4	-5.835 2	-4.246 5	-3.590 5	0.546 2	0.576 0	平稳

注：检验设定（c, t, k）中，c 为截距项，t 为时间趋势项，k 为滞后长度，0 代表无常数或无趋势项（由 AIC 和 SC 最小化准则确定）

根据式（4-4），2002~2012 年高收入户人均消费与人均纯收入的回归估计结果为

$$C_t = 1.887\,5 + 0.697\,4Y_p + 0.135\,1Y_z$$
$$（2.725）\quad（4.858）\quad（1.967\,8）$$
$$R^2 = 0.988\,5 \quad DW = 1.136\,2 \quad F = 343.434\,7 \tag{4-9}$$

式（4-9）回归结果表明：在 10%的显著性水平，t 统计量显著，拟合度高达 0.988 5，说明持久收入和暂时收入对高收入组农村居民的消费存在影响。高收入组农村居民持久收入、暂时收入的收入弹性均小于 1，且持久收入的收入弹性大于暂时收入的收入弹性。这说明高收入组农村居民消费速度慢于收入增长速度，且消费支出变动对持久收入变动反映更为敏感。因此，增加持久收入是进一步推动高收入组农村居民消费的关键。

综上分析，由低收入户及中等偏下收入户组成的低收入组农村居民，其消费行为类似于凯恩斯的消费行为模型，他们的消费需求增长速度超过其收入增长速度。由中等收入户及中等偏上户组成的中等收入组农村居民，其消费行为较接近凯恩斯的消费行为模型，但不确定性因素对其消费的影响显著。他们的消费需求增长速度与其收入增长速度同步，扩大中等收入组农村居民数是促进我国农村居民消费的关键；由高收入户组成的高收入组农村居民，其消费行为接近弗里德曼的持久收入假说。他们的消费需求增长速度明显低于其收入增长速度，且消费支出变动对持久收入变动反映更为敏感。

第二节　基于 Panel Data 模型的不同收入组农村居民消费结构分析

下面主要利用 Panel Data 模型分析法对不同收入组农村居民消费结构展开分析。Panel Data 模型分析法集合了时间序列和截面数据的共同优点。

一、Panel Data 模型简介

面板数据，也称合成数据、时间序列截面数据，是截面数据与时间序列数据的结合，指由变量 y 关于 N 个不同对象的 T 个观测期所得到的二维结构数据。从横截面上看，面板数据是由若干个体在某一时刻构成的截面观测值；从纵剖面上看，面板数据又是一个时间序列。

Panel Data 模型是由 Hsiao（1986）提出并将其应用于经济分析的，它既能反映某时期个体数据的规律，又能描述个体数据随时间变化的规律，集合了时间序列和截面数据的共同优点。Panel Data 模型的一般形式为

$$Y_{it} = \alpha_{it} + \beta_{it} X_{it} + \mu_{it} \ (i=1,2,3,\cdots,N; \ t=1,2,3,\cdots,T) \tag{4-10}$$

其中，Y_{it} 为被解释变量向量，表示被解释变量对个体 i 在 t 时的观测值；X_{it} 为解释变量向量，表示非随机解释变量对个体 i 在 t 时的观测值；N 表示截面样本总数；T 表示每个截面样本下的时期总数。

通常情况下，Panel Data 模型分为混合回归模型、变截距模型和变系数模型三种类型。

（一）混合回归模型（无个体影响的不变系数模型）

当模型中的系数向量 β_{it} 和截距项 α_{it} 均相同时，即同为 β 和 α，建立混合回归模型，其基本形式为

$$Y_{it} = \alpha + \beta X_{it} + \mu_{it} \ (i=1,2,3,\cdots,N; t=1,2,3,\cdots,T) \tag{4-11}$$

（二）变截距模型

当模型中的系数向量 β_{it} 相同，即均为 β，而截距项 α_{it} 不同时，则建立变截距模型。变截距模型在横截面个体影响不同，个体影响表现为模型中被忽略的反映个体差异的变量的影响，基本形式为

$$Y_{it} = \alpha_{it} + \beta X_{it} + \mu_{it} \ (i=1,2,3,\cdots,N; t=1,2,3,\cdots,T) \tag{4-12}$$

（三）变系数模型

当模型中的系数向量 $\boldsymbol{\beta}_{it}$ 和截距项 α_{it} 均发生变化时，则建立变系数模型。变系数模型，除了存在个体影响外，在横截面上还存在变化的经济结构，因而结构参数在不同横截面单位上是不同的，其基本形式为

$$Y_{it} = \alpha_{it} + \boldsymbol{\beta}_{it} X_{it} + \mu_{it} \quad (i=1,2,3,\cdots,N; t=1,2,3,\cdots,T) \quad （4\text{-}13）$$

二、Panel Data 模型的确定及影响方式

建立 Panel Data 模型时，首先要确定模型的形式。目前，广泛使用的是协变分析检验，主要检验以下两个假设：

$$H_1: \alpha_1 = \alpha_2 = \cdots = \alpha_N$$
$$H_2: \alpha_1 = \alpha_2 = \cdots = \alpha_N \quad （4\text{-}14）$$
$$\boldsymbol{\beta}_1 = \boldsymbol{\beta}_2 = \cdots = \boldsymbol{\beta}_N$$

根据协方差分析构造的假设检验的 F 统计量计算方法为

$$F_2 = \frac{(S_3 - S_1)/[(N-1)(K+1)]}{S_1/[NT - N(k+1)]} \sim F[(N-1)(k+1), NT - N(k+1)] \quad （4\text{-}15）$$

$$F_1 = \frac{(S_2 - S_1)/[(N-1)K]}{S_1/[NT - N(k+1)]} \sim F[(N-1)k, NT - N(k+1)] \quad （4\text{-}16）$$

式（4-15）和式（4-16）中的 S_1、S_2、S_3 分别表示变系数模型、变截距模型、混合回归模型的残差平方和。

对于给定的显著水平，首先利用 F_2 统计量判断是否为混合回归模型。若 F_2 小于相应的临界值，则接受原假设 H_2，模型确定为混合回归模型；若 F_2 不小于相应的临界值，继续检验假设 H_1。若 F_1 小于相应的临界值，则接受原假设 H_1，模型确定为变截距模型；若 F_1 不小于相应的临界值，模型确定为变系数模型。

变截距模型和变系数模型又可分为固定影响（fixed-effects）和随机影响（random-effects）两种类型。当截面个体成员是总体所有的单位时，即把个体成员单位间差异认为是回归系数的变动，为固定效应模型；当个体成员单位是随机抽取自一个大的总体时，即所抽样本的个体差异被认为随机分布，则为随机效应模型。

三、数据选取

如前所述，建模所用的样本空间确定为 2002~2012 年。不同收入组农村居民

人均年纯收入为自变量，不同收入组农村居民各类商品的人均年消费支出为因变量，其中，人均纯收入和人均消费支出均折算成 1978 年的可比价（表 4-7）。

表 4-7 2002~2012 年不同收入组农村居民家庭人均纯收入和消费支出 单位：元

不同收入组	年份	纯收入	生活消费	食品消费	衣着消费	居住消费	家庭设备及用品消费	交通通信消费	文教娱乐消费	医疗保健消费	其他消费
低收入户	2002	210.7	247.5	138.3	14.0	31.4	9.6	14.1	10.3	24.0	5.9
	2003	209.6	257.8	139.4	14.4	34.3	9.5	15.4	13.8	26.6	4.4
	2004	232.6	288.3	160.4	15.3	35.6	10.0	16.4	17.1	28.4	5.0
	2005	241.2	349.9	180.0	19.9	46.5	13.5	24.1	25.1	35.1	5.8
	2006	263.3	361.8	179.3	21.0	52.8	14.2	26.2	28.7	32.6	6.9
	2007	284.5	391.0	196.9	23.4	60.3	15.7	26.4	30.4	30.6	7.2
	2008	297.5	425.5	215.9	24.1	69.1	17.5	28.9	33.4	29.2	7.3
	2009	308.3	468.6	220.3	26.9	85.7	23.5	35.1	37.9	31.0	8.2
	2010	359.2	487.0	237.6	29.0	80.2	23.1	36.6	40.1	31.7	8.7
	2011	363.2	601.5	269.7	37.9	103.9	31.3	56.8	53.0	36.7	12.1
	2012	410.3	662.9	287.0	43.6	113.0	35.0	65.7	63.8	40.8	14.1
中等偏下收入户	2002	380.7	322.2	168.9	18.2	43.0	13.0	18.4	16.6	35.8	8.3
	2003	388.9	333.5	172.9	18.8	43.8	12.5	19.8	20.4	39.1	6.3
	2004	425.5	365.2	194.3	19.5	46.2	13.2	21.2	25.2	38.7	6.9
	2005	456.1	432.3	214.7	24.6	56.5	17.2	29.0	34.7	47.3	8.3
	2006	494.8	454.1	218.2	26.3	66.0	19.1	30.6	39.7	45.0	9.2
	2007	545.4	498.1	238.4	29.4	79.0	21.0	34.4	43.8	41.7	10.5
	2008	582.3	526.3	256.7	29.6	85.0	24.3	37.2	44.5	38.6	10.5
	2009	618.9	571.3	262.1	32.7	106.3	28.2	41.8	47.8	41.9	10.4
	2010	695.6	618.5	281.3	36.6	108.0	33.4	47.4	54.0	45.2	12.5
	2011	772.7	719.4	314.1	45.5	123.0	40.9	67.7	64.4	48.5	15.4
	2012	851.5	790.8	337.0	50.9	137.3	44.3	77.8	73.1	52.1	18.2
中等收入户	2002	532.2	404.5	198.9	23.1	60.0	16.7	22.3	24.7	47.5	11.2
	2003	550.3	419.4	203.5	23.7	58.3	16.0	25.2	31.2	52.8	8.6
	2004	595.6	450.7	227.8	24.9	58.5	16.5	27.1	35.5	50.8	9.8
	2005	644.3	526.0	253.3	29.9	70.8	21.6	33.5	46.8	59.3	10.9
	2006	701.1	571.8	257.1	33.4	90.5	24.5	38.6	54.2	60.8	12.7
中等收入户	2007	773.0	620.8	280.3	37.4	104.7	28.3	40.7	60.2	55.6	13.6
	2008	833.9	652.0	302.9	38.1	106.9	30.8	44.5	60.0	55.0	13.8
	2009	895.9	705.7	308.4	41.7	130.4	35.5	51.0	65.2	58.9	14.5
	2010	1 003.1	761.4	330.0	45.9	138.0	42.4	56.7	71.5	61.1	15.8
	2011	1 127.1	874.8	365.1	56.2	155.6	52.5	76.6	86.4	62.5	19.9
	2012	1 247.2	961.9	389.2	63.5	175.5	56.5	88.4	96.9	68.5	23.4

续表

不同收入组	年份	纯收入	生活消费	食品消费	衣着消费	居住消费	家庭设备及用品消费	交通通信消费	文教娱乐消费	医疗保健消费	其他消费
中等偏上收入户	2002	745.4	513.1	233.5	30.2	82.7	22.9	28.6	37.8	60.7	16.7
	2003	776.3	530.0	241.9	30.4	82.2	21.9	30.2	44.3	67.0	12.0
	2004	833.3	568.1	269.6	31.5	79.8	22.3	34.5	50.3	67.5	12.6
	2005	904.7	650.6	293.2	37.9	93.0	28.8	41.5	63.6	78.0	14.7
	2006	990.1	719.3	304.6	43.1	115.3	32.8	46.6	77.5	82.7	16.5
	2007	1 083.7	778.0	332.1	46.8	136.3	37.4	50.4	81.4	75.0	18.6
	2008	1 176.2	831.5	360.2	49.1	151.6	40.7	54.3	81.5	76.1	18.0
	2009	1 287.1	913.8	370.5	53.5	178.0	49.4	66.4	93.4	82.8	19.8
	2010	1 429.3	965.4	393.3	58.6	179.6	53.2	73.2	100.9	85.7	20.8
	2011	1 614.8	1 090.0	435.0	72.8	197.3	67.8	90.2	115.1	85.6	26.2
	2012	1 796.5	1 226.5	473.4	82.6	237.6	72.0	105.5	129.7	94.4	31.2
高收入户	2002	1 451.6	860.7	333.0	48.9	173.3	41.4	49.6	79.0	102.5	32.9
	2003	1 536.4	909.1	345.9	51.8	175.8	44.0	55.3	99.9	112.7	23.7
	2004	1 600.8	953.7	373.0	53.5	175.7	46.7	58.0	108.5	113.8	24.5
	2005	1 750.8	1 038.0	408.5	62.4	171.3	50.6	68.9	121.9	129.1	25.1
	2006	1 887.1	1 175.0	437.7	71.4	225.3	57.2	79.9	139.5	135.5	28.5
	2007	2 068.4	1 266.4	465.4	76.3	259.4	63.4	79.1	151.7	138.3	32.9
	2008	2 239.9	1 359.7	500.2	78.8	301.3	68.0	89.6	159.9	131.4	30.5
	2009	2 451.6	1 489.7	517.8	86.9	344.5	76.6	103.7	181.3	143.7	35.3
	2010	2 698.9	1 573.4	543.3	95.5	343.5	83.6	113.3	206.3	150.3	37.7
	2011	3 047.3	1 661.3	592.7	112.3	338.4	101.7	117.1	207.7	148.1	43.2
	2012	3 367.0	1 820.1	641.7	127.1	345.9	109.5	130.6	251.3	162.8	51.1

注：表中人均纯收入和消费支出数据均为现价

资料来源：《中国住户调查年鉴2015》

建立收入水平与各项消费支出的 Panel Data 模型为

$$C_{it} = \alpha_i + \beta_i Y_{it} + \mu_{it} \ (i=1,2,3,\cdots,5; t=1,2,3,\cdots,11) \qquad (4\text{-}17)$$

其中，C_{it} 表示第 i 个收入组农村居民在 t 年的各类商品的人均消费支出；Y_{it} 表示第 i 个收入组农村居民在 t 年的人均纯收入。

四、实证结果分析

（一）确定 Panel Data 模型的影响形式

首先建立农村居民食品消费函数的随机效应模型，再通过 Hausman Test 检验模型是否为随机效应模型。若 P 值大于 0.05，则接受原假设，建立随机效应模型；若 P 值小于 0.05，则拒绝原假设，建立固定效应模型。

表 4-8 显示，农村居民食品消费模型的 P 值为 0，小于 0.05，因此，可以将食品消费模型设定为固定效应模型。

表 4-8　食品消费模型的 Hausman Test 结果

横截面随机效应测试			
测试汇总	χ^2 统计量	自由度	P 值
横截面随机	23.101 219	1	0.000 0
横截面随机效应比较			
变量	固定	随机	变量	P 值
IP	0.211 764	0.156 613	0.002 970	0.000 0

同理，得出其他七类商品消费模型的 P 值，如表 4-9 所示。因此，可以认定衣着、居住、家庭设备及用品、交通通信、文教娱乐、医疗保健的消费模型均为固定效应模型，而其他消费模型为随机效应模型。

表 4-9　各类消费模型（除食品）Hausman Test 结果 P 值

消费类型	衣着消费	居住消费	家庭设备及用品消费	交通通信消费	文教娱乐消费	医疗保健消费	其他消费
P 值	0.002 7	0.000 0	0.000 7	0.001 1	0.000 5	0.000 0	0.179 7

（二）确定 Panel Data 模型的类型

首先，分别构建农村居民食品消费函数的变系数模型、变截距模型及混合模型，模型回归统计指标如表 4-10~表 4-12 所示。在每个模型的回归统计结果中依次得到相应的残差平方和 S_1=236 791.6、S_2=404 798、S_3=6 967 989。

表 4-10　食品消费变系数模型回归统计指标

指标	数值	指标	数值
R^2	0.979 190	被解释变量均值	886.997
调整后的 R^2	0.968 800	被解释变量标准差	1 014.161 7
回归标准误	49.552 6	AIC	9.677 13
残差平方和	236 791.6	SC	14.363 71
对数似然估计值	−166.212 3	H-Q 信息准则	11.106 7
F 统计量	876.771 7	DW 统计量	1.891 174
P 值（F 统计量）	0.000 000		

表 4-11　食品消费变截距模型回归统计指标

指标	数值	指标	数值
R^2	0.988 15	被解释变量均值	1 794.232
调整后的 R^2	0.979 892	被解释变量标准差	616.293
回归标准误	336.779 0	AIC	10.741 63
残差平方和	494 798	SC	10.878 10
对数似然估计值	−313.262 8	H-Q 信息准则	9.176 99
F 统计量	1 069.494 7	DW 统计量	1.494 820
P 值（F 统计量）	0.000 000		

表 4-12　食品消费混合模型回归统计指标

指标	数值	指标	数值
R^2	0.616 049	被解释变量均值	717.199
调整后的 R^2	0.605 917	被解释变量标准差	208.476
回归标准误	227.901 5	AIC	12.479 33
残差平方和	6 967 989	SC	11.935 97
对数似然估计值	−331.479 7	H-Q 信息准则	11.808 76
DW 统计量	1.081 738		

其次，根据式（4-14）、式（4-15）和式（4-16）计算出 F_2=899.16，大于5%显著性水平时的 F_2（8，45）查表值 2.45，则拒绝原假设 H_2，食品消费模型不是混合模型；继续检验假设 H_1，计算出 F_1=31.64，大于 5%显著性水平时 F_1（4，45）的查表值 2.57，则食品消费模型为变系数模型。

同理，可分别确定衣着消费、家庭设备及用品消费、文教娱乐消费模型为变系数模型；而居住消费、交通通信消费、医疗保健消费、其他消费模型为变截距模型，如表 4-13 所示。

表 4-13　农村居民消费 Panel Data 模型 F 统计表

项目	S_1	S_2	S_3	F_2	F_1	模型类型
食品消费	236 791.6	494 798.0	6 967 989.0	71.07	5.45	变系数模型
衣着消费	27 817.5	585 863.9	172 653.2	13.02	100.30	变系数模型
居住消费	338 865.4	491 726.1	971 988.6	4.67	2.26	变截距模型
家庭设备及用品消费	810 773.9	1 793 446.0	2 891 133.8	4.67	2.26	变系数模型
交通通信消费	269 949.3	359 493.6	798 763.0	4.90	1.66	变截距模型
文教娱乐消费	58 579.9	112 846.4	213 163.7	6.60	4.63	变系数模型
医疗保健消费	263 794.1	374 983.0	567 178.8	2.88	2.11	变截距模型
其他消费	8 198.5	10 991.8	51 166.3	13.10	0.85	变截距模型

根据所采用的不同消费模型运用Eviews 6.0可得农村居民消费Panel Data模型估计结果，如表4-14、表4-15所示。

表4-14　农村居民消费 Panel Data 变系数模型估计结果

不同收入组	食品消费			衣着消费		
	R^2=0.979 2, F=876.771 7, DW=1.891 2			R^2=0.966 9, F=1 123.919 0, DW=3.671 0		
	α	β	t 检验值	α	β	t 检验值
低收入户	−691.331 3	0.701 7	10.497 1	−423.258 3	0.212 7	4.881 0
中等偏下收入户	276.919 0	0.406 4	9.951 3	−249.916 6	0.183 5	13.212 5
中等收入户	414.111 0	0.339 1	4.665 3	−122.466 0	0.099 7	3.197 1
中等偏上收入户	497.818 0	0.300 7	23.454 3	131.574 0	0.218 1	7.771 8
高收入户	814.255 5	0.213 1	7.719 0	313.255 8	0.073 5	10.388 2
极差系数	4.67			6.13		
不同收入组	家庭设备及用品消费			文教娱乐消费		
	R^2=0.932 3, F=786.443 0, DW=1.919 7			R^2=0.955 5, F=779.498 3, DW=2.976 0		
	α	β	t 检验值	α	β	t 检验值
低收入户	−553.466 7	0.281 3	14.997 0	−1 028.369 7	0.112 3	7.646 9
中等偏下收入户	−279.414 0	0.102 8	18.813 7	−723.961 8	0.102 8	7.918 3
中等收入户	−113.285 0	0.070 3	10.476 7	−423.667 0	0.086 5	10.663 8
中等偏上收入户	46.487 8	0.090 6	17.468 1	−179.467 4	0.009 1	13.252 7
高收入户	38.765 3	0.076 3	23.432 3	−43.258 1	0.021 5	8.976 5
极差系数	3.97			5.13		

表4-15　农村居民消费 Panel Data 变截距模型估计结果

不同收入组	居住消费			交通通信消费		
	R^2=0.891 7, F=1 023.664 7, DW=2.891 2			R^2=0.913 3, F=886.479 7, DW=3.172 5		
	α	β	t 检验值	α	β	t 检验值
低收入户	107.255 3			177.499 8		
中等偏下收入户	76.769 7			113.951 3		
中等收入户	23.464 7	0.171 8	45.251 4	−17.646 7	0.102 5	33.417 9
中等偏上收入户	−49.901 3			−69.868 0		
高收入户	−108.867 7			−223.918 7		
极差系数	6.27			4.53		

续表

不同收入组	医疗保健消费 R^2=0.949 2，F=363.252 3，DW=2.256 0			其他消费 R^2=0.949 7，F=274.997 0，DW=1.974 5		
	α	β	t 检验值	α	β	t 检验值
低收入户	421.309 7			108.211 8		
中等偏下收入户	281.353 4			47.965 4		
中等收入户	103.441 9	0.065 9	7.713 8	29.131 8	0.088 7	13.979 0
中等偏上收入户	89.069 7			10.277 3		
高收入户	25.299 3			6.464 8		
极差系数	3.87			4.92		

表 4-14、表 4-15 显示，农村居民各类商品消费 Panel Data 模型的 F 值均能在 5%的显著性水平下通过检验，模型的整体效果较好。这表明，农村居民人均纯收入对各类商品消费的影响是显著的。由 t 检验值可知，所有 β 的值也在 5%的显著性水平下显著。除居住外，食品、衣着、家庭设备及用品、交通通信、文教娱乐、医疗保健类商品消费方程的可决系数 R^2 均在 0.9 以上，表明农村居民这六类商品的消费变化 90%以上是由人均纯收入变化引起的，收入是影响农村居民消费最关键的因素。

（三）基于 Panel Data 模型的各类商品消费回归方程

不同收入组农村居民食品消费回归方程：

$$Y_{dt}^{(1)} = -691.33 + 0.7X_{dt}$$

$$Y_{zdt}^{(1)} = 276.92 + 0.41X_{zdt}$$

$$Y_{zt}^{(1)} = 414.11 + 0.34X_{zt}$$

$$Y_{zgt}^{(1)} = 497.82 + 0.3X_{zgt}$$

$$Y_{gt}^{(1)} = 814.26 + 0.21X_{gt}$$

其中，d 表示低收入户；zd 表示中等偏下收入户；z 表示中等收入户；zg 表示中等偏上收入户；g 表示高收入户，下同。

不同收入组农村居民衣着消费回归方程：

$$Y_{dt}^{(2)} = -423.26 + 0.21X_{dt}$$

$$Y_{zdt}^{(2)} = -249.92 + 0.18X_{zdt}$$

$$Y_{zt}^{(2)} = -122.47 + 0.1X_{zt}$$

$$Y_{zgt}^{(2)} = 131.57 + 0.22X_{zgt}$$

$$Y_{gt}^{(2)} = 313.26 + 0.07X_{gt}$$

不同收入组农村居民居住消费回归方程：

$$Y_{dt}^{(3)} = 107.26 + 0.17X_{dt}$$

$$Y_{zdt}^{(3)} = 76.77 + 0.17X_{zdt}$$

$$Y_{zt}^{(3)} = 23.46 + 0.17X_{zt}$$

$$Y_{zgt}^{(3)} = -49.9 + 0.17X_{zgt}$$

$$Y_{gt}^{(3)} = -108.87 + 0.17X_{gt}$$

不同收入组农村居民家庭设备及用品消费回归方程：

$$Y_{dt}^{(4)} = -553.47 + 0.28X_{dt}$$

$$Y_{zdt}^{(4)} = -279.41 + 0.1X_{zdt}$$

$$Y_{zt}^{(4)} = -113.29 + 0.07X_{zt}$$

$$Y_{zgt}^{(4)} = 46.49 + 0.09X_{zgt}$$

$$Y_{gt}^{(4)} = 38.77 + 0.08X_{gt}$$

不同收入组农村居民交通通信消费回归方程：

$$Y_{dt}^{(5)} = 177.5 + 0.1X_{dt}$$

$$Y_{zdt}^{(5)} = 113.95 + 0.1X_{zdt}$$

$$Y_{zt}^{(5)} = -17.65 + 0.1X_{zt}$$

$$Y_{zgt}^{(5)} = -69.87 + 0.1X_{zgt}$$

$$Y_{gt}^{(5)} = -223.92 + 0.1X_{gt}$$

不同收入组农村居民文教娱乐消费回归方程：

$$Y_{dt}^{(6)} = -1\,028.37 + 0.11X_{dt}$$

$$Y_{zdt}^{(6)} = -723.96 + 0.1X_{zdt}$$

$$Y_{zt}^{(6)} = -423.67 + 0.09X_{zt}$$

$$Y_{zgt}^{(6)} = -179.47 + 0.01X_{zgt}$$

$$Y_{gt}^{(6)} = -43.26 + 0.02X_{gt}$$

不同收入组农村居民医疗保健消费回归方程：

$$Y_{dt}^{(7)} = 421.31 + 0.07X_{dt}$$

$$Y_{zdt}^{(7)} = 281.35 + 0.07X_{zdt}$$

$$Y_{zt}^{(7)} = 103.44 + 0.07X_{zt}$$

$$Y_{zgt}^{(7)} = 89.07 + 0.07X_{zgt}$$

$$Y_{gt}^{(7)} = 25.3 + 0.07X_{gt}$$

不同收入组农村居民其他消费消费回归方程：

$$Y_{dt}^{(8)} = 108.21 + 0.09X_{dt}$$

$$Y_{zdt}^{(8)} = 47.97 + 0.09X_{zdt}$$

$$Y_{zt}^{(8)} = 29.13 + 0.09X_{zt}$$

$$Y_{zgt}^{(8)} = 10.28 + 0.09X_{zgt}$$

$$Y_{gt}^{(8)} = 6.46 + 0.09X_{gt}$$

上述各类商品消费回归方程显示：

第一，收入水平对农村居民不同类型商品消费影响的形式不同。

居住消费、交通通信消费、医疗保健消费仅自发消费额存在差异，其边际消费倾向却相同。这说明不同收入组农村居民这三类商品消费差异仅表现为平均消费水平的差异。

食品消费、衣着消费、家庭设备及用品消费、文教娱乐消费的自发消费额及边际消费倾向均存在明显差异，说明不同收入组农村居民这四类商品消费差异不仅表现为平均消费水平的不同，而且边际消费倾向也存在较大差异。其中，对于食品消费和家庭设备及用品消费，低收入户边际消费倾向最高，高收入户最低；对于衣着消费，中等偏上收入户边际消费倾向最高，高收入户最低；对于文教娱乐消费，低收入户边际消费倾向最高，中等偏上收入户最低。低收入户的食品消费，低收入户、中等偏下收入户及中等收入户的衣着消费、家庭设备及用品消费，以及所有收入户的医疗保健消费的自发消费额为负值。这表明，上述收入组农村居民只有在满足基本性消费支出的基础上才会消费此类商品，对于此收入组农户而言，该类商品属于发展型、享受型商品。

第二，不同收入组农村居民各类消费支出存在明显差异。从极差系数看，不同收入组农村居民家庭设备及用品消费、医疗保健消费支出差异较小，为生活必需品；而衣着消费、居住消费、文教娱乐消费支出差异较大。

第三，低收入户的边际消费倾向高于高收入户。变系数模型估计结果显示，除个别情况，总体而言，随着居民收入增加，食品消费、衣着消费、家庭设备及用品消费、文教娱乐消费的边际消费倾向呈下降趋势，低收入户消费意愿强烈。各收入组农村居民边际消费倾向均小于 1 的事实也再次说明农村居民具有很强的储蓄意识，且收入越高，储蓄倾向越强。

第四，不同收入组农村居民的消费结构呈现出不同的变化趋势。①低收入组户各类商品边际消费倾向从高到低依次是：食品消费、家庭设备及用品消费、衣着消费、居住消费、文教娱乐消费、交通通信消费、其他消费、医疗保健消费。②中等偏下收入户各类商品边际消费倾向从高到低依次是：食品消费、衣着消费、居住消费、家庭设备及用品消费、文教娱乐消费、交通通信消费、其他消费、医疗保健消费。③中等收入户各类商品边际消费倾向从高到低依次是：食品消费、居住消费、交通通信消费、衣着消费、文教娱乐消费、家庭设备及用品消费、其他消费、医疗保健消费。④中等偏上收入户各类商品边际消费倾向从高到低依次是：食品消费、衣着消费、居住消费、交通通信消费、家庭设备及用品消费、文教娱乐消费、其他消费、医疗保健消费。⑤高收入户各类商品边际消费倾向从高到低依次是：食品消费、居住消费、交通通信消费、其他消费、家庭设备及用品消费、衣着消费、医疗保健消费、文教娱乐消费。

对比不同收入组农村居民各类商品边际消费倾向可以发现：①食品消费、衣着消费、居住消费仍是我国农村居民的主要消费。②对农村居民而言，食品消费、衣着消费、居住消费仍属于基本生活消费，交通通信消费、文教娱乐消费、医疗保健消费属于享受型、发展型消费。随着居民收入的增长，交通通信消费、文教娱乐消费正成为农村居民的消费热点。③医疗保健、文教娱乐类商品边际消费倾向较低，充分反映出农村居民医疗保健消费仍以疾病治疗为主，保健消费支出较少；文教娱乐消费也多以子女教育消费为主，娱乐消费支出较少。

五、结论

第一，不同收入水平的农村居民消费结构存在显著差异，"收入差异"是影响我国农村居民消费结构的重要因素。不同收入组农村居民居住消费、交通通信消费、医疗保健消费和其他消费的差异仅表现为平均消费水平差异；而食品消费、衣着消费、家庭设备及用品消费和文教娱乐消费的差异表现为平均消费水平及边际消费倾向的差异。

第二，总体而言，低收入组农村居民的边际消费倾向高于高收入组农村居民。随着收入水平的提高，农村居民的储蓄倾向也在增强。

第三，食品消费、衣着消费和居住消费仍是当前农村居民的消费重点。低收入户对食品、衣着、居住类基本生活消费需求强烈，而高收入户则对交通通信类享受型、发展型消费需求明显，农村居民消费水平和层次明显提高。交通通信消费正逐步成为农村居民的消费热点。

第五章 农村居民消费影响因素分析

居民消费是一个受到多种内在与外在因素影响的复杂问题。现有研究表明，以生命周期理论为代表的经典理论无法全面解释我国的消费问题，需要在传统消费函数理论的框架内，将我国制度性因素、营销因素及消费者个人因素等综合考虑进去，进而对居民的消费行为进行解释。为了进一步了解我国农村居民消费现状及影响因素，课题组联手国家统计局江苏调查总队住户专项处对江苏农村住户家庭消费展开专项调查。调研样本覆盖了江苏省的南京、苏州、无锡、扬州、南通、徐州、淮安、盐城、连云港九个市的千户居民。本章将综合利用国家统计局数据及课题组专项调研数据对影响农村居民消费的收入、不确定性、流动性约束性、基本公共服务、营销策略及消费观念等因素展开分析。

第一节 收入对农村居民消费的影响

一、收入水平对农村居民消费的影响

前文利用 ELES 模型对 1978~2014 年农村居民收入与消费的关系展开分析。研究结果表明，收入水平对农村居民消费影响显著。本次专项调查结果显示，91.4%的受访者表示"提高居民收入"可促进居民消费，44.7%的受访者表示"家庭收入用于基本生活后已无更多的消费能力"。根据世界银行公布的数据，2014年和 2015 年我国人均国民总收入分别为 7 476 美元和 7 820 美元。按照世界银行的划分标准，中国属于中等偏上收入国家。

二、收入来源对农村居民消费的影响

居民收入是由不同来源的收入组成的，不同来源的收入有着各自不同的性质、

特点和增长趋势。要分析收入对农村居民消费的影响和农村居民消费不足的原因，有必要通过细化居民收入构成，探寻不同来源收入如何影响农村居民消费。

近年来，工资性收入成为农村居民增长速度最快而且最平稳的收入来源，其在农村居民纯收入中所占比重呈逐年上升趋势，由 1993 年的 21.1%上升至 2014 年的 39.6%，成为农村居民纯收入增长的最大贡献源。截至 2014 年，家庭经营收入依然是我国农村居民最主要的收入来源。但是，家庭经营收入占农村居民纯收入的比重却呈逐年下降趋势，由 1993 年的 73.6%下降至 2014 年的 40.4%，其收入增长贡献率维持在 20%左右。转移性收入占农村居民纯收入比重低，但增长较为稳定且有加速增长态势。转移性收入占农村居民纯收入比重由 1993 年的 4.5%上升至 2014 年的 17.9%，财产性收入占农村居民纯收入比重最低，仅为 2%~3%。

（一）模型设定

在凯恩斯消费函数的基础上，建立不同来源收入对农村居民消费影响的 Panel Data 模型，如式（5-1）所示。为进一步提高实证结果的科学性、精准性，将通货膨胀预期作为控制变量引入，并且滞后一期。

$$C_t = c + \alpha_1 + \beta_1 Y_{gt} + \beta_2 Y_{jt} + \beta_3 Y_{ct} + \beta_4 Y_{zt} + \beta_5 f_{t-1} + \mu_t \qquad (5\text{-}1)$$

其中，C_t 表示第 t 期农村居民生活消费支出；Y_{gt} 表示第 t 期农村居民工资性收入；Y_{jt} 表示第 t 期农村居民家庭经营收入；Y_{ct} 表示第 t 期农村居民财产性收入；Y_{zt} 表示第 t 期农村居民转移性收入；f_{t-1} 表示第 $t-1$ 期通货膨胀预率。

（二）数据选取

由于 1993 年之前，农村居民收入构成中未区分财产性收入及转移性收入，统一称为转移性收入。因此，选取 1993~2014 年农村居民人均消费、人均工资性收入、人均家庭经营收入、人均财产性收入、人均转移性收入及 1992~2013 年通货膨胀率（滞后一期）为样本数据（表 5-1）。其中，农村居民人均生活消费及不同来源收入均折算成 1978 年可比价。为了减少变量的波动性和增加实证检验的可信度，对式（5-1）中除了通货膨胀预期外的所有变量做对数处理。

表 5-1 1992~2013 我国年通货膨胀率

年份	通货膨胀率	年份	通货膨胀率	年份	通货膨胀率	年份	通货膨胀率
1992	6.4%	1998	−0.8%	2004	3.9%	2010	3.3%
1993	14.7%	1999	−1.4%	2005	1.8%	2011	5.4%
1994	24.1%	2000	0.4%	2006	1.5%	2012	2.6%
1995	17.1%	2001	0.7%	2007	4.8%	2013	3.2%
1996	8.3%	2002	−0.8%	2008	5.9%		
1997	2.8%	2003	1.2%	2009	−0.7%		

（三）平稳性检验

首先采用 ADF 单位根检验方法分别对农村居民的人均生活消费、人均工资性收入、人均家庭经营收入、人均财产性收入及人均转移性收入五个变量的原序列及一阶差分序列进行单位根检验，判断其平稳性，检验结果见表 5-2。检验结果显示，在 5%的显著性水平，农村居民的人均生活消费、人均工资性收入、人均家庭经营收入、人均财产性收入及人均转移性收入五个变量是一阶单整序列，记作 I（1）。

表 5-2　ADF 单位根检验结果（一）

变量	检验设定 (c, t, k)	ADF 值	临界值			AIC	SC	平稳性
			1%	5%	10%			
$\ln C_t$	$c, t, 0$	0.288 40	−4.467 9	−3.645 0	−3.261 5	−3.327 8	−3.178 6	不平稳
	$c, 0, 0$	2.736 80	−3.788 0	−3.012 4	−2.646 1	−3.418 0	−3.318 6	
	$0, 0, 1$	2.541 10	−2.685 7	−1.959 1	−1.607 5	−3.259 8	−3.160 2	
$\ln Y_{gt}$	$c, t, 0$	−2.225 50	−4.467 9	−3.645 0	−3.261 5	−3.582 4	−3.433 2	不平稳
	$c, 0, 0$	−1.172 70	−3.788 0	−3.012 3	−2.646 1	−3.450 2	−3.350 7	
	$0, 0, 0$	10.072 50	−2.679 7	−1.958 0	−1.607 8	−3.259 7	−3.210 0	
$\ln Y_{jt}$	$c, t, 0$	−1.060 80	−4.467 9	−3.645 0	−3.261 5	−3.866 9	−3.717 6	不平稳
	$c, 0, 0$	0.091 81	3.788 0	−3.012 4	−2.646 1	−3.896 1	−3.796 6	
	$0, 0, 0$	6.441 00	−2.677 0	−1.958 1	−1.607 8	−3.989 8	−3.940 1	
$\ln Y_{ct}$	$c, t, 0$	−4.066 60	−4.467 9	−3.645 0	−3.261 5	0.058 7	0.207 9	平稳
$\ln Y_{zt}$	$c, t, 0$	−0.559 70	−4.467 9	3.645 0	−3.261 5	−0.626 2	−0.477 0	不平稳
	$c, 0, 0$	2.253 60	−3.788 0	−3.012 4	−2.646 1	−0.602 4	−0.503 0	
	$0, 0, 0$	4.038 00	−2.679 7	−1.958 1	−1.607 8	−0.599 8	−0.550 0	
f_{t-1}	$c, t, 3$	−4.604 00	−4.571 6	−3.690 8	−3.286 9	4.522 2	4.819 0	平稳
$d\ln C_t$	$c, t, 0$	−6.282 50	−4.532 6	−3.673 6	−3.277 4	−3.030 2	2.881 1	平稳
$d\ln Y_{gt}$	$c, t, 0$	−5.448 60	−4.532 6	−3.673 6	−3.277 4	−2.738 6	−2.589 5	平稳
$d\ln Y_{jt}$	$c, t, 0$	−4.802 70	−4.532 6	−3.673 6	−3.277 4	−3.690 2	−3.541 1	平稳
$d\ln Y_{ct}$	$c, t, 3$	−5.800 70	−4.667 4	−3.733 2	−3.310 3	−1.047 7	−0.758 0	平稳
$d\ln Y_{zt}$	$c, t, 1$	−4.844 90	−4.571 6	−3.690 8	−3.286 9	−0.042 9	0.155 0	平稳
df_{t-1}	$c, t, 4$	−4.957 10	−4.728 4	−3.759 7	−3.325 0	5.153 6	5.484 0	平稳

注：检验设定（c, t, k）中，c 为截距项，t 为时间趋势项，k 为滞后长度，0 代表无常数或无趋势项（由 AIC 和 SC 最小化准则确定）

（四）模型回归分析

根据式（5-1），得如下回归分析估计结果（表 5-3）。

表 5-3　回归分析估计结果

变量	1	2	3	4	5
$\ln C_t$	2.349 4	−3.963 1	4.878 2	4.543 5	2.940 4
	12.312 2	−10.088 0	24.902 6	50.843 4	3.520 6
$\ln Y_{gt}$	0.717 5				0.344 8
	21.622 0				2.716 6
$\ln Y_{jt}$		1.704 2			0.196 7
		26.520 1			2.154 7
$\ln Y_{ct}$			0.534 9		−0.002 6
			8.336 5		−0.055 6
$\ln Y_{zt}$				0.489 7	0.245 5
				22.030 4	7.036 6
f_{t-1}	0.013 4	0.004 4	−0.007 6	−0.002 1	0.006 4
	3.804 7	1.595 3	−1.014 3	−0.667 6	2.403 0
F 统计值	263.153 9	395.305 1	40.096 2	273.143 4	826.138 7
R^2	0.961 5	0.976 5	0.808 5	0.966 4	0.996 1

农村居民生活消费与不同来源收入的回归方程:

$$C_t = 2.940\,4 + 0.344\,8Y_{gt} + 0.196\,7Y_{jt} − 0.002\,6Y_{ct} + 0.245\,5Y_{zt} + 0.006\,4f_{t-1}$$

$$(3.520\,6)\quad(2.716\,6)\quad(2.154\,7)\quad(0.055\,6)\quad(7.036\,6)\quad(2.403\,0)$$

$$R^2 = 0.996\,1 \qquad DW = 1.404\,0 \qquad F = 826.138\,7$$

回归分析估计结果显示,在 5%的显著性水平,工资性收入、家庭经营收入、转移性收入及通货膨胀预期四个变量的 t 统计值均大于 2.12 的 t 查表值,财产性收入变量的 t 统计值小于 2.12 的 t 查表值显著。这说明,在控制了通货膨胀的条件下,工资性收入、家庭经营收入、转移性收入对农村居民收入影响显著且正相关,财产性收入对农村居民收入影响不显著。工资性收入弹性最大,转移性收入弹性次之,家庭经营收入弹性排第三。农村居民工资收入和转移性收入的消费效应相对较高。进一步扩大农村居民转移就业,完善农村社会保障体系,农村居民的消费潜能将得到更大的释放。工资性收入和转移性收入是我国农村居民消费升级的主要来源。

三、收入形式对农村居民消费的影响

改革开放以来,随着农业产业结构的调整和农村二三产业的发展,农民收入来源逐步多元化,农民收入的不确定性增大。其中,持久收入占农村居民纯收入比重高达 70%~85%,稳定性强,其变动趋势与农村居民生活消费变动趋势高度一

致；而暂时收入比重为 15%~30%，如图 5-1 所示。在农村居民纯收入中，持久收入占主导地位。

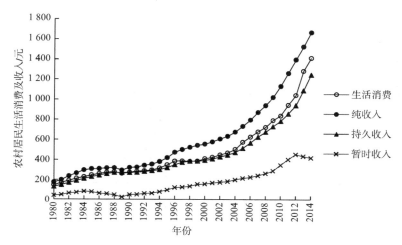

图 5-1 1980~2014 年农村居民人均生活消费与纯收入、持久收入、暂时收入

为了进一步了解不同形式的收入对农村居民消费的影响，下面引用弗里德曼的消费函数理论，对农村居民持久收入和暂时收入对生活消费的影响做进一步分析。

（一）模型设定及数据选取

选取 1978~2014 年农村居民人均生活消费、人均纯收入作为样本空间。建立柯布-道格拉斯模型：

$$C_t = A\alpha Y_{pt}\beta Y_{zt} \tag{5-2}$$

式（5-2）两边同时取对数，得

$$\ln C_t = \ln A + \alpha \ln Y_{pt} + \beta \ln Y_{zt} \tag{5-3}$$

其中，C_t 表示第 t 期农村居民人均生活消费；Y_{pt} 表示第 t 期农村居民人均持久收入；Y_{zt} 表示第 t 期农村居民人均暂时收入；α 表示农村居民的持久收入弹性；β 表示农村居民的暂时收入弹性。

（二）平稳性检验

采用 ADF 单位根检验方法对 1978~2014 年农村居民人均生活消费、人均持久收入、人均暂时收入变量的原序列及一阶差分序列进行单位根检验，判断其平稳性，检验结果见表 5-4。检验结果显示，在 5% 的显著性水平，农村居民的人均生活消费、人均持久收入和人均暂时收入这三个变量是一阶单整序列，记作 I（1）。

表 5-4　ADF 单位根检验结果（二）

变量	检验设定 （c，t，k）	ADF 值	临界值			AIC	SC	平稳性
			1%	5%	10%			
lnC_t	c，t，0	0.528 46	−4.252 0	−3.548 4	−3.207 0	−3.092 5	−2.957 8	不平稳
	c，0，0	1.585 00	−3.639 4	−2.951 1	−2.614 3	−3.150 0	−3.060 2	
	0，0，1	2.766 20	−2.636 9	−1.951 3	−1.610 7	−3.448 4	−3.357 7	
lnY_{pt}	c，t，5	0.718 50	−4.309 8	−3.574 2	−3.221 7	−5.136 9	−4.759 7	不平稳
	c，0，7	4.039 34	−3.699 8	−2.976 2	−2.627 4	−5.504 3	−5.072 4	
	0，0，5	2.257 33	−2.647 1	−1.952 9	−1.610 0	−5.091 6	−4.808 7	
lnY_{zt}	c，t，8	−7.618 60	−4.356 0	−3.595 0	−3.233 4	−1.189 6	−0.657 3	平稳
dlnC_t	c，t，0	−7.707 60	−4.273 2	−3.557 7	−3.212 3	−3.220 6	−3.083 2	平稳
dlnY_{pt}	c，t，5	−4.336 90	−4.339 3	−3.587 5	−3.229 2	−5.214 2	−4.830 2	平稳
dlnY_{zt}	c，t，2	−4.559 80	−4.296 7	−3.568 3	−3.218 3	0.336 7	0.570 3	平稳

注：检验设定（c，t，k）中，c 为截距项，t 为时间趋势项，k 为滞后长度，0 代表无常数或无趋势项（由 AIC 和 SC 最小化准则确定）

（三）模型回归分析结果

根据式（5-3），得 1978~2014 年农村居民生活消费与持久收入、暂时收入的回归估计结果：

$$\ln C_t = 0.153\,5 + 0.930\,3 \ln Y_{pt} + 0.067\,8 \ln Y_{zt}$$

$$(1.810\,4) \quad (34.770\,0) \quad (3.550\,8)$$

$$R^2 = 0.996\,2 \quad F = 4\,176.484 \quad DW = 0.514\,5$$

显著性检验结果显示：在 5%的显著性水平，持久收入变量及暂时收入变量的 t 统计值均大于 2.042 的 t 查表值，即持久收入、暂时收入对农村居民生活消费影响显著。持久收入的需求收入弹性高达 0.930 3，而暂时收入的需求收入弹性则为 0.067 8。这说明，随着持久收入的增长，农村居民消费需求呈现同步增长，而暂时收入增长对农村居民消费需求增长的作用相对较弱。也就是说，市场经济体制下，农村居民收入增长依赖于持久收入的稳定增长，持久收入对农村居民生活消费影响更为显著。

四、收入差距对农村居民消费的影响

　　随着农村居民收入水平的整体提高，其内部收入差距也在不断增大。改革开放以来，我国农村居民基尼系数不断增大。如图 5-2 所示，农村居民基尼系数由 1980 年的 0.24 增至 1990 年的 0.31，之后继续上升至 2011 年的 0.39。2014年，我国居民基尼系数已超过国际警戒线，高达 0.469。农村居民收入差距大，主要表现为两种情况，一是不同收入组之间的收入差距；二是不同地区间的收入差距。2014 年，上海农村居民人均可支配收入是甘肃的 3.4 倍。农村居民不同组、不同地区间的收入差距，直接影响了我国经济的均衡发展，抑制了居民消费。

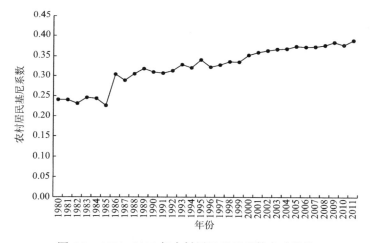

图 5-2　1980~2011 年农村居民基尼系数变动趋势

2012 年起，国家统计局统计将城乡居民的可支配收入水平作为新统计口径，在此基础上，直接公布根据统一的居民收入数据计算全国的基尼系数，不再公布农村居民基尼系数

第二节　不确定性与流动性约束
对农村居民消费的影响

　　由持久收入假说可知，收入稳定的居民具有较高的边际消费倾向，而收入不稳定的居民则通常具有较低的边际消费倾向。受自然风险、技术风险和市场风险对农业的综合影响，以及收入结构中工资性收入和家庭经营收入较大波动等不确

定性因素，加之社会保障体系不够健全，农村居民具有强烈的预防性储蓄动机，从而很大程度地抑制其生活消费。因此，不确定性因素作为影响农村居民消费的重要变量，应被引入消费模型。

预防性储蓄假说指出，居民面临的收入的不确定性越大，面临的未来风险越大，预期未来消费的边际效用就越大，预防性储蓄越多，居民将把更多的财富转移到未来进行消费。我国的市场经济制度还处于不断发展和完善的过程中。转型变革期的中国社会，影响居民消费决定的未来不确定性不仅包括收入的不确定性，还包括支出的不确定性。未来支出的不确定性在很大程度上影响着居民的消费支出，特别是 1998 年以来的医疗改革、教育改革和住房改革，这些改革使原本由国家统一安排的支出转移给个人，居民在对未来做消费规划时必须考虑这些不能忽视的消费支出。

一、不确定性与农村居民消费关系分析

（一）模型设定

$$C_t = \alpha Y_t + \beta_0 \omega_{yt} + \beta_1 \omega_{ct1} + \beta_2 \omega_{ct2} + \varepsilon_t \qquad (5\text{-}4)$$

其中，C_t 表示第 t 期农村居民人均消费；Y_t 表示第 t 期农村居民人均纯收入；ω_{yt} 表示第 t 期农村居民收入不确定性；ω_{ct1} 表示第 t 期农村居医疗保健消费不确定性；ω_{ct2} 表示第 t 期农村居教育消费不确定性。

（二）数据选取

1980 年前，农村居民生活消费支出分为食品消费、衣着消费、居住消费及其他消费四大类。因此，选取 1980~2014 年农村居民人均纯收入、人均医疗保健消费、人均教育消费作为样本数据，相关数值均折算成 1978 年可比价。为了减少变量的波动性、增加实证检验的可信度，对农村居民人均纯收入、人均消费、人均医疗保健消费、人均教育消费等变量做对数处理。

收入不确定性用农村居民人均纯收入趋势减收入的差来度量。消费不确定性细分为医疗保健消费不确定性、教育消费不确定性和住房消费不确定性。医疗保健、教育及住房被认定是影响居民生活较显著的三项重大消费。但是，由于现行统计口径中的住房支出与居民购买住房支出不是同一个概念，因此，仅用医疗保健消费不确定性和教育消费不确定性代替农村居民消费不确定性，即消费不确定性用农村居民人均医疗保健消费、人均教育消费各自的趋势值减去原值来表示各自的不确定性。

（三）平稳性检验

采用 ADF 单位根检验方法对依次农村居民人均消费、人均纯收入、收入不确定性、医疗保健消费不确定性、教育消费不确定性五个变量原始序列、一阶方差序列的平稳性进行单位根检验，用来判定五个序列变量的平稳性，检验结果见表 5-5。检验结果显示，在 5% 的显著性水平上，农村居民人均消费、人均纯属收入、收入不确定性、医疗保健消费不确定性及教育消费不确定性五个变量是一阶单整序列，记作 I（1）。

表 5-5　ADF 单位根检验结果（三）

变量	检验设定 (c, t, k)	ADF 值	临界值			AIC	SC	平稳性
			1%	5%	10%			
$\ln C_t$	$c, t, 0$	0.528 00	−4.252 9	−3.548 5	−3.207 5	−3.092 3	−2.957 0	不平稳
	$c, 0, 0$	1.584 70	−3.639 4	−2.951 1	−2.614 3	−3.149 8	−3.060 1	
	$0, 0, 1$	2.767 20	−2.636 9	−1.951 3	−1.610 7	−3.447 8	−3.357 1	
$\ln Y_t$	$c, t, 0$	−0.513 30	−4.252 9	−3.548 5	−3.207 1	−3.182 5	−3.047 0	不平稳
	$c, 0, 0$	0.670 06	−3.639 4	−2.951 1	−2.614 3	−3.227 9	−3.138 1	
	$0, 0, 0$	8.432 00	−2.634 7	−1.951 0	−1.610 9	−3.286 5	−3.241 6	
$\ln \omega_{yt}$	$c, t, 0$	−5.896 60	−4.252 9	−3.548 5	−3.207 1	−3.376 2	−3.241 5	平稳
$\ln \omega_{ct1}$	$c, t, 2$	−4.515 50	−4.273 3	−3.557 8	−3.212 4	−1.894 8	−1.665 8	平稳
$\ln \omega_{ct2}$	$c, t, 3$	−4.672 60	−4.252 9	−3.548 5	−3.207 1	−0.865 9	−0.731 2	平稳
$d\ln C_t$	$c, t, 0$	−7.711 70	−4.273 3	−3.557 7	−3.212 4	−3.220 1	−3.082 0	平稳
$d\ln Y_t$	$c, t, 0$	−9.269 00	−4.273 3	−3.557 8	−3.212 4	−3.512 7	−3.375 3	平稳
$d\ln \omega_{yt}$	$c, t, 4$	−6.698 10	−4.324 1	−3.580 6	−3.225 3	−2.902 8	−2.569 8	平稳
$d\ln \omega_{ct1}$	$c, t, 5$	−4.899 50	−4.339 3	−3.587 5	−3.229 2	−1.619 2	−1.235 2	平稳
$d\ln \omega_{ct2}$	$c, t, 2$	−8.185 80	−4.296 7	−3.568 4	−3.218 4	−0.787 8	−0.554 2	平稳

注：检验设定（c, t, k）中，c 为截距项，t 为时间趋势项，k 为滞后长度，0 代表无常数或无趋势项（由 AIC 和 SC 最小化准则确定）

（四）模型回归分析结果

根据式（5-4），得 1978~2014 年农村居民消费、收入和不确定性的回归估计结果：

$$\ln C_t = 0.112 0 + 0.946 0 \ln Y_t - 0.129 2 \ln \omega_{yt} + 0.079 7 \ln \omega_{ct1} - 0.125 6 \ln \omega_{ct2}$$

$$(1.987 5) \quad (52.524 0) \quad (-1.694) \quad (1.692 3) \quad (-1.797 3)$$

$$R^2 = 0.990 8 \quad F = 4 176.484 \quad DW = 1.536 0$$

显著性检验结果显示：在 10% 的显著性水平，农村居民人均收入、教育消费不确定性这两个变量的 t 检验统计值均大于 t 查表值 1.697；收入不确定性及医疗保健消费不确定性这两个变量的 t 检验统计值非常接近 10%显著性水平 t 查表值 1.697，因此，认定人均纯收入、收入不确定性、医疗保健消费不确定性及教育消费不确定性这四个变量对农村居民人均消费有影响。其中，收入对农村居民消费的影响作用明显强于其他三项变量，收入每增长 1 个百分点，将带动农村居民消费增加 0.946 个百分点；医疗保健消费不确定性每增加 1 个百分点，农村居民消费将增加 0.079 个百分点；而收入不确定性、教育消费不确定性每增加 1 个百分点，农村居民消费则分别下降 0.129 2 个、0.125 6 个百分点。以上数据都表明未来的不确定性，包括收入不确定性、医疗保健消费不确定性和教育消费不确定性，对农村居民消费具有不可忽视的影响作用，因此，完善社会保障制度，有效降低生活的不确定性，农村居民消费水平将会有很大程度的提高。

二、不确定性、流动性约束与农村居民消费关系分析

流动性约束是影响消费跨时分配的相当重要的因素。与城镇居民相比，一方面，农村居民收入水平较低，不易获得银行贷款，面临的流动性约束较大；另一方面，受传统文化观念的影响下，崇尚节俭，量入为出的消费观念在农村根深蒂固，相当一部分的农村居民不愿意信贷消费。流动性约束越大，农村居民的预防性储蓄动机越强。

（一）模型设定

一般而言，要把不确定性与流动性约束同时纳入一个模型，利用跨时分配的欧拉方程最为方便。为了将流动性约束引入模型中，将居民分为两类：第一类居民不受流动性约束，即他们能根据一生效用最大化的原则来安排每期的消费支出；第二类居民受流动性约束，即他们不能向金融机构借债消费。从直观来看，引入流动性约束的消费变动受到利率、收入和不确定性的影响。

如果居民不受流动性约束，则他们的消费满足跨时分配的欧拉方程：

$$U\left(C_t^u\right) = E_t\left[\tilde{\beta}_{t+1}\tilde{R}_{t+1}U'\left(C_{t+1}^u\right)\right] \tag{5-5}$$

其中，上标 u 表示不受约束的消费。若效用函数是 CRRA 的，并利用常用的对数运算近似处理方法将上式进一步简化，则不受约束的消费者最优化的一阶模型为

$$\Delta\ln C_t^u = \rho^{-1}\delta + \rho^{-1}\gamma t + \left(\frac{\rho}{2}\right)\mathrm{Var}\left(\Delta\ln C_t^u\right) + e_t \tag{5-6}$$

其中，C 表示消费的实际值；ρ 表示风险规避系数；$\mathrm{Var}\left(\Delta\ln C_t^u\right)$ 表示实际消费增长率方差。

式（5-6）表示的是不受约束的居民的对数消费变化受时间偏好率、利率和实

际消费增长率方差的影响。

但是，若居民面临流动性约束，则一般假设受约束消费者的消费仅仅等于其收入，即 $C_t^c = Y_t^c$。

两边进行自然对数的变换，并求一阶差分可得

$$\Delta \ln C_t^c = \Delta \ln Y_t^c \qquad (5\text{-}7)$$

设流动性约束的消费者比例是 k，总量的对数消费近似地确定为

$$\ln C_t = k \ln C_t^c + (1-k) \ln C_t^u \qquad (5\text{-}8)$$

将式（5-8）滞后一期，得

$$\ln C_{t-1} = k \ln C_{t-1}^c + (1-k) \ln C_{t-1}^u \qquad (5\text{-}9)$$

式（5-8）减式（5-9），得

$$\Delta \ln C_t = k \Delta \ln C_t^c + (1-k) \ln C_t^u \qquad (5\text{-}10)$$

将式（5-6）两边同乘（1-k），式（5-7）两边同乘 k，再将两式相加，整理得

$$\Delta \ln C_t = k \ln Y_t^c + (1-k)\rho^{-1}\delta + (1-k)\rho^{-1}\gamma t + (1-k)\left(\frac{\rho}{2}\right)Var\left(\Delta \ln C_t^u\right) + (1-k)e_t$$

$$(5\text{-}11)$$

令

$$\alpha_0 = (1-k)\rho^{-1}\delta$$
$$\alpha_1 = (1-k)\rho^{-1}$$
$$\alpha_2 = (1-k)\left(\frac{\rho}{2}\right)$$
$$\varepsilon_t = (1-k)e_t$$
$$\omega_t = Var\left(\Delta \ln C_t^u\right)$$

式（5-11）简化为

$$\Delta \ln C_t = \alpha_0 + \alpha_1 \gamma_1 + k \Delta \ln Y_t^c + \alpha_2 \omega_t + \varepsilon_t \qquad (5\text{-}12)$$

假设受流动性约束居民的收入变动与不受流动性约束消费者的收入变动是平行的，所以用 Y_t 代替 Y_t^c，利用式（5-2）分别建立如下计量模型：

不受流动约束消费方程式：

$$\Delta \ln Y_t = \alpha_0 + \alpha_1 \gamma_1 + \alpha_2 \omega_t + \varepsilon_t \qquad (5\text{-}13)$$

受流动约束消费方程式：

$$\Delta \ln Y_t = \alpha_0 + \alpha_1 \gamma_1 + \alpha_2 \omega_t + k \Delta \ln X_t + \varepsilon_t \qquad (5\text{-}14)$$

（二）数据的选取和说明

选取 1980~2014 年的农村居民人均消费、人均纯收入及同年度实际存款利率

作为样本数据进行分析。实际利率为当年期末银行一年期固定存款利率扣除通货膨胀率后的值，1978~2014 年银行一年期存款利率见表 5-6。农村居民人均消费、人均纯收入均折算成 1978 年可比价。需注意的是，式（5-14）中的不确定性仅指收入不确定性。

表 5-6　1978~2014 年银行一年期存款利率

年份	γ	年份	γ	年份	γ	年份	γ
1978	2.70%	1987	6.00%	1996	6.23%	2006	2.52%
1979	3.30%	1988	7.20%	1997	5.67%	2007	4.14%
1980	4.50%	1989	9.45%	1998	3.78%	2008	2.25%
1981	4.50%	1990	7.20%	1999	2.25%	2009	2.25%
1982	4.80%	1991	6.30%	2000	2.25%	2010	2.75%
1983	4.80%	1992	6.30%	2001	2.25%	2011	3.50%
1984	4.80%	1993	9.15%	2002	1.98%	2012	3.00%
1985	6.00%	1994	9.15%	2003	1.98%	2013	3.00%
1986	6.00%	1995	9.15%	2004	2.25%	2014	2.75%

注：表中银行一年期存款利率为当年年末一年期银行存款利率

资料来源：《中国金融年鉴 2015》

（三）平稳性检验

首先，采用 ADF 单位根检验方法分别对农村居民人均消费支出、人均纯收入、实际利率及不确定性这四个变量的原序列进行单位根检验，检验结果显示，农村居民人均收入序列不平稳；接着，对农村居民人均消费支出、人均纯收入、实际利率及不确定性这四个变量的一阶差分序列再次进行单位根检验（表 5-7），检验结果显示，在 5% 的显著性水平上，农村居民人均消费、人均纯收入、实际利率及不确定性这四个变量是一阶单整序列，记作 I(1)。

表 5-7　ADF 单位根检验结果（四）

变量	检验设定 (c, t, k)	ADF 值	临界值			AIC	SC	平稳性
			1%	5%	10%			
$\Delta \ln C_t$	$c, t, 0$	-3.705 8	-4.262 7	-3.553 0	-3.209 6	-3.440 9	-3.304 9	平稳
$\Delta \ln Y_t$	$c, t, 0$	-3.357 3	-4.262 7	-3.553 0	-3.209 6	-3.557 1	-3.421 1	不平稳
	$c, 0, 1$	-2.750 8	-3.653 7	-2.957 1	-2.617 4	-3.683 8	-3.546 4	
	$0, 0, 1$	-1.779 1	-2.639 2	-1.951 7	-1.610 6	-3.608 3	-3.516 7	
r_t	$c, t, 1$	-5.896 6	-4.252 9	-3.548 5	-3.207 1	-3.376 2	-3.241 5	平稳
ω_t	$c, t, 0$	-5.896 6	-4.252 9	-3.548 5	-3.207 1	-3.376 2	-3.241 5	平稳
d($\Delta \ln C_t$)	$c, t, 0$	-7.711 7	-4.273 3	-3.557 8	-3.212 4	-3.220 1	-3.082 7	平稳

续表

变量	检验设定 (c, t, k)	ADF 值	临界值			AIC	SC	平稳性
			1%	5%	10%			
$\mathrm{d}(\Delta \ln Y_t)$	$c, t, 0$	$-9.269\,0$	$-4.273\,3$	$-3.557\,8$	$-3.212\,4$	$-3.512\,7$	$-3.375\,3$	平稳
$\mathrm{d}r$	$c, t, 1$	$-7.544\,3$	$-4.273\,3$	$-3.557\,8$	$-3.212\,4$	$-3.184\,5$	$-3.001\,2$	平稳
$\mathrm{d}\omega$	$c, t, 3$	$-5.068\,8$	$-4.296\,7$	$-3.568\,4$	$-3.218\,4$	$5.869\,3$	$6.149\,5$	平稳

注：检验设定（c, t, k）中，c 为截距项，t 为时间趋势项，k 为滞后长度，0 代表无常数或无趋势项（由 AIC 和 SC 最小化准则确定）

（四）模型回归结果

对不受流动约束消费方程式（5-13）、受流动约束消费方程式（5-14）两个模型进行回归，得

（1）农村居民对数人均纯收入趋势值和实际值差额的绝对值：

不受流动约束消费方程式：

$$\Delta \ln C_t = 0.081\,1 - 0.011\,3\gamma_t + 0.134\,1\omega_t$$
$$(6.862)\quad(1.694)\quad(-2.474)$$
$$R^2 = 0.978\,7 \quad DW = 1.055\,2$$

受流动约束消费方程式：

$$\Delta \ln C_t = 0.021\,2 + 0.799\,1\Delta \ln Y_t - 0.01\gamma_t + 0.287\,3\sigma_t$$
$$(1.657)\quad(6.043)\quad(-1.766)\quad(-2.407)$$
$$R^2 = 0.977\,02 \quad DW = 1.791\,7$$

（2）农村居民对数人均纯收入趋势值和实际值差额的平方：

不受流动约束消费方程式：

$$\Delta \ln C_t = 0.747 - 0.015\gamma_t + 0.392\,3\sigma_t^2$$
$$(7.799)\quad(1.800)\quad(-2.209)$$
$$R^2 = 0.966\,1 \quad DW = 1.019\,7$$

受流动约束消费方程式：

$$\Delta \ln C_t = 0.167 + 0.803\,6\Delta \ln Y_t - 0.09\gamma_t - 2.371\,3\sigma_t^2$$
$$(1.433\,6)\quad(6.046\,7)\quad(-1.76\,7)\quad(-2.948\,8)$$
$$R^2 = 0.953\,5 \quad DW = 1.225\,6$$

上述方程式显示，两组模型的可决系数都大于 0.95，表明模型对样本数据的拟合程度高。模型各个解释变量的 t 统计值能在 10% 的显著性水平上通过检验，模型回归效果好。

以农村居民对数人均纯收入趋势值和实际值差额的绝对值作为不确定性衡量

指标，若不考虑居民面临的实际流动性约束，人均纯收入增长率每提高 1 个百分点，农村居民消费增长率将增加 0.134 个百分点；考虑到居民面临的实际流动性约束，农村居民受约束比例高达 0.799 0，不确定性对其消费的影响得到了强化，其影响系数增至 1.43，农村居民对不确定性反应敏感。

以农村居民对数人均纯收入趋势值和实际值差额的平方作为不确定性衡量指标时，若不考虑居民面临的实际流动性约束，人均纯收入增长率每增加 1 个百分点，农村居民消费将增加 0.11 个百分点；考虑到居民面临的实际流动性约束，农村居民受约束比例增加至 0.803 6，不确定性对其消费的影响明显加强，影响系数增加至 1.86，农村居民对不确定性反应更为敏感。也就是说，有预防性储蓄动机的农村居民在面临流动性约束时，他们对不确定性的敏感反应明显增强。

综上所述，第一，流动性约束和不确定性影响着农村居民的消费储蓄行为，使他们增加储蓄，抑制、推迟了农村居民的消费。虽然目前，农村居民私人间的借贷更为普遍，但随着金融制度改革的加快，农村居民受流动性约束的程度将逐渐增强。第二，加入流动性约束之后，农村居民的不确定性消费变得更加敏感。

第三节　基本公共服务对农村居民消费的影响

进入 21 世纪，我国正由生存型社会向发展型社会过渡，私人产品短缺矛盾基本得以解决，但教育、医疗、住房、养老等公共资源开始成为突出矛盾，见表5-8。公共资源矛盾主要体现在两个方面：一是公共服务供给不足与公共服务需求不断增加之间的矛盾；二是公共服务的城乡非均等化供给。公共服务总量上投入不足，使现阶段的公共服务无法满足人们日益增长的对公共服务的需求，而城乡间公共服务的不平衡供给则使得城市与农村间的收入差距进一步扩大，成为制约经济稳定增长和社会和谐发展的瓶颈。

表 5-8　1993~2014 年我国教育、文化、社会保障基本情况统计

年份	基本养老保险基金支出/亿元	医疗保险基金支出/亿元	国家财政性教育经费/万元	小学生师比（教师人数=1）	初中生师比（教师人数=1）	卫生总费用/亿元	医疗卫生机构数/个	卫生机构床位数/万张	公共图书馆机构数/个	群众文化服务业机构数/个	广播节目综合人口覆盖率	电视节目综合人口覆盖率
1993	470.6	1.3	8 677 618	22.37	15.65	1 377.78	1 000 531	309.9	2 558	10 155	76.3%	82.3%
1994	661.1	2.9	11 747 396	22.85	16.07	1 761.24	1 005 271	313.4	2 572	11 276	77.0%	83.0%

续表

年份	基本养老保险基金支出/亿元	医疗保险基金支出/亿元	国家财政性教育经费/万元	小学生师比（教师人数=1）	初中生师比（教师人数=1）	卫生总费用/亿元	医疗卫生机构数/个	卫生机构床位数/万张	公共图书馆业机构数/个	群众文化服务业机构数/个	广播节目综合人口覆盖率	电视节目综合人口覆盖率
1995	847.6	7.3	14 115 233	23.30	16.73	2 155.13	994 409	314.06	2 589	13 487	78.8%	84.5%
1996	1 031.9	16.2	16 717 046	23.73	17.18	2 709.42	1 078 131	310.00	2 615	45 253	82.0%	86.0%
1997	1 251.3	40.5	18 625 416	24.16	17.33	3 196.71	1 048 657	313.50	2 620	45 449	86.0%	87.7%
1998	1 511.6	53.3	20 324 526	23.98	17.56	3 678.72	1 042 885	314.30	2 628	45 834	88.3%	89.0%
1999	1 924.9	69.1	22 871 756	23.12	18.17	4 047.50	1 017 673	315.90	2 662	45 837	90.5%	91.6%
2000	2 115.5	124.5	25 626 056	22.21	19.03	4 586.63	1 034 229	317.70	2 669	45 321	92.5%	93.7%
2001	2 321.3	244.1	30 570 100	21.64	19.24	5 025.93	1 029 314	320.10	2 675	43 379	92.9%	94.2%
2002	2 842.9	409.4	34 914 048	21.04	19.25	5 790.03	1 005 004	313.60	2 696	42 516	93.3%	94.6%
2003	3 122.1	653.9	38 506 237	20.50	19.13	6 584.10	806 243	316.40	2 697	41 816	93.7%	94.9%
2004	3 502.1	862.2	44 658 575	19.98	18.65	7 590.29	849 140	326.80	2 709	41 402	94.1%	95.3%
2005	4 040.3	1 078.7	51 610 759	19.43	17.80	8 659.91	882 206	336.75	2 720	41 588	94.5%	95.8%
2006	4 896.7	1 276.7	63 483 648	19.17	17.15	9 843.34	918 097	351.18	2 762	40 088	95.0%	96.2%
2007	5 964.9	1 561.8	82 802 142	18.82	16.52	11 573.97	912 263	370.11	2 778	40 601	95.4%	96.6%
2008	7 389.6	2 083.6	104 496 296	18.38	16.07	14 535.40	891 480	403.87	2 799	41 156	96.0%	97.0%
2009	8 894.4	2 797.4	122 310 935	17.88	15.47	17 541.92	916 571	441.66	2 820	41 959	96.3%	97.2%
2010	10 554.9	3 538.1	146 700 670	17.70	14.98	19 980.39	936 927	478.68	2 850	43 382	96.8%	97.6%
2011	12 764.9	4 431.4	185 867 009	17.71	14.38	24 345.91	954 389	515.99	2 884	43 675	97.1%	97.8%
2012	15 561.8	5 543.6	231 475 698	17.36	13.59	28 119.00	950 297	572.48	2 952	43 876	97.5%	98.2%
2013	18 470.4	6 801.0	244 882 177	16.76	12.76	31 668.95	974 398	618.19	3 076	44 260	97.8%	98.4%
2014	21 754.7	8 133.6	264 200 000	16.78	12.57	35 312.40	981 432	660.12	3 112	44 423	98.0%	98.6%

资料来源：国家统计局官网

　　本章首先建立一套较为完善的基本公共服务体系，继而运用变异系数法对指标体系进行赋权，并对我国 1991~2014 年基本公共服务水平进行评价，构建以评价结果与农村居民消费为基础的双变量 VAR 模型，通过 Johansen 协整检验和 Granger 因果检验等计量方法探究基本公共服务与农村居民消费之间的动态关系。

一、构建基本公共服务评价指标体系

综合考虑居民需求和资源投入与产出效率最大化的原则，构建社会保健、公共教育、医疗卫生和公共文化四个方面12个评价指标的基本公共服务评价体系，见表5-9。

表5-9　基本公共服务评价指标体系

一级指标	二级指标	衡量指标
基本公共服务 Z	社会保障 Z_1	基本养老保险基金支出 Z_{11}
		医疗保险基金支出 Z_{12}
	公共教育 Z_2	国家财政性教育经费 Z_{21}
		小学生师比 Z_{22}
		初中生师比 Z_{23}
	医疗卫生 Z_3	卫生总费用 Z_{31}
		医疗卫生机构数 Z_{32}
		卫生机构床位数 Z_{33}
	公共文化 Z_4	公共图书馆业机构数 Z_{41}
		群众文化服务业机构数 Z_{42}
		广播节目综合人口覆盖率 Z_{43}
		电视节目综合人口覆盖率 Z_{44}

二、变异系数法赋权评价体系

（一）数据无量纲化处理

由于评价模型中各个指标的计量单位和数据类型不同，不宜直接比较其差别程度，因此，先通过阈值法对原始数据进行无量纲化处理。其中：

正向指标：

$$Z_{ij} = \frac{z_{ij} - \min z_{ij}}{\max z_{ij} - \min z_{ij}} \tag{5-15}$$

负向指标：

$$Z_{ij} = \frac{\max z_{ij} - z_{ij}}{\max z_{ij} - \min z_{ij}} \tag{5-16}$$

（二）变异系数法赋权

变异系数法是通过对各个指标中蕴含的各种信息进行计算而得到指标权重的

一种客观赋权法。变异系数法赋权除具备标准差赋权的功能外，其优势更体现在有效排除了平均数对指标权重的影响。

$$V_{ij} = \frac{\sigma_{ij}}{\overline{Z}_{ij}} \qquad (5\text{-}17)$$

其中，V_{ij} 表示 Z_{ij} 的变异系数；σ_{ij} 表示 Z_{ij} 的标准差；$\overline{Z}_{ij}$ 表示 Z_{ij} 的算术平均值。

$$W_{ij} = \frac{V_{ij}}{\sum V_{ij}} \qquad (5\text{-}18)$$

其中，W_{ij} 表示指标权重。

计算出各衡量指标的变异系数和权重后，再依据同样方法，计算出二级指标的变异系数 V_i 和权重 W_i，结果见表 5-10。

表 5-10　基本公共服务评价指标变异系数及权重

一级指标	二级指标 （V_i，W_i）	衡量指标		
		Z_{ij}	V_{ij}	W_{ij}
Z	Z_1（2.455，0.239）	Z_{11}	1.117	0.109
		Z_{12}	1.338	0.130
	Z_2（2.579，0.252）	Z_{21}	1.136	0.111
		Z_{22}	0.674	0.066
		Z_{23}	0.769	0.075
	Z_3（3.071，0.299）	Z_{31}	1.037	0.101
		Z_{32}	0.618	0.060
		Z_{33}	1.416	0.138
	Z_4（2.161，0.21）	Z_{41}	0.823	0.080
		Z_{42}	0.391	0.038
		Z_{43}	0.460	0.045
		Z_{44}	0.487	0.047

（三）评价模型结果

将各评价指标无量纲化之后的数值和变异系数赋权的指标权重进行线性合成，得到评价模型（5-19）。1993~2014 年基本公共服务水平评价结果见表 5-11。

$$P_i = \sum \sum Z_{ij} W_{ij} \qquad (5\text{-}19)$$

表 5-11　1993~2014 年基本公共服务水平评价结果

年份	Z	Z_1	Z_2	Z_3	Z_4
1993	0.07	0.000	0.069	0.005	0.000
1994	0.08	0.004	0.063	0.010	0.008
1995	0.10	0.007	0.052	0.014	0.023

续表

年份	Z	Z_1	Z_2	Z_3	Z_4
1996	0.14	0.010	0.044	0.013	0.073
1997	0.16	0.014	0.038	0.020	0.089
1998	0.18	0.017	0.038	0.024	0.105
1999	0.21	0.023	0.041	0.027	0.119
2000	0.23	0.026	0.040	0.029	0.130
2001	0.24	0.031	0.048	0.031	0.134
2002	0.27	0.042	0.056	0.033	0.135
2003	0.30	0.050	0.064	0.048	0.138
2004	0.33	0.055	0.079	0.053	0.142
2005	0.37	0.060	0.098	0.057	0.151
2006	0.40	0.065	0.114	0.062	0.155
2007	0.44	0.071	0.135	0.073	0.161
2008	0.51	0.085	0.156	0.099	0.168
2009	0.57	0.101	0.175	0.122	0.175
2010	0.63	0.113	0.190	0.140	0.184
2011	0.70	0.129	0.212	0.166	0.197
2012	0.81	0.150	0.242	0.199	0.220
2013	0.88	0.170	0.258	0.223	0.228
2014	0.93	0.190	0.261	0.246	0.230

三、Granger 因果关系检验分析

为检验基本公共水平高低对农村居民生活消费的影响，构建如下函数模型：
$$C_t = \alpha + \beta P_t + \mu_t \tag{5-20}$$
其中，C_t 表示第 t 期农村居民人均生活消费；P_t 表示第 t 期基本公共服务水平。

（一）平稳性检验

分别对农村居民生活消费及基本公共服务水平这两个变量的原始序列及一阶序列进行单位根检验，判断其平稳性，检验结果见表 5-12。检验结果显示，在 5%的显著性水平，农村居民生活消费及基本公共服务这两个变量是一阶单整序列，记作 I（1）。

表 5-12　ADF 单位根检验结果（五）

变量	检验设定（c，t，k）	ADF 值	临界值			AIC	SC	平稳性
			1%	5%	10%			
C_t	c，t，0	−4.401 500	−4.374 3	−3.603 2	−3.238 1	2.921 9	3.068 0	平稳
P_t	c，t，0	−2.032 500	−4.374 3	−3.603 2	−3.238 1	0.314 6	0.460 9	不平稳
	c，0，0	−1.094 800	−3.724 1	−2.986 2	−2.632 6	0.356 4	0.453 9	
	0，0，0	−1.775 700	−2.660 7	−1.955 0	−1.609 1	0.290 5	0.339 2	
dC_t	c，t，1	−5.751 400	−4.440 7	−3.632 9	−3.254 7	4.004 1	4.202 4	平稳
dP_t	c，t，0	−7.853 451	−4.416 3	−3.622 0	−3.248 6	0.984 4	1.132 6	平稳

注：检验设定（c，t，k）中，c 为截距项，t 为时间趋势项，k 为滞后长度，0 代表无常数或无趋势项（由 AIC 和 SCI 最小化准则确定）

（二）协整检验

在上面的单位根检验中，农村居民生活消费和基本公共服务水平两个变量都是一阶单整序列，下面利用 Johansen 协整检验判断它们之间是否存在协整关系。根据无约束 VAR 模型的估计结果，滞后 2 阶时 AIC 值最小，所以选择滞后阶数为 2 来进行 Johansen 协整检验，检验结果如表 5-13 所示。

表 5-13　Johansen 协整检验结果

协整关系数量	特征值	t 统计量	0.05 显著性水平临界值	P 值
没有	0.839 679	44.883 62	15.494 71	0.000 0
至少 1 个	0.038 803	0.949 810	3.841 466	0.329 8

表 5-13 中 Johansen 协整检验结果显示：原假设为不存在协整关系时，t 统计值 44.883 62 大于 5%显著性水平的临界值 15.494 71，拒绝原假设，即基本公共服务水平与农村居民生活消费两个变量之间至少存在一个协整关系；原假设为最多存在一个协整关系时，t 统计值 0.949 810 小于 5%显著性水平的临界值 3.841 446，则接受原假设，即基本公共服务水平与农村居民生活消费两个变量之间最多存在一个协整关系。以上分析说明，基本公共服务水平与农村居民生活消费两个变量在 5%的显著性水平上存在一个协整关系，他们之间具有稳定的长期关系。协整方程如下：

$$C_t = -0.871\,5 + 2.136\,2P_t$$
$$(1.929\,6)\quad(8.187\,8)$$
$$R^2 = 0.736\,4 \quad DW = 1.358\,7$$

上述协整方程式估计结果显示，在5%的显著性水平下，基本公共服务t检验统计值8.187 8大于2.086的t查表值，所以否定$\beta_1 = 0$原假设，即认定基本公共服务对农村居民生活消费支出有影响，且影响显著。基本公共服务水平每增长一个百分点将促进农村居民生活消费支出增长2.14个百分点。

（三）Granger 因果关系检验结果

上述协整检验结果表明，基本公共服务与农村居民生活消费支出之间存在长期稳定的均衡关系，但是这种均衡关系是否构成因果关系还需对其进行因果关系检验。根据 VAR 模型的回归结果，Granger 因果关系检验滞后阶数为2，检验结果如表5-14所示。

表5-14　Granger 因果关系检验结果

零假设	观测值	F统计量	P值
$\ln P$ 不是 $\ln C$ 的 Granger 原因	24	0.278 70	0.759 8
$\ln C$ 不是 $\ln P$ 的 Granger 原因		0.377 74	0.690 4

注：P值为检验的概率值，若P值小于0.05，表示因果关系在5%的显著性水平下成立

表 5-14 中 Granger 因果关系检验结果显示，在 5%的显著性水平上，P 值 0.759 8 大于 0.05，所以拒绝原假设"基本公共服务不是农村居民生活消费的 Granger 原因"，即基本公共服务是农村居民生活消费的 Granger 原因。

"江苏农村住户家庭消费"专项调查也验证了上述结论。调查结果显示，72.3%的受访者对预期支出不乐观，表示"要将一部分收入储蓄起来，用于购房及教育、医疗、养老等不时之需"；82.2%的受访者表示"完善医疗、养老保险等居民基本生活保障制度"可促进消费。

第四节　营销因素对农村居民消费的影响

农村居民在进入市场消费过程中，经常受到市场中各种因素的影响，如市场中的产品质量、产品价格、促销打折等，这些营销信息会鼓励消费者或抑制消费者对某一特定商品或服务的消费欲望。影响农村居民消费的"营销因素"，按其重要性高低，分别是产品质量、商家诚信度、产品价格、售后服务、产品品牌、消费环境、网点位置及宣传力度等。

一、产品质量对农村居民消费的影响

"江苏农村住户家庭消费"专项调查结果显示，62.3%、32.1%、0.47%、0.9%、0%的受访者认为"产品质量"对消费影响"非常重要""重要""一般""不重要""非常不重要"，即高达 94.4%的受访者认为"产品质量"对消费影响重要，仅有不足 1%的受访者认为产品质量对消费影响不重要。70%的受访者认为产品的绿色环保节能性对其消费影响重要。

二、商家诚信度对农村居民消费的影响

"江苏农村住户家庭消费"专项调查结果显示，50.4%、39.3%、8.8%、1.4%、0.1%的受访者认为"商家诚信度"对消费影响"非常重要""重要""一般""不重要""非常不重要"，即高达 89.7%的受访者认为商家诚信度对消费影响重要，8.8%的受访者认为商家诚信度对消费有影响但不明显，仅有 1.5%的受访者认为消费不受售后服务影响。高达 50%的受访者认为"假冒伪劣产品比较多，无法放心消费。61.3%的受访者表示应"严厉查处假冒伪劣商品销售"，21.9%受访者表示"大力宣传诚信商家"会促进他们的消费。

三、产品价格对农村居民消费的影响

"江苏农村住户家庭消费"专项调查结果显示，45.7%、41.7%、11.2%、1.3%、0.1%的受访者认为"产品价格"对消费影响"非常重要""重要""一般""不重要""非常不重要"，即 87.4%的受访者认为产品价格对消费影响重要，11.2%的受访者认为产品价格对有消费但不明显，仅有 1.4%的受访者认为消费不受产品价格影响。高达 72.5%的受访者表示，"物价上涨较快，减少了消费次数"。44.1%的受访者表示，"对节能环保、绿色低碳商品实行政府补贴"可促进他们的消费。

四、售后服务对农村居民消费的影响

"江苏农村住户家庭消费"专项调查结果显示，42.6%、46.2%、9.3%、1.7%、0.2%的受访者认为"售后服务"对消费影响"非常重要""重要""一般""不重要""非常不重要"，即 88.8%的受访者认为售后服务对消费影响重

要，9.3%的受访者认为售后服务对消费有影响但不明显，1.9%的受访者认为消费不受售后服务影响。32.3%的受访者表示，"商家诚信度低，售后服务差"制约了他们的消费。42.5%的受访者表示，"重视投诉处理、商品真伪鉴定"可促进他们的消费。

五、产品品牌对农村居民消费的影响

"江苏农村住户家庭消费"专项调查结果显示，19.6%、40.0%、31.2%、8.7%、0.5%的受访者认为"产品品牌"对消费影响"非常重要""重要""一般""不重要""非常不重要"，即 59.6%的受访者认为产品品牌对消费影响重要，31.2%的受访者认为产品品牌对消费有影响但不明显，9.2%的受访者认为消费不受产品品牌影响。

六、消费环境对农村居民消费的影响

"江苏农村住户家庭消费"专项调查结果显示，16.8%、34.1%、39.9%、9.1%、0.1%的受访者认为"消费环境"对消费影响"非常重要""重要""一般""不重要""非常不重要"，即 50.9%的受访者认为消费环境对消费影响重要，39.9%的受访者认为消费环境对消费有影响但不明显，9.2%的受访者认为消费不受消费环境影响。

七、网点位置对农村居民消费的影响

"江苏农村住户家庭消费"专项调查结果显示，9%、32%、40.3%、16.2%、2.5%的受访者认为"网点位置"对消费影响"非常重要""重要""一般""不重要""非常不重要"，即 41%的受访者认为网点位置对消费影响重要，40.3%的受访者认为网点位置对其消费有影响但不明显，18.7%的受访者认为消费不受网点位置影响。仅有 7.9%的受访者表示，"商业设施不全，不方便消费"。18.5%的受访者表示，"增加商业设施和服务网点"将促进他们的消费。

八、宣传力度对农村居民消费的影响

"江苏农村住户家庭消费"专项调查结果显示，9.9%、29.3%、46.6%、12.9%、1.3%的受访者认为"宣传力度"对消费影响"非常重要""重要""一

般""不重要""非常不重要"，即有 39.2%的受访者认为企业及媒体宣传对消费影响重要，高达46.6%的受访者认为宣传对其消费有影响但不明显，14.2%的受访者认为消费不受企业及媒体宣传影响。14.5%的受访者表示，"组织各种类型的促销活动"会促进他们的消费。

第五节　消费观念对农村居民消费的影响

近年来国家出台一系列促进农村居民收入增加的政策，大大提高了农村居民的购买力。在"家电下乡"等政策的促进下农村居民的消费力在短期内有很大的提升，其中消费能力提升缺乏韧性，农村居民消费欲望低迷问题日益突出。

消费观念是一种文化心理，具有一定的稳定性。文化在发展的过程中，原有的消费观念带来的影响和禁锢是妨碍消费观念转变的难点。由于长期的经济短缺，生存型消费观念使得农村居民轻视生活品质的提升，所以就有了求低价、重储蓄、轻感受的消费习惯。随着农村居民生活水平的提高，农村居民的多种需求逐渐变现出来，但受到这种消费观念的影响，许多消费并没有实现。

一、防范意识极强的传统高储蓄观念

教育部哲学社会科学研究重大课题攻关项目"中国公民人文素质现状调查与对策研究"报告数据显示，就整个农村居民群体而言，在回答"如果你意外获得一笔较大的钱，你首先选择做什么"的问题上，回答"物质消费"的占 39.6%，"投资或存起来"的占 41.6%，这两项的百分比相当的高，这也说明了大多数农村居民还停留在吃、穿、住、行、用和高储蓄等传统消费观念上。

"江苏农村住户家庭消费"专项调查结果显示，农村居民重大消费主要依靠储蓄。"当年有意向依靠家庭储蓄全额付款"购买家用汽车、购买家用电器、购买住房及装修、文化教育、医疗保健、旅游休闲等大宗消费的家庭数分别为68.9%、95.4%、55.0%、93.6%，60%、92.4%。

二、求实、求廉、惠顾的消费观念

改革开放以来，农村居民收入有了较大提高。但就总体而言，我国大多数农村居民的消费水平还处在一个较低的层次。与收入相适应，农村居民消费时普遍注重商品的实用性。他们在选购商品时往往要求商品质量可靠、性能完善、耐用性强、价格低廉，而对商品的品牌、包装、式样、设计等外观因素不是十分看重。物美价廉是他们选购商品的基本标准。不少农民表示，一些生活用品能少买就少买，能贱买就贱买，能不买就不买。他们一旦认准了某种商品，便会一直购买此种商品，即使出现了更新换代、性价比更好的产品，也不容易摒弃购买惯用商品的观念。这种太过务实的消费观念不仅限制了农村商品市场的多元化发展，也闭塞了农村居民对高科技、新技术的了解渠道。近年来，国家推行的"家电下乡"并未取得预期效果，其中一个根本原因就是如此。

三、重视后代轻视自身的消费观念

"孝敬父母，爱护子女"是中华民族几千年的传统美德，为子女无私奉献也是中国文化传统的一部分。受传统观念的束缚，给子孙建房以求安居乐业的思想在农村至今仍占据主导地位。父母对子女的婚事十分看重，尤其是有儿子的家庭更是极为重视，他们在日常生活中省吃俭用，为子女的这些大事储备有关的商品。住房消费一直都是农村居民的消费热点。

四、铺张浪费的愚昧消费观念

在中国农村有个特殊的、矛盾的现象：一方面他们很节省，可是另一方面他们又很阔绰，一旦在婚丧礼仪场合，节俭的思想就消失了。农村居民可能因为经济能力不足而省吃俭用，但到了举办婚礼或者其他仪式时却可以很讲究排场，很慷慨。

综上所述，传统消费文化、消费观念在一定程度上影响着农村居民消费及消费结构的升级。

第六章　促进农村居民消费的基本思路与对策

　　农村人口占我国总人口的一半，扩大居民需求的最大潜力在农村。促进农村居民消费是拉动我国内需的关键举措。针对不同收入组农村居民消费行为特点，应采取"提低、扩中、调高"分层次促进消费的基本思路。建立居民增收长效机制，优化收入分配结构，健全社会保障机制，加大金融支持力度，培育消费热点，加强消费渠道构建，优化消费环境，推进城乡一体化进程是扩大农村居民消费需求，优化农村居民消费结构的主要途径。

第一节　促进农村居民消费的基本思路：分层促进消费

　　通过前文的定量和定性分析可知，不同收入组农村居民消费行为及影响因素存在明显差异。因此，根据不同收入组农村居民消费行为特点，应采取"提低、扩中、调高"分层次促进消费的基本思路。

一、提低：增加低收入组农村居民收入，提高消费能力

　　我国低收入组农村居民收入低，但边际消费倾向、收入弹性高。因此，增加低收入组农村居民收入将会大幅度促进其消费。

　　促进低收入组农村居民消费的思路：引导、支持他们加入农民专业合作社，加快农业产业化步伐；加大农村劳动力转移力度，提高工资性收入；大力推进城乡一体化建设，推进农民市民化；以税收和补贴方式调整收入分配，加大农村扶贫力度；完善最低生活保障体系；等等。

二、扩中：扩大中等收入组农村居民比重，降低支出预期，释放消费潜能

中等收入组农村居民作为最具潜力的消费主体，是居民消费的中坚力量。国际经验表明，在现代社会中，一个中等收入群体占多数的"橄榄形"收入分配结构稳定性要远高于"金字塔形"的收入分配结构。贫富分化会严重降低、抑制人们的消费需求。我国中等收入组农村居民收入较为稳定，在满足基本消费外尚有结余。但是，在我国现行住房、教育、医疗体制及传统文化观念的双重影响下，他们有钱但不敢也不能随心消费，处于"多收少支"的资产积累阶段。

促进中等收入组农村居民消费的思路：加强消费教育，引导他们树立正确的消费价值观，实现科学消费、合理消费；提高基本公共服务水平，完善社会保障体系，减少消费不确定性；深化金融改革，化解流动性约束，增加即期消费；等等。

三、调高：调整高收入组农村居民消费结构，提高消费层次

高收入组农村居民在满足基本消费后会有大量结余，资产积累多，不受流动性约束影响，具备跨时预算能力。持久收入的增长会有力促进高收入组农村居民消费。

促进高收入组农村居民消费的思路：降低投资税费和消除垄断行业的投资壁垒，鼓励他们把家庭储蓄转化为生产和经营性投资，为社会提供更多的就业岗位，增加自身的持久收入；加强科学文化素质教育，提升他们的消费品位；通过转移支付等方式将收取的高收入群体的税收投向农村建设；调整产品结构，加大市场宣传力度，培育消费热点，优化消费环境；积极引导高收入组农村居民发展享受型、发展型消费。

第二节　促进农村居民消费的对策建议

农村消费市场的启动对国民经济的良性循环具有十分重要的经济意义。启动农村消费市场是一项复杂、艰巨、长远性的任务，只有在提高农村居民收入、完善农村保障制度、推进农村金融制度改革、加快城镇化进程、改善产品供给结构、优化消费环境、推进城乡一体化进程等方面采取综合措施，才能收到良好的效果。

一、多渠道促进农民增收，增加有效需求

十八大报告提出，到 2020 年，实现城乡居民人均收入翻一番的目标①。居民收入增长是民生幸福工程的基础和核心，而农村居民收入增长则是居民收入倍增计划的重中之重。

（一）加快提高农村居民工资性收入

2015 年，农村居民工资性收入占可支配收入的比重为 40.3%②。工资性收入已超过家庭经营收入，成为农民收入的最主要来源。农民工资性收入比重提高，说明农民的劳动要素收入的重要作用，及兼业化程度高，从反面则说明土地、资本和技术的作用没有发挥出来，农户的专业化程度不高，农业生产力较低。

1. 加快小城镇建设，创造更多非农产业

费孝通（1984a）指出，小城镇是农村人口的"蓄水池"，作为农村地区商品集散中心，它的商品流通与农村经济发展之间具有互为前提、相互作用的关系。小城镇能吸纳大量的农村剩余劳动力，既缓解了"民工潮"对城市造成的冲击和压力，也避免了农民适应城市的阵痛，具有促进城乡协调发展、农民就近就地城镇化的重要作用，具有绿色发展的优势。

农村劳动力就业途径的影响分析表明，中心城市周边农户较高的非农就业倾向，主要是由于近城地区企业（乡镇企业）数量和规模及各种要素市场相对发达，更多劳动力进入本地企业就业，而较少外出务工。因此，要大力推进小城镇建设，发挥小城镇在人才、技术、资金及信息方面的集聚效应，创造更多非农产业，吸引更多农户向中心城镇转移并就业。

进一步促进农村劳动力的转移，不仅需要发展小城镇，还需要开放大中城市，大量吸纳农民进城，扩大农村劳动力的异地转移非农就业，走大中小城镇协调发展的城镇化道路。加快小城镇建设的具体内容将在本章另作详细阐述，此处不再赘述。

2. 大力发展中小企业，促进农村劳动力非农转移

中小企业是我国经济发展的重要推力。2015 年末，全国工商登记中小企业2 168.4 万家，中小企业利税贡献稳步提高。以工业为例，截至2015年末，全国规模以上中小工业企业36.5 万家，占规模以上工业企业数量的97.4%；实现税金2.5

① 胡锦涛. 坚定不移沿着中国特色社会主义道路前进　为全面建成小康社会而奋斗[EB/OL]. http://www.mj.org.cn/zsjs/wsxy/201211/t20121126_145927.htm，2013-08-01.

② 数据来源于国家统计局官网。

万亿元, 占规模以上工业企业税金总额的 49.2%; 完成利润 4.1 万亿元, 占规模以上工业企业利润总额的 64.5%。中小企业提供 80%以上的城镇就业岗位, 成为就业的主渠道。[①]

一是推进产业结构调整。发展具有地方特色和比较优势的名特优新产品和高附加值产品, 重要发展农副产品的深加工企业。延长农业、农村产业链, 大力发展农村服务业。依托资源优势, 拓展农业功能, 发展休闲农业, 推进休闲农业相关服务业发展; 搞好农业生产资料供给和农产品初加工、储藏、运输等农业生产服务业; 促进农村居民商贸、物流、信息、旅游、餐饮等生活性服务业的发展。在应用现代信息技术改造传统产业的同时, 引导乡镇企业涉足新兴产业链, 发展节能环保、新信息技术、生物、新能源、新材料等战略性新兴产业。尤其要注重节能降耗, 全面推进清洁生产, 大力发展循环经济, 提高资源和资本产出效率, 或推动乡镇企业为新兴产业提供上下游产品和配套服务。加强乡镇企业集群建设, 促进乡镇企业向有条件的小城镇、县城及园区聚集, 发挥大企业的辐射带动作用, 形成大中小企业协作配套的发展格局。

二是形成多元化的产权主体和股权结构, 推进乡镇企业产权制度改革。重点吸引社会法人、自然人参股, 吸引民营资本和外资参与集体经济的改制和改造。引导具有一定规模的乡镇企业通过控股、参股、兼并和联合等资本运作手段, 实施跨乡镇、跨区域的兼并重组, 发展混合所有制经济, 引导个体和私营企业通过合伙、股份合作和股份制形式与集体企业进行合作与联合, 降低和分散企业股权结构中内部股东过高的股权比例, 实现资本的社会化, 提高企业规模水平, 从而提升乡镇企业竞争力。

三是加快技术创新, 促进乡镇企业增长方式的转变。技术创新是乡镇企业可持续发展的根本动力。目前, 江苏多数乡镇企业从事的是劳动密集、技术含量低、附加值低的配套零部件生产, 技术创新能力薄弱, 技术依赖性强。政府应当制定和完善激励创新的政策体系, 构建开放式技术研究平台, 整合产学研的智力资本和社会资本, 推进乡镇企业与高等院校、科研院所、重点企业的合作, 建立自主开发或联合开发的创新机制, 形成企业的核心技术和自主知识产权。

四是完善服务机制, 优化乡镇企业发展环境。加强乡镇企业技术创新服务体系建设, 推动乡镇企业技术创新。加快建立以企业为主体, 市场为导向, 产学研相结合的乡镇企业技术创新体系; 建设乡镇企业技术转移和交易服务平台, 集中力量开展技术研发、转化、推广, 促进科技成果向现实生产力转化。加强乡镇企业融资服务体系建设, 有效解决乡镇企业融资难问题。建立面向乡镇企业的银企合作、对接平台。完善乡镇企业信用担保制度, 加快发展政策性和商业性信用中

---

① 数据来源于国家统计局官网。

介服务机构，逐步建立乡镇企业信用证制度，为企业提供评级授信、资产评估、贷款担保、贷款支持等服务。加强乡镇企业信息服务体系建设。加强乡镇企业统计信息直报系统建设，完善乡镇企业统计信息数据库。利用电子商务、网上交易平台，引导乡镇企业积极发展物联网。加强乡镇企业经贸促销平台建设，举办全国性、区域性经贸活动。

3. 加大农村人力资本投入力度，提高农村居民素质

总体而言，教育程度影响着农村居民就业的机会、就业职业选择及其收入水平。研究显示，农村居民的受教育时间每增加 1 年，其就业概率会增加 3%以上，人均总收入增加 200~250 元。

一是大力发展农村教育文化事业。要求教育资源配置均衡发展，改善农村办学条件，提高农村教学质量；在促进农村基础教育发展的前提下，加大对农村文化发展的投入，加强公共文化设施建设，大力发展"文化信息资源共享工程"农村基层服务点，构建农村公共文化服务体系。

二是加强农村劳动力职业技能培训力度。没有一技之长、就业技能差、缺乏在劳动力市场的竞争能力是农村居民就业的最大障碍。构建和完善多层次乡村职业技能培训体系，提高农村居民的职业技能和就业竞争力。积极构筑"农民愿意参与培训，能够培训得起，培训能增强技能，培训后能够就业"的环境和条件，逐步建立政府主导、官民并举，输出地与输入地联合，学校教育、机构培训与远程培训结合的多层次的农村居民技能培训体系。

引导各级各类培训机构发展"短、平、快"的培训项目，培训内容要突出实用性，根据劳动力市场变化和企业用工需要，大力开展实用性技术培训，动态调整培训内容，突出培训重点，提高农村居民在先进制造业、现代服务业等领域就业的岗位竞争能力。

对有就业要求和培训愿望，参加职业培训的农村居民按规定给予职业培训费补贴及职业技能鉴定补贴。支持农村富余劳动力转移培训基地的建设，并在税收和工商管理方面给予优惠。

三是创新培训方式。积极鼓励和大力扶持各级各类教育培训机构开展"订单"培训、"合同"培训，实施定向输出，提高农村居民参与培训的积极性。针对农村居民的年龄、文化程度等特点，采取针对性和差异化的培训方式。对文化程度较低、年龄较大的农村居民开展以家庭实用技能为主的周期短、容易掌握的实用技能培训，以便其能够在短期内实现就业；对年龄小、综合素质较高的年轻人开展系统性技能等级培训，从根本上解决农村居民就业技能不强的问题。

4. 建立、落实农村公共就业服务制度，为农民提供就业服务

落实农民就业失业登记、农民求职登记、农村困难家庭就业援助制度和农民创业服务，为农民提供均等化的就业服务。失业农民可到乡镇（街道）或者村（社区）公共就业服务机构登记，免费享受职业介绍、职业指导、政策咨询、职业培训、技能鉴定等服务。农村困难家庭人员享受优先援助和重点帮扶服务。对困难家庭中的大龄劳动者，通过公益性岗位进行托底安置，有创业意愿的，给予小额担保贷款等政策扶持。对有创业意愿和创业条件的农村居民要提供创业培训信息，积极收集和推介创业项目，提供开业指导服务。

（二）继续提高农村居民家庭经营收入

虽然家庭经营收入比重及贡献率均呈现逐步下降趋势，但家庭经营收入仍是我国农村居民收入中的主要组成部分。2015 年，家庭经营收入占农村居民可支配收入的39.4%[①]。家庭经营收入比重的下降反映出农业在家庭经营中的地位下降，农民兼业化程度高，因此，提高农民家庭经营收入的主要途径是农民家庭生产经营专业化，提高农业生产力。

1. 调整优化农业产业结构，推动农业现代化转型增收

以促进农民增收和增强农产品市场竞争力为目标，立足资源、区位优势，形成农业区域特色，大力推进农业产业结构调整，实现由传统农业向现代农业的转变。

一是优化农业生产结构和区域布局，加快推进现代种业发展。以市场为导向，形成与市场需求相适应、与资源禀赋相匹配的现代农业生产结构和区域布局，提高农业综合效益。启动实施种植业结构调整规划，稳定水稻和小麦生产，支持粮食主产区建设粮食生产核心区。根据资源优势开展多种经营，扩大高效经济作物种植比例，大力发展畜牧业、水产业及林果业。加快现代畜牧业建设，根据环境容量调整区域养殖布局，优化畜禽养殖结构，发展草食畜牧业，形成规模化生产、集约化经营为主导的产业发展格局，加强渔政渔港建设。大力发展旱作农业、热作农业、优质特色杂粮、特色经济林、木本油料、竹藤花卉、林下经济。

全面推进良种重大科研联合攻关，培育和推广适应机械化生产、优质高产多抗广适新品种，加快主要粮食作物新一轮品种更新换代。加快推进海南、甘肃、四川国家级育种制种基地和区域性良种繁育基地建设。实施畜禽遗传改良计划，加快培育优异畜禽新品种。

需特别说明的是，不能单纯依靠提高农产品价格来提升农民家庭经营性收

---

① 数据来源于国家统计局官网。

入。农产品及食品价格上涨会对其他商品消费产生较大的负面影响，会引起消费物价上涨的连锁反应，增大通货膨胀的风险。

二是推动农业新兴产业跨越发展，加快形成农业产业结构新格局。着力推进农业新兴产业建设，培育现代农业发展增长点。发展生物农业，将生物技术融入现代农业发展，努力实现高效规模农业与高端生物农业的互动协调。重点发展生物育种、生物制剂、生物信息、生物质能源等领域，实现产业规模倍增发展。大力发展智能农业，加快物联网、通信、计算机技术与现代农业生产的融合，提高农业生产智能化水平。大力发展休闲度假、旅游观光、养生养老、创意农业、农耕体验、乡村手工艺等，使之成为繁荣农村、富裕农民的新兴支柱产业。依据各地具体条件，扶持培育一批农业产业特色鲜明、乡土文化浓郁、田园风光优美的休闲观光农业园区和示范村，有规划地开发休闲农庄、乡村酒店、特色民宿、自驾露营、户外运动等乡村休闲度假产品，整合生产、生活和生态资源，着力培育创意农业产业，设计出具有特色的创意产品、农业文化、农业活动和农业景观。

三是引导土地承包经营权流转，发展适度规模经营。目前，我国农业仍然是以传统农户家庭经营组织为主，不再适应现代农业发展的需要，这在很大程度上制约了农民家庭经营收入的提高，成为制约农民增收的瓶颈。因此，提高农民家庭经营收入比重的重要途径就是让务农农民专业化。让务农农民专业化，鼓励和支持承包土地向专业大户、家庭农场、农民合作社流转，实现农业集约化经营。

2. 大力发展农民专业合作组织

一是政府积极引导，制定扶持和优惠政策。目前，世界各国对农民专业合作组织的扶持，更多地应当体现在制定税收、金融、财政支持政策和提供公共物品等宏观方面。具体政策应该着力帮助农民专业合作组织扩大生产能力、自主创建品牌、实施标准化生产、开拓市场和组织培训等。实践证明，试点、示范是指导和扶持农民专业合作组织发展最有效的途径。今后的试点示范工作重点应放在村一级，试点的主要内容包括：健全和完善利益分配机制和积累机制；探索发展农民专业合作组织与农业产业化经营的有效联结途径；探究农民专业合作组织发展新模式；总结各地指导农民专业合作组织的新经验。

此外，还要加大农民专业合作组织知识的宣传及培训力度。各相关部门要通过多种形式大力宣传农民专业合作社的法律法规和国家对农民专业合作社的扶持政策，重点做好典型事例宣传，展示合作社的特色和活力，吸引更多的农民加入；要有计划、分层次、有针对性地培训相关部门干部、业务指导人员、乡村基层干部、农村能人大户和合作社骨干团体。

二是强化内部管理职能，以规范促发展。健全和完善内部管理制度和运行机制是农民专业合作组织持续发展的一个重要因素。重视和加强农民合作组织的运行与管理，必须从专业合作组织内部入手，主要体现在三个方面：一是法人治理正规化。合作组织要建立内部章程，制定财务管理、民主监督等各项制度，监事会要充分发挥民主管理、监督作用；成员与合作组织双方要签订合同、协议、契约等，明确双方的权利和义务，规范各自的行为。二是利益联结紧密化。重点实施利益返还机制、股份合作制和风险防范机制等，切实维护成员的利益。三是财务核算独立化。规模小的合作社可委托代理记账，规模较大的应设专职财会人员，并定期向成员公布财务，要充分发挥监事会作用，做到民主理财制度化。

三是走联合道路，扩大合作组织规模。一是发展横向联合。即同一地区专业合作组织数量较多的，可把不同类型的专业合作组织联合起来，成立横向的专业合作联合组织。二是发展纵向联合。一些共性较强的专业合作组织突破地区、部门局限，走大合作之路，在联合基础上成立各类产品专业合作联合组织，使服务向纵深发展，不断提高产品的技术含量和增值能力，走向国内、国外市场。三是兼并。根据组织成员的意愿实施大社并小社，强社并弱社。借鉴日本经验，可以建立县级、省级和国家级三级农业产业协会。县级农业合作组织应围绕当地农业的支柱产业，以专业性协会为主，把发展协会与培育地方特色块状农业或农业产业带紧密结合起来；省级和全国性协会，以联合会的形式出现以便于综合协调。省级和县级农民专业合作组织，可以先按行政区域设立，待协会发展到一定程度，再进行合并、调整，消除行政界限。

四是因地制宜，采取多种发展模式。国外经验表明，不同条件下合作组织的组织形式、发展基础和经营效率不同。必须因地制宜、因势利导，围绕区域优势特色产业，探索不同的农民合作组织发展模式。经济发达地区，农村二三产业发达，农民组织化程度较高，宜采用"龙头企业+合作社+农户"的合作组织模式。在这种方式中，龙头企业可以通过合作社规范和约束农户的行为，获得更加稳定的原料来源，降低交易成本；农户则可以通过合作社提高自己在与龙头企业交易时的谈判地位，在价格形成、利润分配等问题上获得更多的发言权，从而实现企业发展和农民致富的双赢。经济落后地区，农民组织化程度低，但农业资源丰富，因此，农民专业合作组织要着重考虑分散农户生产的大宗农产品长距离运输和销售问题，宜采用"合作社＋企业＋农户"的合作组织模式，合作社自己兴办的企业与农户成为真正的利益共同体。从发达国家农业发展看，农民专业合作社在逐步壮大后，直接兴办从事农产品加工、销售、贮藏、运输等活动的企业是必然趋势。

五是完善利益联结机制，培育农民增收新模式。促进农业产加销紧密衔接、农村一二三产业深度融合，推进农业产业链整合和价值链提升，让农民共享产业融合发展的增值收益，培育农民增收新模式。支持供销合作社创办领办农民合作社，引领农民参与农村产业融合发展、分享产业链收益。创新发展订单农业，支持农业产业化龙头企业建设稳定的原料生产基地，为农户提供贷款担保，资助订单农户参加农业保险。鼓励发展股份合作，引导农户自愿以土地经营权等入股龙头企业和农民合作社，采取"保底收益＋按股分红"等方式，让农户分享加工销售环节收益，建立健全风险防范机制。加强农民合作社示范社建设，支持合作社发展农产品加工流通和直供直销。通过政府与社会资本合作、贴息、设立基金等方式，带动社会资本投向农村新产业新业态。实施农村产业融合发展试点示范工程。财政支农资金使用要与建立农民分享产业链利益机制相联系。巩固和完善"合同帮农"机制，为农民和涉农企业提供法律咨询、合同示范文本、纠纷调处等服务。从国际经验看，股份合作制的农民合作组织应成为我国农民合作组织发展的重要取向。

3. 加快发展农副产品加工业，依靠农业产业化带动增收

一是大力培育农副产品加工龙头企业，形成规模竞争力。农副产品加工龙头企业一方面通过规模经营，辐射和带动广大农户，加工转化农产品，实现与"农"的有效对接；另一方面通过科技开发和技术创新，对农产品进行精深加工，实现多次增值，将资源优势转化为经济优势。培育农副产品加工龙头企业的途径有两条：一是对现有的有一定规模、市场前景广阔的骨干农副产品加工企业进行重点扶持，扩大规模，创新机制，做大做强；二是将已有一定影响但分散于各家各户经营的小企业联合起来，通过成立协会或集团，形成规模，争创品牌，逐步发展成为龙头企业。培育农副产品加工龙头企业时要注意把握"三个结合"：龙头企业的发展要与乡镇企业结构调整相结合；龙头企业的发展要与农业结构调整相结合；龙头企业发展要与小城镇经济发展相结合。

二是开展精深加工和综合利用，推动农产品加工业转型升级。加强农产品加工技术创新，促进农产品初加工、精深加工及综合利用加工协调发展，提高农产品加工转化率和附加值，增强对农民增收的带动能力。支持粮食主产区发展粮食深加工，形成一批优势产业集群。开发拥有自主知识产权的技术装备，支持农产品加工设备改造提升，建设农产品加工技术集成基地。大力开发特色农产品的品种选育与保护技术、现代集约化种养技术、提质降耗技术、贮藏保鲜技术、加工技术等，从而使农产品及加工品的品质不断提高、竞争力不断增强。

三是建立健全现代农产品市场体系，加强农产品流通设施和市场建设。健全统一开放、布局合理、竞争有序的现代农产品市场体系，在搞活流通中促进农民增收。加快农产品批发市场升级改造，完善流通骨干网络，加强粮食等重要农产品仓储物流设施建设；完善跨区域农产品冷链物流体系，开展冷链标准化示范，实施特色农产品产区预冷工程；推动公益性农产品市场建设；支持农产品营销公共服务平台建设；开展降低农产品物流成本行动。促进农村电子商务加快发展，形成线上线下融合、农产品进城与农资和消费品下乡双向流通格局；加快实现行政村宽带全覆盖，创新电信普遍服务补偿机制，推进农村互联网提速降费。加强商贸流通、供销、邮政等系统物流服务网络和设施建设与衔接，加快完善县乡村物流体系。实施"快递下乡"工程。鼓励大型电商平台企业开展农村电商服务，支持地方和行业健全农村电商服务体系。建立健全适应农村电商发展的农产品质量分级、采后处理、包装配送等标准体系。深入开展电子商务进农村综合示范。加大信息进村入户试点力度。

四是加大品牌宣传推介力度，推进品牌农业快速发展。在农副产品品牌宣传、推广方面，农业企业要充分利用报纸、电台、电视、网络等媒介以及农交会、农洽会、农博会等活动，加大品牌宣传及炒作力度，提高产品市场知名度。要对现有部分农产品品牌先整合，再推广，提高品牌农产品的整体实力及市场影响力。政府要加强管理和保护。要以"质量、诚信、效益"为准则，做好企业、政府和农户三者之间的衔接工作，充分协调三者在创名牌过程中产生的各种关系，加大对农业名牌的保护力度，维护正常的市场经济秩序，从而保证名牌产品的市场竞争优势。

（三）积极创造条件提高农村居民财产性收入

房屋租金收入、转让承包土地经营权收入、集体分配股息和红利是农村居民财产性收入的三大主要来源。

1. 培育和规范农村房产交易市场，提高租金收入

农村房屋进入市场流转是深化农村产权制度改革，建立城乡统一房产市场体系的需要。现在，江苏农村居民的房屋财产还不能进入房产市场流通，应尽快修改、完善相关法律、法规，使农村集体土地所建房屋能够合法转让与出售。农村居民房屋租赁，盘活了居民闲置资产，有效提高了农村居民收入。公安、工商和税务等部门应按规定从社会综合管理需要的角度，参与对农村房屋租赁市场的管理。健全和创新房屋租赁市场运行机制，将行政管理、公共服务职能与市场自身，按照经济规律所需要的服务职能区分开来，明确职责，进一步推进服务农村房屋租赁工作的有序开展。

2. 构建农村土地产权交易市场，提高土地资本收入

对农民而言，土地既是生产要素，也是农民财产性收入的主要来源。近年来，转让承包土地经营权收入是江苏农村居民财产性收入的主要增长点。运用市场机制、实现土地的市场化流转是保障农民土地权益的主要手段。由于土地流转信息的单向性，土地转包方和承包方难以有效对接，一定程度地影响了部分地区农村土地经营权流转工作的顺利开展。因此，有必要构建规范的农村土地承包经

营权流转中心、交易所和有形市场，以转包、出租、互换、转让、股份合作等形式流转土地承包经营权，提供包括价格指导、利益关系协调、合同签订指导、法律咨询等在内的土地经营权流转服务。农村土地产权交易市场，有利于形成农村土地流转的市场竞价机制，形成农村土地流转的价格指数和农村土地流转指导价格体系，实现转包方和承包方土地流转交易信息的对称性，通过市场比较发现土地承包经营权流转的不同价格基准，从而使双方根据市场供求关系、区位优劣、规模大小、年限长短、合理确定土地经营权流转价格。

针对目前众多农户土地零星分散，不利于现代农业投资经营者有效利用的现状，可以通过大力发展农村土地合作社、土地银行、农村地产开发经营公司等农村土地产权市场中介组织整合土地并招标出让，从而有效提高土地利用率。通过农村土地合作社，部分农户放弃家庭小规模农业生产经营，其土地经过地产评估折股集中到合作社，合作社整合土地，通过招商引资，发展现代大农业。土地银行主要经营土地的存贷业务，以支付转让费或存地利息的方式从农民手中获得零星土地，经过整合，以高于存地利息率的贷地利息率，出让给现代农业投资经营者。

3. 拓宽、创新村级集体经济发展，增加股份分红

农村集体经济是保证农民利益、引导农民进行社会化生产、逐步消除小农意识的基本途径。

一是创新村级集体经济组织形式。凡是以农民为主体进行资产联合与劳动联合，实现共同经营、民主管理、利益共享的经济组织和经营方式，都是农村集体经济的实现形式。主要包括村级资产的承包及租赁经营、村办集体企业、农民专业技术协会、农民专业合作社、农户+公司（企业）联合体、社区股份合作社、合作社+公司等。要加大农村社区股份合作、土地股份合作、农业专业合作"三大合作"改革力度，鼓励和支持股份合作经济组织积极参与"三化"（资源资产化、资产资本化、资本股份化）建设，使股份合作经济成为农村集体经济的基本实现形式，股份分红成为农民增加财产性收入的重要途径。

二是拓宽村级集体经济发展路径。发展资源开发型经济。利用"四荒"、水面等资源，大力发展特色产业和"一村一品"。充分发挥地理及农业资源优势，鼓励村集体直接开发或以租赁形式发展集体所有的高效设施农业，发展"农家乐"、生态休闲等观光农业，增加村级集体收入。

发展资产经营型经济。对集体原有闲置的或低效使用的办公用房、厂房、废弃学校等各类房产进行整修或翻建；对村公共服务中心等公益性集体资产进行出租；清理村部、仓库、机械设备等集体其他固定资产，采用租赁、拍卖转让及折价入股的方式盘活、挖掘存量物业资产价值，搞活存量物业租赁经营。鼓励村集体利用非农建设用地、村级留用地以及村庄整治、宅基地复垦节余土地，以

自主开发、合资合作等方式建设集体物业项目。

发展为农服务型经济。鼓励村集体经济组织创办农民专业合作社等服务实体。积极组织、充分利用本地资源优势吸引外部资金和技术前来投资开发，村集体可直接进行联合投资开发，也可为相关工业企业提供配套服务产品的生产。

发展异地发展型经济。有条件的村集体可在经济开发区或工业集中区统筹建设集体物业项目，如投资建设标准厂房、商业用房等，扩大村级集体资产，增强二三产业发展的后劲。

三是加大村级集体经济的政策扶持力度。财政方面，设立财政专项基金，采取补助的方法对有利于村集体经济发展的农业产业化、农业基础设施、土地整理、宅基地复垦、农业综合开发等项目给予扶持和奖励。土地政策方面，重点是落实好村留用地政策，各级政府要为村集体经济发展优先安排落实用地指标；宅基地整理复垦所增土地归集体所有。金融方面，加大对集体经济的信贷支持力度及小额贷款贴息力度；探索集体资产使用权质押贷款的有效途径；允许村经济合作社参股村镇银行、小额贷款公司，有条件的可组建村级资金互助组织。落实税费优惠，对村集体经济项目按规定进行税费的减免、返还和奖励。

四是加强村级集体经济管理。集体资产是农村集体经济发展的强有力支撑，实现农村集体资产的制度化管理是防止集体资产流失的制度保证。建立健全农村集体资金、资产、资源管理制度，规范和完善村级集体经济民主管理，健全财务管理制度，确保集体资金、资源、资产的安全。加大回收债权力度，积极化解村不良债务。全面清理村级各类债务，建立村级债务台账。对不良债务按照"化旧债、控新债"的原则进行化解、处理。通过收欠还债、核销减债、置换抵债、盘活销债、筹资切债、拍卖还债、划转冲债、减息止债等多种途径对旧债进行有效化解。建立新增不良债务责任追究制，要将控制和化解村级债务纳入村干部工作实绩考核的内容。

4. 鼓励、引导农村居民理性投资，提高投资收入

资本市场风险大，与城镇居民相比，农村居民抗风险意识较弱，更倾向于储蓄等传统性的、无风险的理财方式。为鼓励农村居民通过合理投资，扩大财产性收入，应在农村推广普及基本的投资理财知识，强化农村居民投资意识。加强农村信息化建设，充分利用传媒的大众宣传优势，举办各种公益性的理财知识讲座和培训，为农村居民讲授投资股票、基金、保险、债券等金融产品的理财知识，提供理财咨询服务，鼓励、引导农村居民适度开展多渠道理性投资。债券型基金是一种低风险但相对高收益的投资理财产品，适合广大农村居民稳健型投资的需要。偏股型基金是一种中高风险的投资理财产品，适合部分有一定风险承受能力的农村居民参与。金融机构也应结合农村居民的实情，提供收益稳定、风险小的

投资品种。

（四）加大政策力度提高农村居民转移性收入

1. 建立综合性收入补贴与农产品价格、农资价格的联运机制

目前，农业政策补贴主要有综合性收入补贴、专项补贴和最低收购价政策等。其中，粮食直接补贴、农资增支直补作为综合性收入补贴政策，着眼于对种粮农民进行收入补偿。专项补贴主要包括良种补贴政策、农机具购置补贴，着眼于对农民生产行为的引导，改善农民的生产方式。最低收购价政策主要是对通过粮食市场出售粮食的农户进行补贴，着眼于稳定粮食市场的供给。

进一步落实种粮、农资综合、良种、农机购置补贴，逐步提高补贴标准，完善补贴政策，新增补贴向规模经营主体倾斜。

一是加大粮食主产区粮食直接补贴力度。继续增加对粮食主产区农民的粮食直接补贴资金，增量资金主要向种粮大户倾斜，鼓励专业化经营。按承包地面积进行粮食补贴，促进农民合作经营和耕地的规模经营，从而提高土地的利用率和粮食生产的专业化。可以从粮食风险基金中拿出一部分资金用于粮食专业合作组织的直接补贴，鼓励该组织的发展，保护种粮农民的利益。

二是调整良种补贴，扩大农机补贴。直接把粮食主产区的良种补贴调整为收入补贴，并入粮食直接补贴之中，这样可以在使农民收入不减少的情况下，节约政策的实施成本。政府有关部门应加强良种知识的宣传力度，鼓励种子企业与农户共建"良种使用示范田"，引导农户选择良种，以提高农产品的产量和质量。进一步扩大农机补贴的范围，但增量资金应向种粮大户、农机专业户和专业合作组织倾斜，以鼓励规模经营、专业化经营和合作经营，提高资源的配置效率。

三是调整保护价政策的具体实施办法。采取保护价与直接收入补贴相结合的政策，既保护粮食等重要农产品的生产能力，又适当增加农民收入。制定农产品的最低收购价格，将补贴直接支付给农民。严格执行粮食最低收购价格和临时收储政策，加大粮食收购金支持力度，确保售粮款及时兑付。有条件的地方实施粮油保护价收购的价外加价补贴政策。

此外，还要进一步加大高效设施农业、农业产业化经营、农村合作经济组织、农业科技创新与推广、农民就业创业、农田基本建设等专项资金投入。

2. 扩大政策性农业保险

在当今世界众多发达国家与发展中国家里，农业保险作为农业风险补偿的一种机制，已成为政府支持农业发展的一个重要手段。实行政府参与对农业保险提供保费补贴的农业保险支持政策，目前已成为世界农业政策的重要走向。进一步完善针对农业保险和农产品购销的专项补贴，建立农业保险与灾害救助相结合的

农业抵御机制，降低农民因灾害而带来的收入不确定性。鼓励保险公司增设高效设施农业及其种植养殖保险新品种，保费可以由市、区县两级财政、村集体经济组织及经营主体共同承担。农村居民社会保障机制完善的相关内容将在本章另做作阐述，此处不再赘述。

需注意的是，我国区域经济、社会发展水平的差异较大，受地方财力限制，经济落后地区地方政府的转移支付能力相对较低。且这种转移支付能力的限制较难在短时期内通过地区自身的经济发展得以解决，因此，中央政府及省政府应在统筹发展的思路下，通过政府间的转移支付加大对经济落后地区的支持力度，提高其转移性支付能力，提高农村居民转移性收入。

二、优化农村收入分配结构，夯实消费基础

党的十八届三中全会通过的《中共中央关于全面深化改革若干重大问题的决定》明确指出："规范收入分配秩序，完善收入分配调控体制机制和政策体系，建立个人收入和财产信息系统，保护合法收入，调节过高收入，清理规范隐性收入，取缔非法收入，增加低收入者收入，扩大中等收入者比重，努力缩小城乡、区域、行业收入分配差距，逐步形成橄榄型分配格局。"①

（一）提高劳动报酬在初次分配中的比重

创造更多条件提高农村居民劳动报酬，使劳动报酬增长与GDP增长相适应；逐步提高劳动报酬在初次分配中的比重。确立生产要素按贡献参与分配的原则，使各种生产要素能在市场中公平竞争、公平参与收益分配，调动各方面的积极性，使有知识、有技能、有特长、懂管理的人首先能进入到中等收入组。农民工在城市所从事的职业大多数是技术含量少、文化要求低、无资金投入的行业，如维修工、建筑工及其他服务行业等，在农村确立生产要素按贡献参与分配的原则，可以吸引农民工回乡创业，推动农村经济发展。同时坚持效率优先、兼顾公平的原则，按效率分配，就是按能力、按人才资本能力分配，真正把劳动报酬和劳动效率挂钩，使农民能凭自己的能力和业绩步入中等收入行列。

（二）加大再分配调节力度

加快健全以税收、社会保障、转移支付为主要手段的再分配调节机制，以增加低收入者收入、扩大中等收入者比重为重点，进一步优化收入分配格局。积极

---

① 共中央关于全面深化改革若干重大问题的决定[EB/OL]. http://www.gov.cn/jrzg/2013-11/15/content_2528179.htm，2013-11-15.

培育和壮大中等收入组农村居民规模,为增强社会消费能力提供牢固基础。特别要重视农村中下收入组的收入水平,继续坚持"多予、少取、放活"的方针,全面落实好强农惠农政策,加大农业投入,注重农村基础设施建设。提高对低收入群体的转移支付,重点加大对欠发达地区农村居民的支持。

(三)大力发展社会慈善事业

第三次分配是非政府行为,但是需要政府政策的引导,需要有配套的良好的制度环境。鼓励富人和企业建立独立于政府的法人慈善组织,逐渐形成广覆盖的第三次分配主体市场。发展慈善事业,应该汲取西方发达国家的成功经验,逐步实现慈善组织的民间化、规范化和自治化。西方国家从事慈善活动的非营利组织发展迅猛,其重要原因之一就是政府对非营利组织给予减免税政策。美国税法规定,对所有的慈善组织均免除财产税、增值税、销售税和其他直接的税收形式。这些非营利组织既可以为社会创造公共利益,又可以减轻政府的负担,应该享受有利的税收待遇。因此,政府应出台相应的慈善捐赠减免税收政策。应当以相关的法律、法规、制度为监管依据,确定相应的管理部门,依法行使监管权,如慈善组织成立的审批、对社会捐赠活动和慈善基金会的监督等。

三、健全农村社会保障机制,缓解消费不确定性

总体上讲,现阶段我国农村社会保障体系的覆盖面较窄,保障水平也不高,造成农村居民对未来生活缺乏安全感,因此储蓄倾向强,不敢轻易去消费,更不用说提前消费。完善农村社会保障体系的建设,既是扩大我国农村居民即期消费的重要举措,又是扩大农村内需的有效制度保障。农村社会保障重点做好农村合作医疗保险、养老保险、被征地农民保障、农民工保障、最低生活保障"五保"惠民工作。

(一)加快推进新型农村合作医疗制度

发挥政府主导作用,建立多层次的农村医疗保障制度,如合作医疗、医疗保险、医疗补贴和大病统筹,重点工作是加快推进新型农村合作医疗制度(简称新农合)。新农合是在政府主导下具有国家福利和社会保险特征的合作医疗制度,已经成为现阶段,我国农村居民基本医疗保障的重要实现形式。新农合使农村居民有钱看病,敢于看病,彻底改变了以前农村"小病扛,大病挨,因病致贫,因病返贫"的局面,保障了农村居民的基本医疗需求,改善了农村居

民的健康状况。

一是推进新农合的"两提两扩"。新农合的"两提两扩"即提高补偿比例，提高最高支付限额，把门诊费用逐步纳入报销范围，扩大重大疾病保障水平的病种和试点地区范围，逐步将治疗效果好、费用负担较重的大病纳入新农合保障水平的试点范围，减轻农村重大疾病患者的个人医药费用负担。

二是简化新农合的报销手续。农民看病后报销手续烦琐，报销地点单一，直接影响着农民对新农合工作的积极性和认同感。因此，要进一步简化新农合报销手续、增加报销地点。建设一套县、市共用的合作医疗报销体系，农民只需到离家相对较近的乡镇报销系统服务终端处办理。

三是加大新农合的财政支持力度及基金监管力度。加大中央和地方财政对新农合的支持力度和补贴水平，尤其是加大中央政府对新农合的财政投入力度，强化中央政府的主导地位，减轻地方政府的财政负担。要不断加大针对新农合资金流动过程的监管力度，加强对基金的取得、保管、使用等具体环节的监督，尤其重视各地区具体收支和费用补偿情况的统计，对新农合基金专户进行动态审计，保证专户资金的安全。完善相关法规，使新农合的监督实施有法可依，有章可循，使新农合基金真正发挥作用，从根本上解决看病贵、看病难问题。

四是加强药品采购管理。为杜绝小病大治、不合理用药、药价高等现象，限制农村医疗机构的乱开药行为，要加强药品采购管理。所有医疗机构药品必须实行集中招标采购，统一配送，严格控制乡镇卫生院（所）药品售价；严格执行国家基本药品目录，实行目录用药管理，规范用药行为，对不合理的用药和项目及时进行审减规范。在保证用药安全的同时，降低药品成本，降低农村居民的医药费用负担。

五是健全农村医疗服务网络。为有效方便农村群众看病就医，应建立和健全以县级医院为龙头、乡镇卫生院和村卫生所为基础的农村医疗卫生服务网络。县级医院承担基本医疗服务及危重急症病人的抢救，负责对乡镇卫生院、村卫生所卫生人员的进修培训；乡镇卫生院负责常见病、多发病的诊疗等综合服务；村卫生所承担村民一般疾病的诊治。需强调的是，要进一步发挥村、镇卫生院（所）等基层农村医疗机构的医疗服务功能。加大政府财政投入，引进先进设备，吸引大学生到乡镇卫生院工作，加强村、镇卫生院（所）的基础设施建设和人才建设，提高村、镇卫生机构的医疗条件及医疗技术水平，实现"常见小病当地治，大病才去城市大医院医治"的就医格局，即便需要去大医院动手术，也可以在术后回到乡镇卫生院（所）进行后续治疗护理和康复训练，有效引导病人向农村基层合理分流。

（二）建立多元化的农村养老保障体系

积极探索建立与江苏经济社会发展水平相适应的农村养老保障制度，构建以农村社会养老保险制度为核心，以家庭保障和社区保障为重要补充的农村社会养老保障制度体系。目前，我国农村养老保障主要有四种类型：新型农村养老保险（社会养老）、家庭养老、社区养老和机构养老。

1. 全面推进新农保

贯彻广覆盖、保基本、多层次、可持续原则，全面推进新型农村居民养老保险制度。

一是加大宣传推广力度。在新农保政策推广过程中，各乡村干部、大学生村官要积极发挥好宣传员的作用，坚持"应保都保，广覆盖、可持续"的原则，开展新农保宣传工作。要走家入户，真正面对面地对群众进行宣传，充分运用广播、横幅、标语、黑板报、橱窗、宣传栏、手机短信和发放宣传资料等多种形式，不断扩大宣传的普及面；同时，要重点在村两委干部宣传好的基础上，进而全面发动广大党员、村民代表向群众进行宣传。要重点针对群众怕吃亏的思想及存在顾虑的实际，有针对性地从参保的好处、不参保的坏处、不及时参保的弊端等方面，与群众算参保与不参保的经济对比明白账，让群众看到新农保的优势所在；同时，可以发挥老党员、老干部的典型带头作用，彻底打消群众的入保顾虑，提高新农保的覆盖率。

二是实行政府、个人、集体多方筹资。实行由政府组织，强制实施，政府、个人、集体多方筹资，基础养老金与个人账户养老金相结合的，以地（市）级以上统筹层次为主的新农保。其中，基础养老金由中央、省（市）、地（市）三级财政的补贴组成，个人账户养老金由个人缴费和集体补助、乡级财政补贴、县级财政补贴（转入基础养老金）及利息组成。

政府筹资为基础。突出财政的公共性特征，中央财政、地方财政都要适当调整财政支出结构，提高财政对农村社保资金支出规模和比例，以持续保证财政对参保农民的个人缴费补贴和基础养老金支出。以个人筹资为主，通过农村集体土地资产化运作，开辟农民参保缴费渠道，充分利用土地的开发收益筹集农民参保资金。以集体筹资为辅，提高集体筹资能力，充分发挥集体补助对新农保的促进作用。关键是要努力壮大农村集体经济实力，增强新农保的集体补助能力。此外，可以借鉴福利彩票、体育彩票的经验，发行养老保障彩票，从社会广泛募集资金。

三是加强、规范新农保基金管理。目前，各级部门将重点放在新农保保费的收缴、发放上，而对于新农保基金的正规管理和运营则缺乏必要的规制。新农保基金是农村社会保障体系维持的经济基础,因此,要进一步加强新农保基金制度的法制化建设,尽快研究制定相关法律法规,保证新农保基金管理有法可依,减少管理环节、明确相关部门和人员的保管、监督责任。

新农保基金能否保值增值,能否使农民得到预期的收益对农民参保与否起着决定性作用。因此,尽快建立健全新农保基金的运营和管理制度十分重要。要实现新农保基金保值增值,必须健全完善的投资机制,实施多元化的投资,既可以投资于公司债券、股票,国债和储蓄存款,也可以投资于不动产或者直接投资,分散投资风险,获得稳定收益的目的。

新农保基金必须在确保安全的基础上实现保值增值,完善新农保基金投资运营的风险预警和防范机制,不仅需要建立和完善投资风险评估、风险预警和风险管理决策机制,而且还需要建立、健全新农保基金投资运营的监管机制。新农保基金监督管理体系包括行政监督、专门监督、社会监督和管理经办机构内部监督四个方面。各级劳动和社会保障部门应积极与财政、审计、地税、中国人民银行等政府的有关行政部门建立协同监管机制,切实负起新农保基金行政监督的责任。

2. 家庭养老仍将是农村居民养老的主要模式

家庭养老是我国延续了数千年的传统养老方式,是与传统大家庭和以家庭为单位的小生产相联系的一种方式。中国传统的家庭养老,不管社会如何发展,都不会被社会养老完全代替,特别是在农村。现阶段,以政府为责任主体的新农保只是农村养老的一种主要补充形式,家庭养老很长时期内仍将是江苏多数农村居民养老的主要模式。社会养老保险制度的推进使得家庭不再是居民的唯一养老责任主体,但其仅限于提供维持最基本生活水平的经济支出。家庭养老的主要内容包括子女向自己年老的父母提供经济支持、日常照顾和精神上的慰藉。

国家政策对农村养老的有效支持,除社会养老保险制度试点外,也可通过家庭扶持的形式来实现。政府制定扶持政策,强调家庭承担第一位养老保障责任,以使家庭保障发挥出应有的功能。通过舆论、政策手段的积极引导,积极宣传尊老敬老的典型人物,对侵犯老人合法权利的行为给予揭露和批评。在国家鼓励更多的年轻人承担赡养老人义务的同时,应该对那些积极响应号召的年轻人,在经济利益上给予必要的奖励补偿。同时,辅之以必要的立法:确保子女对父母的赡养。要把农民养老纳入法制化轨道,使老年人的赡养权益和子女应尽的义务具体化和公开化,以便于实际操作和监督。

3. 推进农村社区养老服务体系的发展

农村社区养老是指以乡村为载体,以社区基层组织为主导,充分发挥政府、社区、家庭等多方面的力量,为农村老年人的安老、养老提供支持,使老人在熟悉的环境里得到必要的帮助和照料。社区养老通常被比喻为"村庄化"的社会养老：是家庭养老与社会化养老之间的承接，以家庭养老为主，社区机构养老为辅，帮助老年人在家安度晚年。农村社区养老解决了在养老院养老亲情淡薄的问题，又解决了因农村家庭养老功能弱化导致传统居家养老状况恶化的难题，是一种介于家庭养老和机构养老之间的新型养老模式。

一是丰富农村社区养老的服务内容。农村社区养老服务内容体系应与各地社会、经济发展水平一致。条件好的地区社区养老服务内容可丰富一些，满足老年人更高层次的生活需求，条件差的地区则需以满足老年人基本的生存需求为服务重点。总体上讲，各地农村社区养老服务的内容最起码包括生活照料服务、医疗保健服务和精神慰藉服务。其中，生活照料服务，即照顾老年人的日常生活起居，这是最基本、最核心的助老服务。医疗保健服务，主要以乡镇卫生院和村卫生所为依托，专业医护人员定期为社区的老年人提供日常健康检查、日常护理讲座、心理咨询和上门送药、打针等服务。精神慰藉服务，主要是开展各种活动来丰富老年人的精神文化生活。

二是构建多元化的农村社区养老服务载体。农村社区养老服务主要依靠农村各类社区组织，包括：①由村民委员会组织开发的社区资源，形成社区集体公益金，发展农村社区公共养老服务；②利用集体的土地或其他农村社区资源发展起来的社区集体经济组织，如集体企业，为农村居民提供集体养老福利；③农村合作经济组织通过合作组织实体化，稳定和扩大农村社区集体的收入；④通过其他社区组织，如农村老年协会，既可以沟通、化解和传递老年人的需求和意见，也可以开展志愿者活动，为农村老年人提供生活服务，促进农村社区养老保障的社会化和专业化。

三是提高专业服务水平，激发工作热情。农村社区养老工作人员主要由专职社工和志愿者两部分构成。其中，专职社工主要由地方民政部门招聘录用，建立职业资格准入等管理制度，提高社区养老服务队伍专业化水平。志愿者则主要是农村社区的中青年人或低龄老人。将志愿者在社区养老服务所花费的劳动以时间为单位记入个人服务储备账户，等到其年老需要他人服务时，就可以从其服务储备账户中支取等值的服务时间。这种"时间储蓄"的方式既可以促进公众道德的提高，同时也符合农村财力紧张的现状。

四是加大农村社区养老的公共财政支出力度。农村社区养老应纳入公共财政支出范围，加大公共财政向农村倾斜。政府除了直接增加资金投入外，在发展农村社区养老服务的过程中，还要积极发挥其宏观调控职能，有计划地推进农村社区养老的持续发展。

4. 加快农村养老机构的建设步伐

机构养老是指将老人集中在专门的养老机构（主要指养老院、敬老院等）中养老的形式。目前，我国选择机构养老的农村居民比例极低。一方面是个人原因，包括"想生活在亲人身边""去养老院没面子"等；另一方面是养老机构问题，农村现在的敬老院养老对象基本上只面向五保老人，且数量有限，远不能满足众多农村老人的实际需求。而私立养老院，服务好的收费高，收费低的管理不太好。尽管，目前我国农村居民愿意选择机构养老的比例不高，但随着时间推移，机构养老需求会越来越多。

一是注重社会化养老的宣传工作。通过新闻媒体倡导全新、健康的养老观念，增强农村老人对社会养老的了解和认知程度，从根本上转变养老观念。

二是打破现有的农村养老机构仅为五保老人服务的制度。扩大农村养老机构服务对象，实现对残疾、无偶、空巢等需要专业护理和长期照料的老人进行集中赡养的制度。

三是建立多元化发展体制。鼓励社会团体、企业、民间组织、集体组织或个人筹建、运营养老机构，实行"公办民营"和"民办公助"的发展模式。但须注意，在多元化体制的运作中要坚持突出养老机构"社会福利"的特性。

四是整合现有民政、卫生资源。乡镇卫生院的医护人员可在养老机构内兼职，为老人就医和康复保健提供专业服务，一定程度上也缓解了养老机构内人力资源不足的问题。

五是进一步提高农村养老机构的管理水平。建立一支责任心强、业务素质高的养老机构管理和服务人员队伍。民政部门应对从业人员实行岗前培训、持证上岗、定期考核和资格认证机制，保证为老人服务的专业化和规范化。

（三）切实解决被征地农民社会保障问题

中国科学院地理科学与资源研究所研究员刘彦随指出："2012 年我国城市建设用地达 3 500 万公顷，约为 5.25 亿亩，但是，农村的建设用地是这一数字的 4 倍，与此同时，一年有 1 300 万人口进城，这导致一年有 260 万农民失地。2012 年我国有 1.12 亿失地农民。"目前，我国各地对被征地农民安置主要有商业保险与一次性货币安置相结合；纳入农村社会养老保险；采取留用地安置；集中投资，定期分红；采取就业帮扶这五种方式。多种安置的方式，从一定程度上缓解了被征地农民基本生活面临的困境，但存在一定风险性和不确定性，缺乏长期保障。

1. 提高征地补偿标准，建立合理补偿机制

我国目前的征地补偿是按照土地在被征收前的用途进行补偿的，且补偿费用

计算的基准是土地前三年的平均产值。土地既是农村居民的生产资料，又是其社会保障。因此，对失地农民进行补偿时，不仅要考虑土地被征收前的价值，还要考虑到土地被征收之后产生的增值部分；既要补偿土地因征收而产生的现有损失，还要补偿农民失去土地后产生的生活风险成本和再就业成本。

　　合理确定土地补偿要考虑到以下两个因素：一方面，对于被征用的土地要进行合理的定价。征用集体土地应该体现市场机制和经济规律的原则，要以土地的市场价格为参考来确定征地补偿费用。改革现行的按土地的农业产值来计算的补偿标准，改征地补偿为征地赔偿。作为征地主体的政府和作为土地所有者的集体及土地使用者的承包农户按照市场机制进行交易，充分体现土地所有权和使用权的物化价值。以市场价值为基础，对被征用的土地进行科学的评估，寻找国家、集体和个人三者利益的平衡点，合理推算出该区域土地的平均成本，并在这一成本的基础上最终确定被征用土地的补偿费用。另一方面，征用补偿除了根据土地的市场价值，考虑到土地所有权收益外，而且要考虑到土地的可预期的未来价值以及给经营者带来的损失。只有提高现行的补偿标准，才能为失地农民社会保障制度的实施筹集充足的资金。

　　2. 建立全面的社会保障体系，保障失地农民的基本生活

　　失地农民社会保障体系主要由失地农民的养老保险、医疗保险、最低生活保障及失业保险四方面组成。

　　一是设立失地农民社会保障基金。按照"先保后征、即征即保""保基本、广覆盖、有弹性、可持续"的原则，将被征地农民全部纳入相应的社会保障体系。将在城市规划区内的失地农民纳入城镇社会保障体系；在城市规划区外的失地农民纳入农村社会保障体系。

　　设立失地农民社会保障基金，是建立失地农民社会保障制度的关键。失地农民社会保障基金由政府、集体及失地农民三方共同出资。政府资金或是由政府按失地农民数进行专项财政补贴；或是从政府土地出让金收益中提取；或是在有偿转让土地时，按标准提取资金。集体资金主要从土地补偿费和集体经济积累中提取。失地农民承担小部分，从征地补偿款中拿出部分资金投保，建立个人账户。需注意的是，失地农民专项社会保障基金应当直接拨到农民个人账户，做到专款专用。征用土地收益在农民、集体和国家之间进行合理分配，分配时应本着农民经济利益的原则，坚持征地收益向失地农民倾斜。

　　失地农民采取"分年龄段"的养老保险模式，鼓励各地政府在财力允许的前提下，实行社会保险缴费补贴政策。其中，劳动适龄被征地农民全部纳入城镇企业职工基本养老保险。已达退休年龄的失地农民由地方政府和集体经济组织为其一次性交纳养老保险统筹费，个人账户部分以不超过安置补助费为限缴

纳。处于退休年龄段的失地农民可由政府和集体经济组织为其一次性缴纳养老保险统筹费，但个人账户不享受退休年龄段的待遇。征地时未满 18 周岁的被征地人员或在校学生，办理"农转非"，待其进入劳动力市场：作为城镇新生劳动力同等对待。

随着经济发展水平的提高，养老保险金的缴纳标准和养老金的发放标准也要进行调整，使失地农民既有能力履行缴费的义务，也能分享经济发展的好处。与此同时，政府应当建立相应的失地农民养老保险风险基金，用于应对突发紧急情况，或根据物价水平适时调整保障水平，确保失地农民养老保险资金的保值增值。

二是采用灵活多样的医疗保险模式。目前，全国各地失地农民医疗保险模式有：①失地农民参加城镇职工基本医疗保险。以哈尔滨市为例，失地农民参加基本医疗保险和住院医疗统筹的同时，须按规定参加大额医疗救助，对农村特困群众实行大病救助制度。②失地农民参加新型农村合作医疗。这是目前我国比较常见的一种失地农民医疗保障方式。以青岛市为例，符合条件的失地农民凭本人户口簿在户籍所在镇、乡政府自愿报名参加新型农村合作医疗。③失地农民建立专用医疗保险制度。以苏州市为例，失地农民可参加征地保养人员基本医疗保险，包括门诊医疗包干和住院医疗保险，其中，征地保养人员住院医疗保险统筹基金专户，实行专户管理，专款专用。失地农民在城镇就业，办理城镇职工基本医疗保险后，暂停享受征地保养人员住院医疗保险待遇，改为享受城镇职工基本医疗保险待遇。上海市要求被征地人员的安置补助费，首先要支付一次性缴纳不低于 15 年的基本养老、医疗保险费。④失地农民参加城乡一体的医疗保险。镇江市自 2003 年开始建立城乡一体的合作医疗保险制度。⑤自愿参加城镇居民基本医疗保险或新型农村合作医疗。浙江省失地农民医疗保险没有固定的模式，较为灵活。已经在城镇实现就业的失地农民参加城镇职工基本医疗保险；未就业的失地农民，可参加新型农村合作医疗也可以灵活就业人员的身份参加城镇职工基本医疗保险。

综合比较我国各地区城镇居民基本医疗保险和新型农村合作医疗，两者筹资标准和保障水平有明显差异，前者的个人缴费及报销待遇明显高于后者。因此，确定失地农民的医疗保险方式要充分考虑到当地的经济发展水平。经济发达地区，可建立城乡一体合作医疗保险制度，经济落后地区，新型合作医疗失地农民缴费负担要轻得多，所以新型合作医疗保险更符合他们，如果失地农民自愿参加城镇职工基本医疗保险，当然也是可以的。

商业医疗保险作为基本医疗保险和新型合作医疗保险制度的有益补充，能够有效降低失地农民的大病风险，满足失地农民享受高水平医疗保健的需求。

三是完善失地农民最低生活保障制度。失地农民最低生活保障对象不是全体失地农民，失地农民中无法再就业，基本生活有困难或没有保障的人群，才需要政府给予基本生活保障。这些人往往年龄偏大、体力较弱，或者因为某种原因丧失劳动能力、失去生活来源。应结合当地的人均国民生产总值、人均收入、地方财政和乡镇集体的经济实力，以保障其最低基本生活为目标设计失地农民最低保障标准。失地农民最低生活保障资金由地方政府与集体共同承担，出资比例可以根据具体情况来定。其中，政府出资部分从土地出让金收入中列支，而集体补助部分从土地补偿费中列支。

四是建立失地农民就业促进保障机制。只有建立失地农民就业促进保障机制，扩大其就业途径，才能促使其生活进入良性循环的正轨。土地被征用之初，大部分失地农民家庭的生活水平暂时影响不大，部分家庭由于一次性征地补偿，生活水平还有所提高。但随着时间的推移，那些文化程度较低、社会适应能力较差、消费没有计划的家庭，生活会逐步陷入贫困，相当一部分失地农民处于无地又无业的生活状态。

根据失地农民个人的优势和特点，采取宜工则工、宜商则商、宜农则农相结合的就业措施，多种渠道促进失地农民就业。鼓励和引导企事业单位、社区吸纳农民就业，对招用失地农民的单位，实行收费减免、社保补贴、岗位补贴等优惠政策，用行政手段和优惠政策促使用人单位优先安排和接收失地农民。针对企业的用工需求和市场需要，开展"订单"式培训，提高失地农民培训后的就业率。那些文化程度不高、年长的失地农民转移到非农就业领域的困难较大，对其进行职业培训的难度也大，可以发挥其农业生产技能优势，通过承包农业园区、农业基地等继续从事种植养殖业；也可安排他们在城市的绿化、环保、卫生、社区便民服务等多个领域实现就业，这些工作一般不需要特别高强度的体力，也不需要太多的技能，失地农民一般都能够胜任。把有就业要求的失地妇女组织起来，举办家政服务培训等相关技能培训，使其成为家政服务人员，实现失地妇女的就业。

对于有一定经济基础且有经营头脑的失地农民，鼓励他们自主创业。这样不仅能够使失地农民自己实现就业，还能带动更多的失地农民实现再就业，形成培训、创业、就业三者的良性互动。各级政府不仅要为失地农民提供创业培训与创业咨询，包括相关法规、经营方法、营销策略、成本核算、服务技巧等；还要对自主创业的失地农民在财政、工商、税务等方面给予扶持，尤其是为失地农民提供小额担保贷款，鼓励和扶持失地农民从事二三产业的工作，减少他们的创业风险，增强自主创业的信心。

（四）构建农民工社会保障体系

1. 建立全国统筹的农民工养老保险制度

目前，我国社会养老保险主要存在三种体制，即城镇企业职工基本养老保险、城镇居民养老保险以及新型农村养老保险。农民工的养老保险，应坚持"低费率、广覆盖、可转移"原则，考虑到农民工亦农亦工的双重身份，建立"城镇职工养老+城镇居民养老+新农保"的"三元"养老保障体系，并在三种保障体系之间预留衔接口，为今后农民工养老保险关系的转移接续做好准备。具体而言，对于能在某个单位稳定工作的农民工，可以参照城镇职工养老保险的做法为其在单位缴存并且在其调转工作后养老金也能随之流转；对于已近退休年龄的农民工，用工单位一直没有为其缴纳养老保险，他们又想回到农村养老，可以考虑把他们纳入新型农村社会养老保障体系；对于没有特殊技能只是靠出苦力工作的农民工，其养老金主要由用工单位和农民工承担。

我国目前的农民工养老保险关系转移续接困难除了统筹层次较低和政策体系差异之外，还有缺乏全国一体化的个人账户管理体系。养老保险实行全国网络化管理，建立全国统一的农民工个人账户信息管理系统，每个农民工都拥有一个基本养老保险卡，分为用人单位和农民工个人两个账户。个人账户和保险权益可随农民工转移、连续计算，且不允许退保。缴费达到一定年限后，企业为农民工缴纳账户资金纳入城镇社会统筹，其个人账户继续保留；而对于在城镇工作一段时间但累积未达到法定最低年限者，返乡时可把两个账户的全部资金转移到该地区农村养老保险基金中，达到退休年龄时按月领取养老金。

2. 构建多层次的农民工医疗保险

目前我国的社会医疗保险包括城镇企业职工基本医疗保险、城镇居民医疗保险、城镇大病统筹医疗保险、新农合及补充的商业医疗保险。农民工的医疗保险，既要考虑今后留在城镇的人员与城镇职工社会医疗保险制度的接轨，又要考虑返回农村务农的人员与农村合作医疗制度衔接，还要考虑流动到其他城镇的人员医疗保险基金的转移。

对城市稳定就业且具有相对固定劳动关系的农民工，由用人单位为其缴纳医保费，纳入城镇职工基本医疗保险体系，费用采取个人、企业、政府三方负担的方式。对于进入城市从事个体经营的农民工，则参加城镇居民基本医疗保险。对于无稳定职业且流动性较大的农民工，可以将他们纳入户籍所在地的新农合保险体系，也可以按照"低费率、保当期、保大病"原则，参加城镇大病统筹医疗保险。费用可以由政府财政负担主要部分，其余的由社会筹集和农民工个体承担。对那些经常流动在不同城市，或有额外医疗保险需求的农民工还可选择市场化商业医疗保险，在社会医保模式之外起到一定程度上的补充作用，有利于我国医保体系的完善和农民工选择的多样化。要积极做好农民工医保关系接续、异地就医和费用结算服务等政策衔接。

3. 制定灵活便捷的新型工伤保险

由于农民工大多从事高危作业，发生工伤的风险较大，而在缺失有效制度安排的情况下，一旦发生变故，处于弱势地位的农民工的权益得不到应有的保障。《国务院办公厅关于促进建筑业持续健康发展的意见》（国办发〔2017〕19 号）明确了做好建筑行业工程建设项目农民工职业伤害保障工作的政策方向和制度安排[①]。未参加工伤保险的项目和标段，主管部门、监管部门要及时督促整改，即时补办参加工伤保险手续，杜绝"未参保，先开工"甚至"只施工，不参保"现象。各级行业主管部门、监管部门要将施工项目总承包单位或项目标段合同承建单位参加工伤保险情况纳入企业信用考核体系。

农民工参加工伤保险，由用人单位缴纳工伤保险费，农民工个人不缴费。用人单位为农民工缴纳的工伤保险费并入各市统筹地区工伤保险基金。农民工工伤保险实行市级统筹"五个统一"，即统一参保范围和对象、统一缴费基数和缴费费率、统一基金财务账户管理、统一工伤认定标准和劳动能力鉴定、统一待遇支付标准。

需特别说明的是建筑业、服务业等用人单位用工流动性较大，难以用现有的以工资总额为基数的缴费方式参加工伤保险，导致农民工受到事故伤害后，得不到及时工伤保险待遇补偿，用人单位有时也因此要独立承担巨额补偿。为了促进建筑业、服务业用人单位参加工伤保险，维护农民工的合法权益，分散用工风险，常州市确立了"优先参保、总量包干、定额征收、动态实名"的参保方式。因此，有必要对短期农民工实施灵活便捷的新型工伤保险，确立"优先参保、总量包干、定额征收、动态实名"的参保方式。用人单位可以根据实际用工情况确定参保人数、参保周期和参保人员名单，一次性缴清所有参保人员一个参保周期应当缴纳的工伤保险费。在一个参保周期内，用人单位可以根据人员流动情况，等量置换参保人员或者增加参保人员。其中，相关行业农民工工伤保险定额缴费标准、缴费周期由各级劳动保障行政部门根据实际情况适时调整。

除了上述养老、医疗、工伤保险外，农民工社会保障还涉及失业、住房、子女教育、生育险等问题。农民工失业保障方面，应该获得与城市职工同样的失业保险待遇权利。针对农民工流动性强，工作不稳定的实际情况，可以实行弹性制缴纳失业保险金，将缴纳时间由至少满一年变为弹性制，设置为不同的缴费时段，失业保险金全部由农民工所在的单位承担，农民工失业后，可根据企业为其缴纳保险费的期限，领取不同数额失业补助金。农民工住房保障方面，用工单位应向农民工提供必要的住房租金补贴。此外，也可在部分经济发达的地区，尝试让"住房公积金"落实到农民工主体，让他们享有同城镇职工同样的住房保障待

① 国务院办公厅. 国务院办公厅关于促进建筑业持续健康发展的意见[EB/OL]. http://www.gov.cn/zhengce/content/2017-02/24/content_5170625.htm，2017-02-24.

遇。农民工子女教育保障方面，要坚持教育公平原则，各级各类学校不能以任何理由将农民工子女拒之门外；遇到教育经费不足时，学校给予适当减免政策，政府财政也要给予相应补贴。农民工生育险保障方面，生育保险制度是针对女性农民工群体而言的社会保障。建立女性农民工生育保险制度，使其在产期不但不会丢失工作，而且生育前后也有医疗补助金的支持。

（五）推进农村最低生活保障制度建设

农村最低生活保障制度是以保障农村居民基本生存权利为目标的社会救助制度，它根据维持基本生活需求的标准设立一条最低生活保障线，是现阶段解决农村剩余贫困人口问题的现实选择。

1. 制定和调整最低生活保障标准

做好农村最低生活保障制度和扶贫开发政策有效衔接，建立农村低保和扶贫开发的数据互通、资源共享信息平台，实现动态监测管理和工作机制的有效衔接，实现低保标准和扶贫标准"两线合一"。进一步完善农村低保标准和救助水平与经济发展水平、物价水平相适应的调整机制，逐步缩小低保标准与扶贫标准的差距，最终实现低保标准和扶贫标准底线一致。在精准扶贫中，对农村无劳动能力、无生活来源且无法定赡养、抚养、扶养义务人，或者其法定义务人无履行义务能力的特困人员，给予救助供养。实现动态条件下应保尽保，将贫困人口中符合条件的对象全部统一纳入救助供养制度范围，实现"兜底保障"的脱贫措施。对患病且无能力支付医疗费用的农村低保对象、农村特困供养人员及因病致贫、因病返贫的特殊人员给予医疗救助，减轻困难群众医疗费用压力。加大医疗救助力度，提高医疗救助标准；适度提高贫困户新农合就医报销比例，降低大病保险起付线，提高大病保险报销比例；实施住院费用再救助政策，对经新农合、大病保险及各类补充医疗保险、商业险报销后，其个人负担费用进行再分类、分层次按不同比例给予救助。

2. 建立混合筹资机制

目前，我国各地农村最低生活保障资金都是由各级财政分摊，筹资渠道单一。建议建立由中央财政拨入资金、地方各级财政拨入资金、社会捐赠资金、社会互助资金、发行农村最低生活保障福利彩票等渠道组成的混合筹资机制。广泛寻求社会各界支持，鼓励和引导各类组织和个人发展社会慈善救助，提高最低生活保障资金的补助标准。

3. 加强最低生活保障资金管理

加强农村最低生活保障资金管理，坚持应保尽保。把保障困难群众基本生活放到更加突出的位置，落实政府责任，加大政府投入，加强部门协作，强化监督问责，确保把所有符合条件的困难群众全部纳入最低生活保障范围。

农村最低生活保障资金是用于保障农村低保对象基本生活的专项资金，各级财政、民政部门要强化资金的管理监督工作，确保资金专项管理、专账核算、专款专用，任何单位和个人均不得截留、挤占和挪用；对低保对象的申请、评议、审核、审批意见和实际补助水平等情况，要实行公示制度，接受社会和群众的监督。监察、审计部门要对农村低保工作情况进行监督检查。财政部门要对各地农村低保工作情况，包括保障人数、标准以及资金落实和使用管理等情况定期进行抽查。

四、建立现代农村金融制度，化解流动性约束消费制约

（一）完善农村金融组织体系，加大农村金融改革力度

1. 构建"多元并举"的农村金融组织体系，创新金融产品和服务

加快农村金融体制改革，建立现代农村金融制度，创新农村金融体制，构建一个包括政策性金融、商业性金融、合作性金融、民间金融在内的功能互补的多层次农村金融体系，引导更多的信贷资金和社会资金投向农村，如图 6-1 所示。

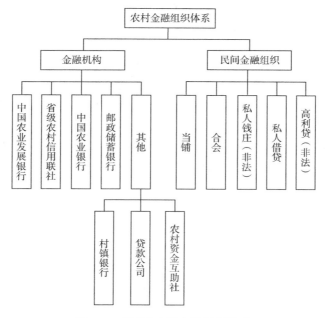

图 6-1　多层次农村金融组织体系

一是政策性金融组织。农村政策性金融以国家信用为基础，以推动国家涉农政策目标和任务的落实为导向，为农村和农业的发展提供金融产品和服务。农村政策性金融既充当政府贯彻农业政策的工具，又补充、纠正商业性金融、合作性金融的不足与偏差。

中国农业发展银行（简称农发行）是我国唯一的农业政策性金融机构。目前，许多地区的农发行的经营业务狭窄，主要局限于农业政策性信贷，以农业流通环节的棉粮油收购贷款为主，政策性金融机构的支农作用未能充分体现出来。因此，要进一步拓宽农发行业务领域，鼓励其在开办政策性支农业务的同时，向粮食产前、产中、农业基础设施建设及商业性支农领域延伸，重点满足扶贫、农村公共产品等领域的资金需求，完善政策金融支农长效机制。对于为了满足保护农民利益、加强宏观调控等需要的政策性业务而引发的亏损，中央财政和各级地方财政应予以必要补贴。

二是商业性金融组织。农村商业性金融指在农村地区发生的一切商业性或市场性的金融活动。农村商业性银行主要包括中国农业银行、邮政储蓄银行及村镇银行等。积极引导商业性金融服务于农村是提高农村金融市场化程度、完善农村金融市场的客观要求。

中国农业银行是农村金融体系中商业性金融的核心。近年来，经营业务的结构性调整使得农业银行从农村大规模撤退，基层营业网点大面积萎缩，但只是暂时现象，并不说明农村金融市场不适合发展商业化金融。随着农村工业化的发展，工业和商业企业的经营规模的不断扩大，商业化金融在农村金融市场的地位和作用日趋重要。中国农业银行应充分发挥商业性资金融通功能，围绕"三农"（产业化、城镇化、工业化），支持出口创汇型、高新技术型、旅游观光型、生态型现代农业企业的发展，支持农业产业化龙头企业的发展，支持中心镇建设，支持农村商品流通体系建设，支持农村特色资源项目开发，支持农村基础设施项目建设等。

邮政储蓄银行要充分依托和发挥网络优势，以零售业务和中间业务为主，为广大农村地区居民提供基础金融服务，与其他商业银行形成互补关系。加大对种养、加工专业户、外出打工人员及涉农资金的组织力度。依托网点优势，通过邮政储蓄异地交易渠道和通过邮政汇兑渠道把资金汇往县及县以下农村地区，改善农户的生产、生活条件。全面推广邮政储蓄小额贷款业务，改善农村金融信贷服务。近年来，相对于家庭传统农业生产的农村第二三产业资金需求量、消费信贷资金需求明显增加。因此，邮政储蓄银行要在传统贷款项目的基础上不断进行信贷业务创新，再造贷款流程。此外，随着个人金融资产的不断增加，农村居民对于银行金融服务也提出了多元化的要求。邮政储蓄银行还要逐步开展对个人和家庭提供理财、财务咨询、信用卡、证券经纪等金融服务中间业务，大力发展代理保险、代发工资、代收通信企业资费等中间业务。

村镇银行本质上是一个社区性银行，经营机制灵活、直接对当地农户提供金融服务，信贷活动交易成本低，能有效缓解农村资金运行的"虹吸现象"，填补因为大商业银行战略调整所出现的"金融服务真空"。大力发展和培育村镇银行，可以增强农村地区金融供给和服务能力，在推行小额贷款利率市场化、运作商业化的过程中发挥重要作用。村镇银行要坚持本土化战略，改变传统的经营方式，简化贷款审批程序，发挥好决策链条短的竞争优势；要针对不同的农户和农村小企业开发具有当地特色的金融产品；发行村镇银行借记卡，既可以吸引农村存款资金，又可以弥补由于网点过少带来的业务上的不便，农民可以在其他的自动取款机上进行交易。

三是合作性金融组织。农村合作性金融是建立在合作组成员互助合作基础上的一种金融组织形式，一般是小规模资金所有者资金互助的一种灵活而有效的形式，是金融自给自足的一种方式和手段，已成为农村金融服务的主力军和联系农民的金融纽带，对促进农业发展、农民增收、农村稳定发挥着重要作用。现阶段，我国农村合作性金融机构主要包括省级农村信用联社（简称省联社）、农村商业银行、农村合作银行及农村资金互助社（合作社）等形式，其中农村商业银行是其主要形式。

省联社是全国农村信用社首家改革试点单位，主要承担对辖内各地方农商行的管理、指导、协调和服务职能。目前，我国缺乏农村信用合作组织的中央机构，所以各地区、各省级的合作组织结构相对松散，难以进行统一管理。借鉴德、日、法农村合作金融从中央至地方的"三"级结构，有必要建立起信用合作组织的"中央—省—基层"三级结构，即在中央有统一的合作金融枢纽组织，在省级有联系紧密的合作金融省级组织，在地方有全面的地区性合作金融组织，从而实现农村信用合作组织的可持续发展。

农村商业银行，作为我国农村信用社改革的产物，已成为农村金融体系中的重要组成部分和支持地方经济发展的重要力量。农村商业银行要明确"服务三农，服务中小企业"的市场定位。重点支持"三高"农业、生态农业、旅游观光农业等高附加值农业产业，提高对农村重点龙头企业、农民专业合作经济组织的综合服务水平，积极支持外贸和新兴产业中的农村商业企业和农民再就业工程。积极开发产权式农业项目贷款、定单农业贷款、生态农业贷款、农民专业合作社贷款、农民经纪人贷款、农民工返乡创业贷款、农民出国务工贷款等贷款品种。为农户和中小企业提供金融信息咨询、经济信息咨询、市场信息咨询、经济政策咨询等外延性金融服务。充分发挥其农村覆盖面广的优势，积极发展与保险业的合作。一方面，作为保险对象，积极参与政府与商业保险公司合作开发的农业险，保障自身的资金安全，降低支农资金的成本；另一方面，作为保险合作者，以拓展中间业务的形式,为保险公司代理各项保险业务,不断拓展业务领域。

农村合作银行是通过对农村信用社产权改革,由辖内农民、企业法人、农村工商户以及其他经济组织参与入股而实现股份制与合作制相结合的新型地方性金融机构,主要任务是给农村、农业与农民提供一系列的金融服务,从而促进其经济的发展。具体地讲,农村合作银行应立足于农村个人零售业务,立足社区、面向农户,做农民、农村、农业的社区小型零售银行。农业支持重点要以粮食生产、特色农业、科技农业、品牌农业为主,促进农民发展高效农业、特色农业和外向型农业。

农村资金互助社是经银行业监督管理机构批准,由乡(镇)、行政村农民和农村小企业自愿入股组成,为社员提供存款、贷款、结算等业务的社区互助性银行业金融机构,是农民为解决农村"微型融资"严重不足而自发创建的资金互助组织。农村资金互助社应发挥其贴近农户、信息对称的优势,可以考虑将资金互助社资金作为保证金缴存给一般性农村金融机构获得贷款等方式的合作。农村资金互助社还可以通过深化与专业合作社、其他新型农村金融组织的合作,通过"银行+专业合作社+资金互助社+农户""银行+龙头企业+资金互助社"等新型合作模式,以不同合作主体各自存在的信息、管理和资金融通上的优势,为农户提供更多的金融服务。创新成立农民资金互助合作社联合会,可以实现更大范围内的合作,改善农村金融服务。

四是民间金融组织。农村经济主体对信用资金的需求大多具有规模小、时间急、频率高的特点,而正规金融机构出于信贷交易成本和收益的考虑,很难满足这类资金需求。农村民间金融又被称为"灰色金融",因其方式灵活、手续简便,已成为目前农户融资的主要方式。农村民间金融组织形式多样,具体包括当铺、合会、私人钱庄(非法)、私人借贷、高利贷(非法)等。农村民间金融组织是农村经济发展的重要金融支撑,在支持地方经济发展、促进民营企业发展、扩充农村生产生活资金等方面起到了积极作用。

取得合法性是农村非正规金融机构建立法人治理结构的立足点。在当前我国正规金融体系尚未健全、现代金融机构尚未惠及农村地区的情况下,农村民间金融发展应遵循"分类监管"原则。第一,对有利于农村经济发展的民间金融组织,政府应放宽市场准入条件,引导、规范并使之合法化,使其成为农村正规金融形式的必要补充。第二,对于严重扰乱农村金融秩序的非法吸收存款、高利贷、洗钱、诈骗、逃汇等"地下黑色金融",应坚决打击与取缔。

对于通过民间金融中介组织进行的间接融资活动,由于其组织化程度高,涉及人员多,涉及金额多,一旦发生风险后果严重,社会影响恶劣,是民间金融监管的重点。

2. 建立完善农村金融组织法律制度

由于农村金融体系的多元化和农业生产的不确定性等问题，完备的法律体系的支撑对于农村金融资本的增加是非常重要的。在《中华人民共和国公司法》和《中华人民共和国商业银行法》中要增加关涉农村金融准入的条款，或制定专门的"农村金融法"，实现农村金融的多元供给。制定"农业政策性金融法"，进一步明确农业发展银行的性质和功能，明确规定农业发展银行立足于农村政策性金融领域。制定"合作金融法"，通过法律形式明确农村合作金融机构的业务创新事项，为农村提供多层次、广覆盖的金融服务。制定"合作信用社法"，明确农村合作金融机构的性质、治理结构、监管等问题，依法促进合作金融发展。出台"民间借贷法"，将民间借贷纳入法制化。出台"社区投资法"并完善相应的奖惩机制，减少农村金融"失血效应"，增加农村金融效益。制定"农业保险法"，明确农业保险的性质、实施主体、范围和方式，特别要规定农业再保险和巨灾风险分散基金制度。修改《中华人民共和国银行业监督管理法》，激励金融机构在农村金融市场展开充分竞争，最终增加农村金融收益。制定"金融机构破产法"，健全农村金融市场退出法律制度。适当修改"中华人民共和国保险法""中华人民共和国证券法"等配套法律制度，克服农村金融正外部性过强所致收益难覆成本的尴尬困境，并为农村金融早日融入主流金融奠定基础。

3. 加大农村征信系统建设力度：完善农村信贷担保机制

从农村的实际情况看，涉农贷款大部分是信用贷款，因此农村金融机构的风险系数要远远大于其他金融机构。在无法进行抵押贷款而又必须发放信用贷款的情况下，必须建立有效的信用担保体系，让担保者来分担农村金融机构的信用风险。把农村信用体系建设纳入新农村建设的战略规划，着力打造新农村建设的良好信用环境。

一是加大农村征信系统建设力度。进一步扩大农村企业和个人信用信息采集和使用范围，健全信用等级评定体系，整合信用信息资源，推动以银行信贷征信体系建设为基础的农村社会信用体系建设。完善农村经济主体的信用制度，推动建立全国农村统一的乡镇企业和农户信用代码、信用征集、信用评价、信用担保、失信惩戒制度。农村金融机构要建立贷款户信用指数基础数据库，中国人民银行要研究制定企业和个人信用评价指标体系，将企业和个人信用情况与贷款利率浮动、信贷授信、贷款抵押比例等挂钩。

二是建立多方参与、市场运作的农村信贷担保机制。积极拓展担保主体，建立政府扶持、多方参与、市场化运作的多层次农村信贷担保体系。主要包括：①鼓励地方政府成立政策性农村信贷担保机构，为政府推动特色农业项目提供贷款担保，对扶贫开发性质的信用贷款提供政府财政担保，主要用于农户和涉农企业担保。②出台优惠政策，鼓励农业产业化龙头企业和农村合作经济组织筹建信用担保机构，凭借龙头企业和农合组织的自身实力和信誉，为一定区域的农民和专业户提供贷款担保。③鼓励现有商业性担保机构开展农村担保业务。④实行联保贷款的形式。农户和农户之间按照"自愿组合、风险共担"的原则组成互助联保小组，小组成员互为借款人和担保人，各成员对借款人的债务承担连带保证责任。⑤拓宽农户信用中介者范围，包括民间融资类乡村组织的领头人，村庄资源的主要拥有者，农业产业组织负责人及自愿承担圈层结构内农户责任的公务公职人员。

扩展担保物范围，创新担保方式。积极探索农地金融制度，构建农地抵押机制，充分利用土地这一农村最大的资源，切实解决农村信贷抵押物缺失的困境。规范发展农村股份合作经济组织的股权证贷款、营运证质押贷款、农村房产、农用生产设备抵押贷款。积极发展订单质押贷款，在办理相关保险的基础上把农林蓄渔产品纳入可抵押的范围之内。拓宽农村经济主体获贷渠道。

此外，还要加强制度建设、行政管理和政府服务，建立健全涉农贷款担保财产的评估、管理和处置机制，确保担保物和担保手段能充分利用。

4. 完善农村金融风险补偿机制

完善的风险补偿机制是农村金融机构敢于大胆进行涉农贷款的有效保证，减少风险的积聚。目前我国政府对农村金融机构的政策扶持有限，大量支农贷款、农业保险等金融业务得不到贴息和补偿，限制了农村金融的有效供给。

完善农村金融机构内部风险补偿机制的重点是提高资本充足率，通过增资扩股等各种手段及时补充资本金，其资本充足率要达到规定标准。要进一步完善呆账准备金制度，提高农村金融机构呆账准备金的提取比例，允许农村金融机构依据自身的风险程度，适当提高呆账准备金提取比例。

政府要发挥主导作用，由中央、地方政府与金融机构共同出资建立财政支农风险补偿基金，专项用于农村金融机构农业贷款风险补偿。按"专款专用、结余留成、滚动使用、超支不补"原则，专门用于银行业金融机构农业贷款风险补偿。政府要建立健全涉农贷款的财政补贴机制，对涉农贷款进行一定比例的贴息补偿；对农村金融机构的营业税、所得税，以及地税实施减免补偿；通过减免税收、直接补充和转移支付等方式增补农村金融机构的资本金。

5. 完善农村金融监管体系

加快农村金融监管制度改革，在鼓励农村金融机构扩大开展业务的同时，引导和监管它们加强风险防范，提高风险管理能力。进一步完善农村金融监管体系是农村金融健康发展的基本保证。

一是完善农村金融组织监管法制。目前的金融监管法规主要着眼于商业银行和城市金融环境，对农村金融的适应性和针对性不强。中国银行业监督管理委员会（简称中国银监会）自2007年以来相继颁布了《村镇银行管理暂行规定》《农村资金互助社管理暂行规定》《关于小额贷款公司试点的指导意见》《小额贷款公司改制设立村镇银行暂行规定》等规范性文件，这些都是原则性强、低位阶的部门规章，法律效力较低，缺乏指导性。另外，由民间金融等非正规金融发展来的新型农村金融机构，其市场准入和退出都有其自身特色，必须通过专项、高阶位法律进行规范，保障农村民间金融的法律地位，监管其运营和风险。

二是建立以风险性监管为主的金融组织监管方式。改变金融监管方式，由以合规性监管为主向以合规性监管与风险性监管并重转变，建立有效的金融机构风险预警与评价体系。风险性监管是通过科学的预警指标体系和风险预警机制，对金融风险进行动态、积极的事前监管。制定并实施内部风险评级制度，加强对新增不良贷款、大额贷款和关联贷款的检测。建立和完善信息综合和反馈系统：建立一个覆盖整体内控活动的内控管理信息交流渠道。按照综合评级结果分类处置、重点监控，建立风险动态跟踪体系：及时、有效地引导农村金融机构识别和处置风险。金融监管当局通过对农村金融机构的风险的预测、评估，既可以及时监测风险，做出有效评估报告，又可以及时向相关金融机构及整个体系发出风险警告，提醒各金融机构予以高度警惕，并采取有效措施，加以控制和防范。

建立多层次的监管体系，充分发挥政府监管机构、金融机构自身、行业自律组织、社会中介组织、社会舆论的多方位的监管作用，形成相互间快捷的联动监管机制。对于风险的防范，政府监管是外因，机构内控才是内因，进一步加强农村金融机构内控机制建设。各地区，在监管部门和当地政府的指导下建立本地区的金融工会，建立信息收集与共享机制，发挥农村金融工会的行业监管职能。加快建立信息披露和风险预警机制，发挥社会舆论的作用，强调社会监管的作用。

6. 加快构建农业保险体系

农业具有高度依赖自然周期且市场议价能力较低等特点，农业的弱质性非常突出，需要得到保险的保护。加快构建由政策性保险、商业保险、合作保险共同组成的农业保险体系。组建覆盖全国的政策性农业保险公司，扩大农业政策性保险试点范围，探索建立中央、地方财政支持的农业再保险体系，完善农业巨灾风险转移分摊机制。尽快推出农民急需的旱、涝、风、雹及病虫害等自然灾害险，突出政策性保险提供再保险服务、保费补贴和政策性经营亏损补贴等方面的功能，最大可能的降低自然和市场风险给农业和农村经济发展带来的损失。鼓励商业性保险公司开办涉农保险业务，对于通过营业税、所得税免交、财政补贴等手段引导和激励商业性保险公司进入农业保险市场。引导建立互助保险组织，尝试建立政府补贴、农户自缴、保险公司承担保费的"三三制"农业保险模式。鼓励龙头企业、中介组织帮助农户参加农业保险。

（二）积极开展消费信贷，提高农村居民消费倾向

1. 建立农村消费信贷业务机制

目前，农村金融机构信贷支持的重点是生产性项目，对于消费性支出，由于没有特定的还款来源，又缺乏相应的抵押担保物，因此，一般不予支持。中国人民银行应从政策上积极引导和推动金融机构发展农村个人消费信贷业务。各金融机构要树立农村消费信贷经营理念，设立经营消费信贷的专门业务机构，开展农村消费信贷业务，充分利用征信体系的作用，尽量精简贷款程序。

2. 提高农村居民消费信贷意识

长期的自然经济培养了农村居民相对保守陈旧的消费观念，养成了捂钱袋的消费习惯，即期观念不强。多数农户在购建房产、进行耐用品消费、儿女婚嫁、子女升学、大病医疗等方面的大额消费支付都主要依靠多年的积累或向亲戚朋友借贷，这种消费方式明显制约了农村消费市场的需求能力、农户生活水平和质量的提高。究其原因，除了信贷可得性和交易成本方面的因素，农民传统的积累型消费观念也是其主要原因之一。因此，发展农民消费信贷必须改变这种消费观念，引导农民认识和使用消费信用，建立新经济条件下的消费观念、消费方式和消费行为。

因此，各金融机构要加大消费信贷政策和消费信贷产品的宣传、营销力度，帮助广大农民转变、更新消费观念和消费习惯，让消费信贷政策深入人心，提高对信用消费的认知程度，从而树立理性、科学的消费观念，将潜在的消费意识转变为现实的消费行为。

3. 优化农村消费信贷产品

农村金融机构可将农村居民消费信贷作为新的业务增长点。根据农村居民的现实需要及实际情况，提供适合农村、农民的消费信贷品种。

一是大型农机具和农用汽车消费贷款。大型农机具和农用汽车消费贷款主要满足部分富裕农民和有能力从事大型农机具作业的农民。大型农机具贷款要和财政对农民购买农机具补贴结合起来，可以采取抵押、担保、集资租赁方式。其中，担保方式除了厂家和经销商为农户担保以外，还可以采用农户联保的方式，贷款期限以3~7年为宜，利率和手续给予优惠或减免。

二是住房消费贷款。农民对建造住房的信贷需求最为强烈，但农民住房消费信贷和城市住房消费信贷明显不同，房产的流动性很差。农村居民住房贷款应该

重点支持农村居民转化为城市居民的住房信贷需求。同时，对于农村居民集中居住区建房的信贷需求也要给予充分的考虑。在贷款方式上可采用抵押和担保的方式。由于农村房屋多为自建，成本相对城市较低，经济实力也较弱，贷款金额需在城市基础上相对下调，贷款金额不超过建房和购房的 50% 为宜，期限为 5~10年，利率实行优惠。

三是家电类耐用品消费贷款。家电类耐用品消费贷款主要适用于一般农民家庭，和"家电下乡"财政补贴结合起来，期限为 1~2 年。家电类耐用品贷款实行农户联保方式，也可采用商家分期付款方式。四川长虹的"零首付、零利息、零成本"即产品价额全额贷款的"零首付"、贷款期前 6 个月长虹贴息的"零利率"以及全额减免手续费的"零成本"贷款的农村个人家电信贷消费模式，为推进家电下乡注入了新动力。还可以采取循环贷款的模式，即在一定的额度内，客户可以根据需要还贷循环，解除农民考虑到应急需求而不敢进行信贷消费，或者信贷消费后有钱不积极还款的后顾之忧。金融机构应该与国家的这项政策结合起来，　以更好更有效地推动农村消费升级。

四是农村综合性消费贷款。综合性消费信贷即可以用于多种消费用途的贷款，如子女上学、婚丧嫁娶、医疗、旅游消费等。综合性消费贷款更容易得到农民认可，解决农民的后顾之忧，缓解其流动性约束，提高其消费倾向。目前，对于许多农村家庭来说，子女教育费用开支是家庭最大的支出项目，因此，教育贷款需要针对性地给予特殊的优惠，还款期限上应给予更大的缓冲时间。

五、改善农村商品供给结构，培育消费热点

（一）推进农村住房制度改革，启动农村住房消费

继"家电下乡""汽车下乡"后，启动农村住房消费被纳入扩内需、保增长的重点之一。目前，我国多数地区农村建设缺乏规划，布局散乱现象普遍存在，严重阻碍了农村城镇化和现代化的发展，不利于农民生活水平的稳步提高。

近年来，积极推动的"农村三集中"模式，即"工业向园区集中、农民向规划居住点集中、土地向规模经营集中"，在节约土地，提高土地利用价值方面取得显著成效。结合新农村建设，江苏农村居民住房规划的发展思路是适度整合自然村，确定中心村，实现农民集中居住。集中居住重点在于将分散居住的农民向中心村集中，使有条件的农民向集镇集中。因此，一方面要加快中心村基础设施和公共服务设施建设，调动农民向中心村迁移的积极性；另一方面要增加集镇建设用地，减少农村建设用地，新建农民公寓，改善居住条件，调动农民向集镇集中。由政府组织建筑设计部门，按照当地农民生活习惯的要求，设计推广标准的

农村住房。推荐的住房外观形式应该多样化，供农民任意选择。在推行农民集中居住的过程中，要严格按照国家土地管理法规运作，建立合理的购房补偿政策，履行合法手续，保护农民的正当权益。

建（购）房资金过度依赖自筹，在农民收入不稳定性加大及农村社会保障体系不健全的情况下，会加大农民的预防性储蓄，从而产生住房消费的"挤出效应"，不利于农村经济的发展。提供必要的金融支持，对农村家庭，尤其是消费意愿强烈的家庭，改善性住房消费需求有巨大的拉动作用。有关农村住房信贷相关内容，"优化农村消费信贷产品"小节中已详细阐述，此处不再重复。

（二）交通通信、文教娱乐类商品成为农村消费热点

我国农村居民的消费结构正处于升级阶段，交通通信以及文教娱乐类商品正逐步成为农村市场新的消费热点。

1. 农村汽车消费发展空间大

农村经济的发展、农民购买力的提高，使得汽车需求和消费有了基础和可能性。与城市居民购车追求时尚、舒适、品牌等相比，农村居民更在意汽车的价格、实用性和质量，希望买到功能齐全而又价格便宜的汽车，即比较强调汽车的实际使用价值和物质利益。汽车企业应借助"汽车下乡"的大好时机，从广大农户的角度出发，研究开发既满足农村农业生产经营的需要，也满足农民家用、商用、货用需要，价格低廉、性能好、适销对路的、适合农村居民生产生活需要的多功能汽车，以此来刺激汽车消费。例如，轻卡产品在农村短途货运中作用明显，客货两用的微型车在很多农村地区都较普遍。既可以坐人，又可以载货，而且价格也不贵的车是农民购车的理想选择。虽然，制造农村居民需要的"价廉、物美、结实、耐用"的汽车利润太薄，虽然刚开始会利润比较低，但从长远眼光来看，却是更多能获得回报和市场占有率。

面对广阔的农村汽车市场，各大汽车企业如何尽快建立起高效便捷的农村汽车销售服务网络，将是决战农村市场的关键。汽车企业要拓展三级市场销售渠道，加强有市场潜力区县和乡镇的售后服务网络的建设，通过自建、合作和原有服务站辐射的形式，扩大农村市场的服务面积。

政府要通过政策引导，调整和改善农村汽车的税费政策，鼓励农民选择使用符合现代化发展方向的生产交通工具。如对农村汽车的车辆购置税、运输管理费、客运附加费等税费，制定合理的收费（税）政策。降低农村汽车在使用环节和注册环节的一些费用，如车辆牌证费和年审费等各种费用。此外，为了发展农村汽车市场，相关部门可针对农村汽车的生产及消费市场实施宽松的金融政策，一方面降低农村汽车生产企业的贷款利率；另一方面鼓励商业银行等金融部门不

断推出适合农村汽车消费的信贷品种，完善信贷制度，以拉动农村汽车市场的消费增长。

2. 农村成为手机销售增长亮点

随着手机在农村迅速普及，农村将成为中国手机销售增长亮点。随着农民的可支配收入进一步增加，中国联通和中国移动两大电信服务商不断增加和完善农村的电信基础设施，制定了许多话费优惠的政策，进一步降低了在农村使用手机的成本，农村手机市场开始有了发展的巨大潜力。对手机供应商而言，要充分考虑农村手机市场的特点，选择和设计适合农村居民的手机，强调手机作为通信工具所具有的基本功能，包括打电话、接电话、短信功能，在保障质量的前提下，可以加入一些时尚的功能，如拍照功能；在定价上，以低价为主；在销售渠道上采用直销的方式，在农村设立专门的农村手机专卖店，尽量减少中间商。对电信运营商而言，通过超低价手机，可以降低用户使用移动通信的门槛，积累用户，增加话务量；在全国健全通信网络，降低农村通信的收费标准，努力提高服务质量；建全农村信息网络，做好农村信息服务工程。手机供应商应该在农村设立一些网点，针对手机出现的故障问题做免费修理，并且在这些网点出售手机的一些零部件来提高服务质量。此外，随着国家推行的家电下乡活动的推行，可以把这一政策扩展到手机业务上来，如农民购买手机可以享受 13% 的优惠政策，进一步刺激农村手机市场广大农民购买手机。

3. 电脑全面进军农村市场

2009 年 2 月 1 日起，电脑被纳入家电下乡政策补贴范围，意味着电脑开始全面进军农村市场。当前，农村居民获取信息的主要渠道是看电视以及相互之间的交流，电脑和网络并没得到充分利用。产品价格并非制约农村家用电脑销售的最大瓶颈，本地化的电脑培训、售后服务、交通通信基础设施情况等是电脑下乡的关键点。

各级政府应通过各种途径进行宣传教育，提高广大农民的现代化信息意识，让他们真正意识到通过计算机和网络能查询和发布各种各样的信息。各级部门应加强对农民进行计算机基础知识的普及和教育，根据学员情况进行层进式培训。以乡镇为中心，借助县级代理商的乡镇特约合作服务商，增设更多的服务网点，给分散于各个自然村的农村家庭提供服务，避免服务出现盲区，从而使农民在电脑遇到质量和服务问题时能及时得到解决，排除农民使用电脑的后顾之忧。在完善信息基础设施条件的同时，应当积极完善农村信息服务体系，切实做好"宽带下乡""信息下乡"工作。

4. 提供多样化的文化娱乐项目

准确把握农民的文化需求特点和文化欣赏习惯，注重把先进性与广泛性、多样性与生动性、教育性与娱乐性、知识性与趣味性、专业性与普及性有机地统一起来，科学设置一些普及性强、参与面广、寓教于乐的文体活动项目，为农民群众提供适销对路的文化产品和文化服务，激发群众主动参与文化活动的热情。把广播电视、文化站的功能充分发挥出来，把已经建造的电影院、歌舞厅、活动室运转起来。鼓励农民自发组织农村电影队、农民歌舞团、农民剧团、梨园俱乐部、舞蹈健身队等文艺团队。鼓励个人、企业、社会团体兴办国家政策许可的文化项目，便于农村开展经常性的文化活动。有条件的农村要定期举办农民艺术节、农民运动会。可以通过集资赞助、横向联合等方法和手段不断拓宽农村文化活动的经费来源，大力推进面向农村、面向基层、面向群众的精神文化产品的生产和服务，使广大农村居民在闲暇时间有丰富的精神文化生活。

农村居民对交通通信、文教娱乐类商品价格较为敏感，故适当降低这类商品和服务的价格，或实行政府补贴，可快速增加居民的需求量。

六、加强农村消费渠道构建，挖掘消费潜力

加大流通业的建设，加强消费渠道构建，才能将农村居民消费潜力真正挖掘出来。全面搞活农村市场的商业流通，形成以县城为重点、乡镇为骨干、村为基础的农村消费零售网络。以农贸市场为依托，以各类专业市场为中心，以购销网点为补充，并将连锁经营、代理销售、网络销售及配送服务等现代营销手段延伸到农村，降低农村消费进入市场的运输成本。

（一）推进"万村千乡"市场工程的实施，加快标准化农家店建设

"万村千乡"市场工程是商务部 2005 年 2 月开始启动的一项民生工程，通过安排财政资金，以补助或贴息的方式，引导城市连锁店和超市等流通企业向农村延伸发展"农家店"，构建以城区店为龙头、乡镇店为骨干、村级店为基础的农村现代流通网络，提高标准化农家店在行政村和乡镇的绝对覆盖率。"万村千乡"市场工程通过组织适销对路的商品下乡，改变农村消费不方便，满足农民消费需求；通过收购农产品进城，推动农产品自创品牌进超市，有效解决农民"买难""卖难"的问题。各地区应根据农村经济发展的特点、市场发育的程度和连锁经营发展的现状，通过政策扶持、示范引导、自愿参与，运用连锁经营、物流配送等新型营销方式，以建设好配送中心和信息管理系统为基点，以县城和周边农村中心集镇及中心村扩展为重点，建设连锁化农家店。

1. 农家店连锁经营形式

农家店连锁经营形式包括：①特许连锁经营。连锁总部向农村小型"农家店"输出经营管理技术，统一配送优质价廉的商品，促进其发展；又能够充分利用集镇、村庄农家店已有的销售渠道和经营设施，实现低成本扩张。②自由连锁经营。自由连锁的组织方式有两种：一种是以农家店零售业态为主导型，由众多的加盟农家店出资建立总部或采购平台，负责集中采购进货。另一种是以批发商为主导型，通过合理的设置批发配送网络，为众多独立的农家店零售业态开展集中采购配货。③志愿连锁经营。志愿连锁经营是由自由连锁与特许连锁结合而成的混合类型。农村许多个体农家店由于缺乏资金、品牌、技术和开店经验，可以以加盟的方式，获得志愿连锁经营带来的好处，减少费用，获得稳定的商品和经营指导，吸收最新的管理知识，提高效率，避免风险。

2. 农家店经营的产品

农家店经营的产品以食品、副食品、百货类商品为主。对于建在县、镇等人口相对密集、交通相对便利地区的连锁"农家店"，应以耐用消费品为主，日用品为辅；在乡、村等人口较为分散，交通不便的地区的连锁"农家店"，应以适合农村消费水平的日用品为主。为充分体现"为民、便民、利民"的要求，连锁化农家店要进一步拓宽服务范围，为农户提供组合服务产品，实现一网多用。主要包括以下业务：代销农药、农资，根据农民的需要将种子、化肥等农资和农药及时配送到农民手中，接待农民问诊和到实地诊治；和移动、联通、电信等公司合作，提供缴费、咨询、售卡、报装电话等代理代售服务；和邮政企业合作，在农家店开展代办各种邮政业务；开展农产品购销、加工、运输服务，即把农家店建设成为工业品下乡、农产品进城双向流通渠道的重要载体；代售非处方药；为农民提供外出务工、农业生产技术等信息服务。

3. 加快农家店配送中心建设

目前，很多农家店没有建立自己的配送中心，甚至有些还没有做到集中送货。一些连锁店有名无实，仅仅是在若干店面使用了统一名称；有的虽设有配送中心，能够做到集中供货，但分店所需商品还得由分店自己来配送中心提货。

加快配送中心建设是今后连锁农家店的工作重点，在配送体系的建设中，要求承办企业原则上以城区店为龙头，构建面向镇村的配送体系，部分区域可以发挥乡镇中心店的辐射优势，通过以店代配的方式解决配送问题。农家店应该根据自己的实际情况来选择合适的配送模式。目前可供农家店选择的配送模式有自行配送、共同配送、供应商配送、第三方物流配送等诸多模式。

自行配送是连锁企业根据自身门店规模和分布情况，选择适宜的地点自己投资兴建配送中心，为企业内各个连锁门店提供服务。有条件的连锁"农家店"零售业态可以自建配送中心，如江苏苏果超市。

共同配送是多家连锁企业为实现主体的物流配送合理化，以互惠互利为原则，共同出资建立一个配送中心，由出资企业共同经营管理的一种协作配送方式。对那些经营规模较小或门店数量较少的连锁农家店，可采用共同配送方式。农村批发企业可利用现有设施设备或改造增加先进的配送设施，使批发与物流配送一体化，面向连锁经营，服务于众多"农家店"零售业态，立足配送，开展多种经营。

供应商配送是由供应商将连锁店所需的商品直接配送给连锁门店甚至到货架。那些规模较大、实力较强的连锁企业比较适合供应商配送模式。

第三方物流配送是连锁企业自己不设配送中心，而将需要完成的配送业务委托第三方的专业物流企业来完成的一种配送运作模式。针对江苏农村连锁超市的具体情况，对于大多数的中小连锁企业来说，应该积极引导第三方物流企业的进入。建设第三方物流可以实现连锁"农家店"业态的跨越式发展，将其物流配送项目委托出去，提高物流效率，降低物流成本。这种社会性物流配送中心的建设应该由政府有关部门统一规划和建设。邮政部门可以利用近百年来建成的四通八达的农村邮政服务网络，建立服务"三农"的邮政连锁配送店，组建省中邮物流公司和市县分公司，依托乡镇邮政支局建立邮政物流配送中心，在行政村建立"三农"服务站，通过实行标识、服务、采购、配送、价格、核算全省"六统一"，形成连锁经营、配送到户、科技服务一体化的运营模式，通过庞大的邮政网络向各村统一配送。

（二）构建以"大型农产品批发市场"为主，"农超对接"为辅的农产品进城体系

1. 推进公益性农产品批发市场建设

随着市场化进程的推进和专业分工的深化，农产品进城必须以大型批发市场为主渠道，充分发挥大型农产品批发市场的辐射带动作用。大力推进产地批发市场建设，以实现产销地批发市场的有效对接。

目前，我国农产品批发市场采取的是企业经营模式，极大地提升了农产品的交易成本。而日、美等国家都将农产品批发市场视作公益性或准公益性的民生设施来管理。公益性农产品批发市场既能满足常规性市场功能，又能完善市场的公益性职能，提供食品安全检测、价格监管、信息反馈、政府应急保障等公共物品，是农产品批发市场的发展方向。农产品批发市场要在竞争中求得发展，必须走规模化经营之路，而不是单纯扩大建筑面积或是增加进驻单位。应有意识地培

育一批组织化程度高、能够承受市场变化压力的经营主体，使农产品批发市场在总体上提高运作能力，有效地组织产销衔接，成为政府调控市场的重要力量。

2. "农超对接"直销农产品

"农超对接"指的是商家和农户签订意向性协议书，由农户向超市直供农产品，商家为优质农产品直接进入超市搭建平台。"农超对接"是国外普遍采用的一种农产品生产销售模式，美国农产品经超市销售的比重达 80%，亚太地区在 70%以上。应坚持贸农结合，以商促农的基本原则，以城市大型连锁商业企业为主体，引导大型连锁超市直接与鲜活农产品产地的农民专业合作社对接，建立新型农产品流通渠道，促进连锁企业产业链的延伸和农产品供应链的整合，加快形成流通成本低、运行效率高的农产品营销网络。研究表明，"农超对接"可以使农产品采购价格降低 20%~30%，损耗降低到 5%以内。

目前，国内大致有以下几种"农超对接"合作模式。①"超市+农户"和"超市+专业合作社+农户"模式。其优点是成本较低，但由于专业合作社的物流配送能力不足，往往需要依赖第三方物流公司来完成配送。②"超市+中介组织+农户"模式。因为中介组织能够较好地起到承上启下的作用，这种模式相对比较稳定，能够确保运输过程中的产品质量，同时也能大大地降低农产品的损耗。③合作农场和种植基地模式。一些有实力的大型超市或者有农产品生产者或供应商发展起来的超市，直接建立自有生产基地。

农产品超市经营的基本需求是规模化，需要大力发展现代农业合作组织。农产品生产流通的标准化和规范化是 "农超对接"的基本保障，超市与农户双方应大力推进标准化生产。建立和完善利益对接机制是构建"农超对接 "经营组织体系的内在要求。大力推行产销合同制，明确产销双方的权益和责任，逐步实现规范化、制度化。鼓励和提倡超市公司通过建立风险保障机制，设立风险基金、保护价收购、按销量返还利润等方式与农户建立更紧密的利益对接关系。

七、加强消费教育，优化消费环境

（一）加强消费教育，改变消费方式

一般来说，人们持有什么样的消费观念，就会有什么样的消费方式。生活方式和消费知识、技能与社会经济发展相适应。积极引导农村居民形成科学、文明、现代的消费观念和生活方式，丰富农村居民的消费知识和技能，作为培育农村市场的一个重要措施。

在我国，农村居民的生活中至今仍存在着盲目消费、奢侈消费、迷信消

费、攀比跟风消费等观念，其主要原因是农村居民的文化素养偏低，对这些不健康的消费观念造成的危害认识不深，因此无法摆脱这些陋习的束缚，转变农村居民的消费观念首先要解决的就是农村居民的文化水平问题。农村居民的文化水平提高了就会摒弃那些迷信消费等乱消费观念，形成更多有利于精神丰富的消费观念。

对农村居民的消费教育主要包括消费基本知识，消费方式、消费习惯的合理引导，消费法规以及消费者权益的意识。通过消费教育不仅可以增加农村居民的消费知识，而且可以引导农村居民打破传统消费观念的禁锢。消费教育不仅可以在课堂是完成，而且更有效的是利用大众传媒将发展型、享受型的消费观念传播给农村居民，引导他们注重产品品质。倡导储蓄和消费的动态平衡，价格和产品品质的需求平衡，提升农村居民的消费层次。

（二）加大打击假冒伪劣商品力度

近年来，在农村市场，假冒伪劣的化肥、种子、农药、食用油、饮料、奶粉、调味品、小食品、烟酒等屡见不鲜，严重危害了农村消费者的健康安全和农业生产。假冒伪劣商品之所以在农村有市场，有多方面的原因：农村商品营业网点相对分散，给监管带来一定的难度；农村仍有一部分人在买东西时只图便宜，不注意看商品质量及保质期；相当一部分农村消费者维权意识淡薄，明知买了假货，却不去投诉，有的想投诉却没有发票缺少证据。

目前，农村假冒伪劣体现出明显的二元结构特征，一方面是信息对称的日常消费品假冒伪劣，另一方面是以农资为主体的信息严重不对称的生产资料假冒伪劣。就信息对称的日常消费品假冒伪劣而言，应从农民的角度入手，包括提高农村居民的收入，改变其消费观念，避免知假买假。对于以农资为主体的信息不对称假冒伪劣中间产品，政府应加强打击力度，大幅度提高假冒伪劣制售方的赔付比例，提高农民维权期望收益和维权积极性。加强对市场的监管，加强生产经营管理，强化市场巡查制度，杜绝市场外无证无照交易、非法交易的行为。

无论是信息不对称的假冒伪劣，还是信息对称的假冒伪劣商品，基本上是通过农村的市场渠道流入农民手中，因此，创新农村的商品流通体制，是农村假冒伪劣得以有效治理的基础，传统的假冒伪劣治理，主要强调如何"治假""治劣"，而较少关注"扶优"，只有打假与扶优并举，假冒伪劣生存的土壤才会逐渐减少。全国各地目前正在农村推行"百城万店无假货""放心店""示范店"就是一个很好的发展思路。

通过消费知识普及，引导农村居民品牌消费。品牌体现了一个产品、服务或者主体的属性、利益、文化、个性以及消费者类型。品牌产品代表质量和信誉，通过品牌消费，从正面促进社会诚信体系的建设，形成良好的消费环境。各级政府进一步强化品牌公共服务平台，为企业品牌发展助力。以创建品牌消费集聚区为重点，逐步培育一批集商贸、文化、休闲、旅游和餐饮等为一体的品牌消费集聚区。利用国内外大型展会，组织开展品牌集体展示、集中宣传推介，多角度、多渠道进行品牌宣传推广。综合运用商务投诉、工商执法、品牌防伪等品牌保护措施，完善品牌保护平台。加强品牌市场监测分析，逐步建立覆盖生产、流通、消费的品牌信息服务平台。

（三）加强农村市场售后服务

农村消费者尽管可以买到与城市消费者一样的产品，却往往得不到同样的服务保障。下面重点对农村市场家电类产品的售后服务展开阐述。

建立以客户为中心的农村市场家电售后服务体系，实现家电产品"小修不出村，中修不出镇，大修不出县"。根据家电产品的销量、维修服务范围、覆盖区域等情况，采取相应的售后维修服务模式，通过预约、上门、巡回、远程诊断等多种方式实现售后维修服务。

一是企业自建农村维修服务点。实力较强的企业自行投资建设农村维修服务网点。采取财政补贴、提供贷款、减免税赋、以奖代补等形式，鼓励、支持实力强的企业在发达地区的县城、中心镇一级投资建设农村维修服务网点。

二是设立个体委托维修网点。对于县城、中心镇辐射范围以外的农村地区，主要依靠当地的个体维修经营点。生产企业派技术人员对达到一定等级的委托网点人员进行技术培训，指导业务发展，进行规范升级，明确其为企业特约维修服务部。

三是设立第三方家电维修企业。第三方售后服务机构可以与国内一些大卖场进行合作，为其提供延保服务；或者与生产厂商直接合作，为厂商提供延保服务，将保修期内的服务进行外包；或者专门从事为企业构建售后服务系统。

四是建设流动维修服务站。既能够解决当前农村维修服务网点少、建设网点成本高的问题，又能够提高资源使用率。家电维修协会对流动维修服务站的主要技术指标提出具体要求。通过开展"家电下乡农村市场推广大篷车"和"定点下乡巡回维修活动"等宣传活动，在乡镇农村普及家电日常使用、保养等基本知识。

针对农村地区地广人稀、人力和资金水平配套不足的特点，制定符合农村实际的售后维修服务网点管理办法。各地工业和信息化主管部门通过不定期组织实地调查、电话访问等方式，监督服务网点的服务质量。对网点服务不力、造成用户投诉，或检查发现网点服务质量、服务规范不及时等不能达到家电维修行业服务要求的，将责令整改直至取消服务资格。

八、推动城乡一体化进程，扩大消费需求

城乡一体化作为城市化进程中的一个新阶段，是解决"三农"问题的治本之策。尽管短期内城市化水平的提高对提高农村居民消费需求有负向效应，但中长期看，城市化水平的提高对扩大农村居民消费有着长期稳定的正向效应。通过积极推进城乡统筹，整体推进工业化、城镇化和农业现代化，促进城乡同发展共繁荣，使城乡居民共享现代文明成果，逐步达到城乡之间在经济、社会、文化、生态上协调发展。积极探索 "城乡联动"的运行机制，促进城市优势生产要素向农村扩散，城市基础设施向农村延伸，城市公共服务向农村覆盖，逐步缩小城乡差别，努力实现城乡一体化发展。

（一）加快小城镇建设

住建部发布的《2015 年全国城乡建设统计公报》显示，2015 年末，全国共有建制镇 20 515 个，乡 11 315 个，村镇建设总投入 15 673 亿元。2015 年末，村镇户籍总人口 9.57 亿，其中，建制镇建成区 1.6 亿，乡建成区 0.29 亿，村庄 7.65 亿，每个建制镇建成区、乡建成区人口密度分别为 4 899 人/千米^2（含暂住人口）、4 419 人/千米^2（含暂住人口）。建制镇成为农村地域的基本公共服务中心和镇域非农产业集聚中心。

1. 科学制定建设规划，实现小城镇可持续发展

我国目前很多地区制定的小城镇建设规划，实用价值低，操作性不强。借鉴西方发达国家小城镇建设经验，要将城镇规划放在首要位置。遵循前瞻性、科学性及协调性基本原则，制定小城镇建设的人口发展规划、土地开发利用规划、公共基础设施建设规划和产业规划。

2. 引入市场机制，改善投资、居住环境

一方面，目前，许多经济落后地区的小城镇，基础设施薄弱，城市建设需要大量启动资金。政府在加大财政支持力度的同时，可以遵循"谁投资，谁受益，谁承担风险"的原则，积极鼓励民间资本参与到小城镇的基础设施建设中来，形成政府与民间资本共同建设的格局，创造双赢局面。另一方面，对于发展相对较好的小城镇，需要进一步加强小城镇配套建设，如环境建设、教育投入、医疗水平等，以吸引人口进驻聚居。

3. 整合资源，重点培育重点镇和特色小镇

结合各省、市、区的地域条件、资源状况，经济基础和传统产业，托本地资

源优势，因地制宜选择当地一两个主导产业，培育壮大龙头企业，优化产业布局，形成产业集群，推广"一镇一品"计划，提升聚集效益和规模效益。重点镇、特色镇是我国小城镇建设发展的重点和龙头。2016 年，全国重点镇 3 675个，特色小城镇 127 个。进一步加大全国重点镇、特色小镇的培育力度，扶持一批富有活力的集休闲旅游、商贸物流、现代制造、教育科技、传统文化于一体的美丽宜居的重点镇、特色小镇，引领带动全国小城镇建设。

（二）大力推进农村产业融合发展

用工业理念发展现代农业，以市场需求为导向，以完善利益联结机制为核心，以制度、技术和商业模式创新为动力，大力推进农村产业融合发展。农业调整，按照"区域调特、规模调大、品种调优、效益调高"的思路，着眼于把资源要素优化配置于发展现代农业，积极构建以龙头企业为支柱，以生态农产品和特色农产品的种植、加工为主体功能，以规模化、基地化、标准化、品牌化为特征的农业产业园区，提高农业的整体效益。工业调整，以技术改造、产品创新为突破口，立足本地主导产业，抓大扶强。第三产业调整，加快发展交通运输、邮电通信、金融保险业，以及信息咨询、中介服务等新兴产业，构筑以城市为中心的区域购物中心、乡镇级的商业服务中心和自然村的三级服务体系。

（三）推进农村基本公共服务均等化

健全公共产品城乡均衡配置机制，逐步提高农村基本公共服务的标准和保障水平，在重点领域推动形成城乡基本公共服务一体化。统筹城乡基础设施建设和社区建设，做到基本公共服务在城乡之间的均衡配置，大力推动社会事业发展和基础设施建设向农村倾斜，加大公共财政农村基础设施建设覆盖力度，统筹城乡义务教育、基本医疗、公共卫生、养老保险、社会服务体系、最低生活保障制度等，进一步缩小城乡差距。在基本公共服务中应引入多个供给主体、形成供给主体间的公平与竞争机制，这不仅有利于优化基本公共服务的供给结构，而且对于改善基本公共服务的供给质量有着至关重要的作用。

参 考 文 献

白雪秋，谭祖开. 2011. 马克思主义消费理论及现实指导意义[J]. 商业研究，（2）：1-6.

勃兰特 L，罗斯基 T. 2009. 伟大的中国经济转型[M]. 方颖，赵扬译. 上海：格致出版社.

蔡海龙. 2013. 农业产业化经营组织形式及其创新路径[J]. 中国农村经济，（11）：4-11.

曹小琳，马小均. 2010. 小城镇建设的国际经验借鉴及启示[J]. 重庆大学学报（社会科学版），16（2）：1-5.

陈静. 2016. 新型城镇化背景下农村养老服务供给模式研究[J]. 农村经济，（6）：101-106.

陈柳钦，胡振华. 2010. 中国农村合作组织的历史变迁[J]. 农业经济问题，（6）：53-59.

陈其芳，曾福生. 2016. 中国农村养老模式的演变逻辑与发展趋势[J]. 湘潭大学学报（哲学社会科学版），40（4）：82-86.

陈宗胜，高玉伟. 2015. 论我国居民收入分配格局变动及橄榄形格局的实现条件[J]. 经济学家，（1）：30-41.

迟福林. 2015. 转型抉择——2020：中国经济转型升级的趋势与挑战[M]. 北京：中国经济出版社.

崔顺伟. 2015. 中国农村居民财产性收入制约因素及改革路径[J]. 农业经济，（9）：74-76.

崔照忠，刘仁忠. 2014. 三类农业产业化模式经营主体间博弈分析及最优选择[J]. 中国人口·资源与环境，24（8）：114-121.

邓宗兵，楚圆圆，刘夏然，等. 2014. 农村公共品供给对农村居民消费结构的影响研究[J]. 西南大学学报（自然科学版），36（5）：105-112.

丁兆庆. 2014. "四化同步"发展背景下农村劳动力转移问题研究[M]. 北京：中国农业出版社.

丁志国，张洋，覃朝晖. 2016. 中国农村金融发展的路径选择与政策效果[J]. 农业经济问题，37（1）：68-75，111.

杜海韬，邓翔. 2005. 流动性约束和不确定性状态下的预防性储蓄研究——中国城乡居民的消费特征分析[J]. 经济学（季刊），（1）：297-316.

凡勃伦 T B. 1964. 有闲阶级论[M]. 蔡受百译. 北京：商务印书馆.

范晓非，高铁梅. 2015. 劳动力转移对农村收入影响及其变迁的实证分析——基于劳动力区位选择偏误处理效应模型[J]. 数学的实践与认识，45（4）：49-57.

费孝通. 1984a. 小城镇 大问题（之二）——从小城镇的兴衰看商品经济的作用[J]. 瞭望周刊，

（3）：22-23.

费孝通. 1984b. 小城镇 大问题（之三）——社队工业的发展与小城镇的兴盛[J]. 瞭望周刊，
（4）：11-13.

费孝通. 1984c. 小城镇 大问题（续完）[J]. 瞭望周刊，（5）：24-26.

弗里德曼 M. 2001. 弗里德曼文萃[M]. 胡雪峰，武玉宁译. 北京：首都经济贸易大学出版社.

高梦滔，毕岚岚，师慧丽. 2008. 流动性约束、持久收入与农户消费——基于中国农村微观面板
数据的经验研究[J]. 统计研究，（6）：48-55.

高艳，聂荣. 2015. 农村居民收入差距、收入结构与消费变动——基于面板数据联立方程模型的
分析[J]. 消费经济，31（4）：8-13.

耿晔强. 2012. 消费环境对我国农村居民消费影响的实证分析[J]. 统计研究，29（11）：36-40.

何志雄，曲如晓. 2015. 农业政策性金融供给与农村金融抑制——来自 147 个县的经验证据[J].
金融研究，（2）：148-159.

纪明，赵菊花. 2010. 影响中国农村居民消费的不同来源收入分析——基于 LCH-PIH 理论模型
的实证研究[J]. 中央财经大学学报，（11）：69-74.

纪竹荪. 2003. 我国国民生活质量统计指标体系的构建[J]. 统计与信息论坛，（4）：16-17.

姜长云. 2015. 日本的"六次产业化"与我国推进农村一二三产业融合发展[J]. 农业经济与管
理，（3）：5-10.

金春雨，程浩，黄敦平. 2012. 基于持久收入假说的我国农村居民消费行为研究[J]. 农业经济问
题，33（5）：65-73.

凯恩斯 J M. 2005. 就业、利息和货币通论[M]. 宋韵声译. 北京：华夏出版社.

凯莫勒 C F，罗文斯坦 G，拉宾 M. 2010. 行为经济学新进展[M]. 贺京同，宋紫峰，杨继东，
等译. 北京：中国人民大学出版社.

孔祥智，毛飞. 2014. 中国农村改革之路[M]. 北京：中国人民大学出版社.

魁奈 F. 1979. 魁奈经济著作选集[M]. 吴斐丹，张草纫译. 北京：商务印书馆.

雷德雨，张孝德. 2016. 美国、日本农村金融支持农业现代化的经验和启示[J]. 农村金融研究，
（5）：50-54.

雷理湘，胡浩. 2015. 农村居民不同收入来源的边际消费倾向实证分析——基于 1997-2013 年分
省面板数据[J]. 消费经济，31（6）：34-39.

冷晨昕，刘灵芝，祝仲坤. 2016. 城镇化背景下收入来源结构对农村居民消费的影响分析[J]. 消
费经济，32（1）：28-33.

李春琦，张杰平. 2011. 农村居民消费需求与收入构成的关系研究——基于面板数据的分析[J].
上海经济研究，（12）：36-44.

李福夺，杨兴洪. 2015. 贵州省农村居民边际消费倾向研究——基于状态空间模型的实证分
析[J]. 四川农业大学学报，33（2）：223-229.

李捷枚. 2016. 20 世纪 50 年代中国农村养老保障模式变革[J]. 华中师范大学学报（人文社会科学

版），55（2）：24-31.

李俊高，李俊松. 2016. 新一轮的农村土地流转：理论争论、实践困境与机制创新[J]. 农村经济，（1）：39-43.

李培林，张翼. 2000. 消费分层：启动经济的一个重要视点[J]. 中国社会科学，（1）：52-61，205.

李硕，姚凤阁. 2015. 日本农村金融体系对中国农村金融改革的启示[J]. 东北师大学报（哲学社会科学版），（2）：235-237.

李兆友，郑吉友. 2016. 我国新型农村养老保险制度可持续发展探析[J]. 求实，（4）：88-96.

李志强，王东杰，喻闻，等. 2013. 不同收入农村居民消费需求比较研究[J]. 系统科学与数学，33（1）：2-10.

梁立华. 2016. 农村地区第一、二、三产业融合的动力机制、发展模式及实施策略[J]. 改革与战略，32（8）：74-77.

刘珊珊，王东阳. 2015. 日本农村劳动力转移及其对我国的启示[J]. 农业经济，（4）：85-87.

罗仁福，张林秀，Rozelle S. 2011. 我国农村劳动力非农就业的变迁及面临的挑战[J]. 农业经济问题，32（9）：18-24，110.

马伯钧，康红燕. 2013. 行为消费理论述评[J]. 湖南师范大学社会科学学报，42（3）：101-107.

马歇尔 A. 2009. 经济学原理[M]. 彭逸林，王威辉，商金艳译. 北京：人民日报出版社.

马志敏. 2016. 农村消费环境现状分析及优化对策[J]. 经济问题，（7）：91-94.

梅耶 T，杜森贝里 J S，阿利伯 R Z. 2007. 货币、银行与经济[M]. 林宝清，洪锡熙译. 上海：上海人民出版社.

农业部软科学委员会办公室. 2010. 农村劳动力转移与农民收入[M]. 北京：中国财政经济出版社.

彭念一，李丽. 2003. 我国居民生活质量评价指标与综合评价研究[J]. 湖南大学学报（社会科学版），（5）：21-25.

祁毓. 2010. 不同来源收入对城乡居民消费的影响——以我国省级面板数据为例[J]. 农业技术经济，（9）：45-56.

上官小放，黄子暄. 2011. 发达国家农村合作金融发展的经验与启示[J]. 金融与经济，（2）：72-73，18.

邵劼，郭世英. 2011. 发展与完善新生代农民工社会保障体系探析[J]. 现代财经（天津财经大学学报），31（2）：41-45.

沈关宝. 2014. 《小城镇 大问题》与当前的城镇化发展[J]. 社会学研究，29（1）：1-9，241.

斯密 A. 1988. 国民财富的性质和原因的研究[M]. 郭大力，王亚南译. 北京：商务印书馆.

斯密 A. 2003. 道德情操论[M]. 余涌译. 北京：中国社会科学出版社.

斯密 A. 2009. 国富论[M]. 郭大力，王亚楠译. 上海：上海三联书店.

苏威. 2012. 关于提升农产品流通效率的思考——基于农产品批发市场建设视角[J]. 商业时代，（13）：30-31.

苏燕玲，许静，郝俊玲. 2014. 城镇居民不同收入水平的边际消费倾向与弹性比较分析[J]. 长安大学学报（社会科学版），16（3）：42-46.

孙玉奎，周诺亚，李丕东. 2014. 农村金融发展对农村居民收入的影响研究[J]. 统计研究，31（11）：90-95.

唐绍祥，汪浩瀚，徐建军. 2010. 流动性约束下我国居民消费行为的二元结构与地区差异[J]. 数量经济技术经济研究，27（3）：81-95.

屠俊明. 2012. 流动性约束、政府消费替代与中国居民消费波动[J]. 经济理论与经济管理，（2）：37-46.

王爱华. 2015. 英国农村劳动力转移及其对中国的启示[J]. 世界农业，（1）：52-57.

王炳焕. 2013. 农村消费品流通市场建设对河南农村消费的影响探析——以"万村千乡工程"为例[J]. 农业经济，（5）：120-122.

王汉杰，韩佳丽. 2015. 中国农村小型金融组织的风险问题及生成机制分析[J]. 武汉金融，（11）：15-18，25.

王健宇. 2010. 收入不确定性的测算方法研究[J]. 统计研究，27（9）：58-64.

王雅鹏，吴娟，闫建伟. 2012. 社会转型期我国实现农业现代化的思考[J]. 农业现代化研究，33（3）：257-262.

王兆君，张占贞. 2011. 国外小城镇建设经验、教训对我国东部沿海地区村镇建设的启示[J]. 经济问题探索，（11）：47-50.

魏杨. 2015. 我国农村流通业转型的战略对策：消费升级的视角[J]. 改革与战略，31（12）：79-82.

徐会奇，卢强，王克稳. 2014. 农村居民收入不确定性对消费的影响研究——基于灰色关联分析[J]. 华东经济管理，28（2）：29-33，84.

闫方洁. 2012. 西方新马克思主义的消费社会理论研究[M]. 上海：上海人民出版社.

杨丽，陈超. 2013. 政府公共品供给对农村居民消费结构的影响—— 基于教育和医疗投入的分析[J]. 南京农业大学学报（社会科学版），13（6）：57-65.

姚永明. 2011. 农村居民财产性收入增加路径研究[J]. 农村经济，（5）：14-17.

伊志宏. 2012. 消费经济学[M]. 北京：中国人民大学出版社.

尹世杰. 1983. 社会主义消费经济学[M]. 上海：上海人民出版社.

于立. 2013. 英国城乡发展政策对中国小城镇发展的一些启示与思考[J]. 城市发展研究，20（11）：27-31.

袁志刚，朱国林. 2002. 消费理论中的收入分配与总消费及对中国消费不振的分析[J]. 中国社会科学，（2）：69-76.

臧旭恒. 1994. 持久收入、暂时收入与消费[J]. 经济科学，（1）：44-49.

臧旭恒. 2012. 转型时期消费需求升级与产业发展研究[M]. 北京：经济科学出版社.

曾康霖，范俏燕. 2009. 论财产性收入与扩大内需[J]. 经济学动态，（9）：44-48.

张化楠，方金. 2015. 山东省农村老年人参加社区养老意愿研究[J]. 调研世界，37（10）：34-38.

张宁宁. 2016. "新常态"下农村金融制度创新：关键问题与路径选择[J]. 农业经济问题，37（6）：69-74.

张强，崔向华. 2014. 中国大城市地区小城镇发展转型研究——以北京市为例[J]. 经济与管理研究，（10）：14-18.

张书云，周凌瑶. 2011. 公共物品供给对农村居民消费影响的实证分析——基于农村面板数据[J]. 北京理工大学学报（社会科学版），13（6）：54-57，78.

张正军，刘玮. 2012. 社会转型期的农村养老：家庭方式需要支持[J]. 西北大学学报（哲学社会科学版），42（3）：60-67.

赵萍. 2011. 消费经济学理论溯源[M]. 北京：社会科学文献出版社.

赵强社. 2016. 农村养老：困境分析、模式选择与策略构想[J]. 农业经济问题，（10）：70-82，111.

赵智，郑循刚，李冬梅. 2016. 土地流转、非农就业与市民化倾向——基于四川省农业转移人口的调查分析[J]. 南京农业大学学报（社会科学版），16（4）：90-99，158.

中共中央马克思恩格斯列宁斯大林著作编译局. 2009. 马克思恩格斯全集[M]. 北京：人民出版社.

朱汉清. 2014. 不同收入水平农户的收入结构比较研究——基于1995-2012年浙江省统计数据[J]. 发展研究，（12）：86-91.

朱红恒. 2008. 农业生产、非农就业对农村居民收入影响的实证分析[J]. 农业技术经济，（5）：18-22.

朱信凯. 2005. 流动性约束、不确定性与中国农户消费行为分析[J]. 统计研究，（2）：38-42.

Adams R H. 1993. Non-farm income and inequality in rural Pakistan：a decomposition analysis[J]. Pakistan Development Review，32（4）：1187-1198.

Campbeu J Y, Mankiw N G. 1989. Consumption, income, and interest rates：reinterpreting the time series evidence[J]. NBER Macroeconomics Annual，4：185-216.

Gul F, Pesendorfer W. 2004. Self-control and the theory of consumption[J]. Econometrica，72（1）：119-158.

Hall R E, Mishkin F S. 1982. The sensitivity of consumption to transitory income：estimates from panel data on households[J]. Econometrica，50（2）：461-481.

Herrnstein R J. 1961. Relative and absolute strength of response as a function of frequency of reinforcement[J]. Journal of the Experimental Analysis of Behavior，4（3）：267-272.

Hsiao C. 1986. Analysis of Panel Date[M]. Cambridge：Cambridge University Press.

Huasman J A. 1978. Specification tests in econometrics[J]. Econometrics，46（6）：1251-1271.

Laibson D I. 1996. An economic perspective on addiction and matching[J]. Behavioral and Brain Sciences，19（4）：583-584.

Leland H E. 1968. Saving and uncertainty：the precautionary demand for saving[J]. Quarterly Journal of Economics，82（3）：465-473.

Loewenstein G. 2000. Emotions in economic theory and economic behavior[J]. American Economic

Review, 90（2）：426-432.

Loewenstein G, Prelec D. 1992. Anomalies intertemporal choice：evidence and an interpretation[J]. Quarterly Journal of Economics, 107（2）：573-597.

Loewenstein G, O'Donoghue T, Rabin M. 2003. Projection bias in predicting future utility[J]. The Quarterly Journal of Economics, 118（4）：1209-1248.

Ludvigson S. 1999. Consumption and credit：a model of time-varying liquidity constraints[J]. Review of Economics and Statistics, 81（3）：434-447.

Madsen J B, McAleer M. 2000. Direct tests of the permanent income hypothesis under uncertainty, inflationary expectations and liquidity constraints[J]. Journal of Macroeconomics, 22（2）：229-252.

O'Donoghue T, Rabin M. 1999. Addiction and self control[C]//Elster J. Addiction：Entries and Exits. New York：Russell Sage Foundation：169-206.

Prelec D, Loewenstein G. 1991. Decision making over time and under uncertainty：a common approach[J]. Management Science, 37（7）：770-786.

Shefrin H M, Thaler R H. 1988. The behavioral life-cycle hypothesis[J]. Economic Inquiry, 26（4）：609-643.

Stone R. 1954. Linear expenditure systems and demand analysis：an application to the pattern of british demand[J]. The Economic Journal, 64（255）：511-527.

Strotz R H. 1955. Myopia and inconsistency in dynamic utility maximization[J]. Review of Economic Studies, 23（3）：165-180.

Thaler R. 1981. Some empirical evidence on dynamic inconsistency[J]. Economic Letters, 8（3）：201-207.

Tobin J. 1978. A proposal for international monetary reform[J]. Eastern Economic Journal, 4（3~4）：153-159.

Zeldes S P. 1989. Consumption and liquidity constraints：an empirical investigation[J]. Journal of the Political Economy, 97（2）：305-346.